DIGITAL CURRENCY ERA
LIBRA SERIES Q&A

数字货币时代 Libra 系列问答

清华大学金融科技研究院区块链研究中心◎编著

法律出版社 LAW PRESS · CHINA

清华大学金融科技研究院区块链研究中心简介

清华大学金融科技研究院区块链研究中心于2018年5月正式成立。中心由腾讯公司、高榕资本、凡普金科集团、水滴公司和ObEN共同捐赠设立，致力于成为全球区块链技术、创新投资，及数字货币应用与监管领域领先的研究平台和交流平台。中心聚焦全球区块链领域的理论和实践发展，对发展过程中的前沿性、长期性和重大性问题进行捕捉并开展研究，力争为区块链行业的长期健康发展，特别是区块链技术与实体经济的创新融合做出贡献。

中心由清华大学金融科技研究院副院长、清华大学交叉信息研究院副教授、助理院长徐葳出任主任；清华大学五道口金融学院助理教授施展、高榕资本高级顾问谈婧出任副主任。中心研究团队10人，其中副教授1名，助理教授1名，博士后2名，专职研究人员4名，行政助理1名，兼职研究人员1名。

中心成立以来，在扎实做好领域基础理论研究的同时，积极与学术界、实务界和监管机构交流互动，紧跟区块链技术应用及数字货币监管的最新动态，通过系列学术讲座、“区块链应用与监管”系列沙龙活动、学术闭门研讨会等多种形式，不断扩大与外界的沟通渠道。同时，中心研究人员多次应邀出访美国、新加坡等地进行国际交流与访问，不断扩大中心影响力。

中心运营的“区块科技研究与监管”微信公众号，已成为国内区块链领域有较大影响力的自媒体。此外，中心定期发布原创性、深度研究报告，主持或参与多项重要课题研究，并在重要期刊发表多篇研究论文。2020年4月，中心与法律出版社合作，联合出版了《清华金融法律评论（第3卷·第1辑）》（“区块链的应用与监管”专辑）。目前，中心已成为国内外区块链及数字货币领域有较大影响力的智库平台。未来，我们将在区块链和数字货币领域精耕细作、推陈出新，为社会公众和广大读者提供更多、更优质的原创性研究成果，我们也期待与有识之士加强合作与交流，共同推动区块链技术的应用与监管研究，促进产学研用融合，助力金融科技支持实体经济更好地发展。

编辑委员会

目 录
CATALOG

第一章　Libra产生背景

1 Libra 是什么，为什么要关注 Libra？

Libra 是建立在区块链上的数字货币，也是一套支付系统基础设施，于 2019 年 6 月 18 日由 Facebook 联合 28 家公司发起。Libra 官网上是这么介绍 Libra 的愿景："Libra 的使命是建立一套简单的、无国界的货币和为数十亿人服务的金融基础设施。"

Libra 面向的对象为零售支付市场，尤其是 17 亿未接触到金融系统、无法享受传统银行提供的金融服务的成年人，而在这之中，有 10 亿人拥有手机，近 5 亿人可以上网。Libra 的目标是尽可能广泛地为人们所接受以及最大限度提高其易用性，力求将 Libra 打造成一种人们可以在日常生活中放心、便利使用的货币。

不同于比特币、以太坊等价格波动较大的数字货币，Libra 代币是一种"稳定币"，其价格完全由真实资产储备作为担保。对于创建的每个 Libra 加密货币，在 Libra 储备中都有对应价值的一篮子货币和资产。这样做的目的，是为了减少 Libra 的波动性，让持有者相信 Libra 能够长期保值。Libra 持有者可通过 Libra 的授权经销商来交易法定货币和 Libra。

Libra 项目由 Libra 协会进行管理。这是一家独立的非营利性会员制组织，总部位于瑞士日内瓦。Libra 协会旨在促进 Libra 区块链的运营；协调各个利益相关方（网络的验证者节点）在推广、发展和扩张网络的过程中达成一致；以及管理储备资产。Libra 协会未来的一个重要目标是提高去中心化的程度，并将 Libra 区块链由现在的"许可型区块链"逐步改造为"非许可型区块链"。

Libra 是利用区块链技术的去中心化属性，结合 Facebook 等公司在社交网络和实体经济中的用户影响力，试图建立一种非国家的、新型的货币体系和金融生态系统的尝试。作为一种锚定法定货币的数字货币，Libra 进一步扩展了金融科技的谱系，在资金融通、跨境支付清算、离岸货币交易、大宗商品交割等场景的应用铺设了新的跑道，意在重构一套自适应、自驱动的新货币金融生态，且运行成本低、效率高，极有可能形成一个封闭独立的、自适应、自循环的金融生态系统，传统跨境金融的“存贷汇”环节都可能在这个系统中完成。因此，不难解释，Libra 项目一经推出，便受到了全世界国家政府和监管机构的密切关注。一方面，Libra 项目的运作，将会对各个国家金融体系的稳定性带来影响，同时也对目前的监管体系带来一定挑战；另一方面，Libra 的推出也使得各国政府和监管机构开始反思现有金融体系存在的问题，开始重新审视基于推出国家的快捷支付系统、央行数字货币甚至解决美元霸权问题的、由多国中央发行的复合数字货币的可能性。

Libra 项目是一场大型的社会实验，代表了未来有可能出现全球化数字货币和金融系统的一种趋势。因此，有必要关注 Libra 的动态、影响以及外界反馈和观点，为中国未来在全球格局以及数字经济中的发展进行前瞻性的准备。

2 特别提款权（SDR）有什么作用，它的一篮子货币是怎么制定的？

关于 Libra 价值的来源，Libra 白皮书中提道：支持 Libra 的实际资产是一系列低波动性资产，价值将与一篮子法定货币有效挂钩。这不禁让很多人想到了国际货币基金组织（International Monetary Fund，以下简称 IMF 或基金组织）的特别提款权（Special Drawing Right，SDR），并将其与 Libra 进行对比。

根据 IMF 的官网，特别提款权是基金组织于 1969 年创造的一种用于补充成员国官方储备的国际储备资产，价值主要由美元、欧元、日元和英镑构成的篮子确定。从 2016 年 10 月 1 日起，人民币被纳入该篮子。

SDR 设立的初衷是在布雷顿森林体系下,解决黄金和美元供给不足,导致体系内的国家官方储备不足,影响其维持本国货币汇率、贸易扩张和资金流动的问题。虽然布雷顿森林体系的瓦解和浮动汇率制度的兴起让国家对于 SDR 的依赖程度降低,但 SDR 还是在金融危机期间为全球体系流动性的提供起到了很大作用。

SDR 不是货币也不是债券,而是对基金组织成员国的可自由使用的货币的潜在求偿权。SDR 的持有方可以通过两种方式换取货币:一是通过成员国之间的自愿交换安排;二是基金组织指定对外状况强健的成员国以可自由使用的货币从对外状况薄弱的成员国购买特别提款权。

SDR 的价值以美元表示,以篮子里的每种货币计算权数和每种货币以美元计值的具体数量之和计算得到。货币的汇率是根据伦敦市场每天正午的汇率报价计算。权重是以各个货币发行方的出口和综合金融指标来制定,出口包括贸易(货物贸易和服务贸易),综合金融指标包括外汇储备、外汇市场交易总额和以各货币计值的国际银行负债和国际债务证券。SDR 的价格每日更新在 IMF 官网,其组成和加权比例五年调整一次。

2019 年 7 月 8 日,篮子中美元、欧元、人民币、日元和英镑的权重分别是 41.73%、30.93%、10.92%、8.33% 和 8.09%。

3 脸书(Facebook)官方对发行 Libra 动机的解释是什么?

➢ 白皮书的解释

Libra 白皮书称,Libra 由三个部分组成,共同创造更加普惠的金融体系:第一,它建立在安全、可扩展和可靠的区块链基础上;第二,它以赋予其内在价值的资产储备为后盾;第三,它由独立的 Libra 协会管理,该协会的任务是促进金融生态系统的发展。Libra区块链的目标是成为金融服务的坚实基础，打造一种新的全球货币，满足数十亿人的日常金融需求。

➢ 听证会的解释

在2019年7月17日美国参议院就Libra举办的听证会上，David Marcus重申了创建Libra的愿景，在于“能够及时帮助实现向更低成本、更容易获得和更互联的全球金融体系的巨大飞跃”。Marcus表示，经济赋权是Facebook的核心价值观之一，而Facebook只是起一个“帮助”作用，根本区别在于“我们将放弃我们帮助创建的网络和货币的控制权”。而解决这一问题的主要措施就是实行“会员制组织”以保证民主和财务透明。

4 为什么发展中国家的部分人群难以触及银行服务？

Libra白皮书中描述了与普惠金融相关的问题，并声称Libra项目可以为其17亿无银行账户用户中的大多数人提供金融服务。与无银行账户相关的问题本质上不仅是由技术造成的，而且同样取决于各国的社会和政治因素。

➢ 发达国家

美国、欧洲和大多数发达经济体拥有便捷高效的支付系统，允许人们实时买卖商品，通过多种支付业务相互汇款。调查显示，在美国，没有银行账户的首要原因被认为是没有足够的资金，另一个常见的原因是对银行机构缺乏信任。

➢ 发展中国家

相比于发达国家，发展中国家的人们难以触及银行服务的原因更多样化，受到身份证明文件缺失、支付基础设施不足、收入水平较低、信任机制匮乏等多方面因素影响。

在一些发展中国家,人们无法提供身份证明文件,导致他们难以获得金融机构的服务。这通常是由于获取公民数据的基础设施不足、缺乏住宅数据或者出于隐私的担忧(人们可能不信任政府持有他们的个人信息)等因素造成的。

无银行账户的另一个原因来自人们与银行之间的距离。发展中国家的人口更多依赖于流动资产,但是基础设施的不足以及较低的收入水平限制了他们去银行存款的机会。一方面,一套完善的支付基础设施并不容易建立,尚未在发展中国家完全普及;另一方面,大多数银行机构收取的手续费用对于当地人们而言过于高昂,人们更愿意选择银行账户以外的其他路径转账汇款。通过电信技术的发展和移动银行业务的爆炸性增长,在一些发展中国家,获得银行服务可以通过手机完成。例如,在非洲地区,大部分居民能够连接到移动通信网络,但是仅有少部分人拥有银行账户。手机移动网络的普及和较低的银行渗透率使非洲人民习惯以移动支付的方式通过手机转账。因此,在传统银行服务体系尚未完善的发展中国家,Libra 仅凭其网络便利性以及低廉的费用成本等优势,有望在发展中国家的支付领域占据一席之地。

此外,对金融机构缺乏信任也是不可忽视的因素之一。因为一些发展中国家的法律制度无法保障产权和合同执行,或者一些国家流通的货币易出现通货膨胀或剧烈波动,导致人们丧失对银行系统的信心,更愿意回避金融服务。例如,这在津巴布韦等曾有过银行倒闭、货币贬值历史的国家较为常见。

5 美国的支付系统是如何演进的,Libra 又如何能与之相适应?

目前,美国人常用的支付手段包括支票、信用卡、借记卡以及与银行账号相关联的支付系统程序等。纵观整个美国历史，银行和支付系统的演进与政治主权的斗争并肩前进。

➢ 野猫银行时代的银行票据

从 19 世纪初到南北战争期间，美元并非由联邦政府集中管理，美国人将这一时期称为“野猫银行”时代。在此期间，许多银行只受到各州监管，这些各州特许的银行以黄金、债券或者自身信用为背书，发行自己的“银行票据”（banknote）。此时，与其说当时美国的货币是统一的货币，不如说它更多充当价值尺度的职责，市面上充斥着各州银行发行的多种银行票据。这些私自发行的票据所具有的价格相互波动，不同银行发行的银行票据往往只能按照面值的一定比例进行兑换或交易。

在历史上，美国政府将银行与其他商业活动分开有两个原因。其一，这种分离有助于阻止潜在的反竞争活动。其二，这样具有结构分离的体制是出于稳定性的考虑。投资于股权而非债权的银行更容易受到破产的影响。

➢ 美联储出现前的支票

1863 年，在美国南北战争期间，美国国会通过了《国家银行法》，开始发行不可赎回票据“绿背纸币”，在某种程度上取代了之前盛行的银行票据。从美国南北战争开始及南北战争之后，随着《法定货币法》的出台，美国政府逐渐获取了对货币体系和美元价格的控制。在南北战争之后的十年间，支票支付逐渐取代银行票据成为适用于远距离支付的一种受欢迎的支付手段。一种用于同一城市的银行间对支票进行清结算的组织出现，被称为银行清算所。但是一些重要问题仍然存在。例如，来自一家偏远地区银行的支票可能会以低于面值的价格清算。支票面值与实际支付金额之间的差额可能会用于支付运输货币或硬币费用的银行的成本、获取必要银行汇票来进行结算的成本或者其他潜在的信用与沟通成本。

对货币的控制是一个备受争议的政治问题，尤其是在 1893 年开始的经济萧条时期，数千家企业倒闭，数百万人民失业，不同群体的人们由自身利益驱使，以货币本位的不确定性、自由银币等问题展开讨论。1896 年的美国大选上，是否施行“金本位”制度成为当时的关键性议题。

➢ 新支付手段的面世

1913 年，美国国会通过了《联邦储备法》，确立美国联邦储备系统（以下简称美联储）为美国的中央银行。同时，《联邦储备法》赋予美联储运行支付系统 FedWire 的权利，私有银行无法控制支付系统。FedWire 建立起全国性清结算系统，实现了全国支付清算规则的一致性，其出现大大改善了当时不同区域银行之间混乱的支票清算程序。1933 年，通过罗斯福新政时期施行的新经济政策，使美国中止了金本位制度，实施货币扩张政策，逐渐形成现代货币制度。同年，根据《格拉斯－斯特格尔法案》，联邦政府成立了联邦存款保险公司，为银行提供国家储蓄保险，统一和稳定了银行和支付系统。在这个系统下，政府将在不受黄金储备限制的情况下管理美元供应。美联储和银行监管机构给予特许经营权以银行特许的形式运营支付系统，这个系统今天仍在运作。康奈尔大学法学院 Saule Omarova 教授称，这个系统使“寻求利润的私人行为者对资本分配和金融风险的生成保有控制权，而公众有责任维持系统性金融稳定”。

20 世纪 50 年代，信用卡作为一种新型支付系统出现在市场上。1958 年，美国银行通过其子公司 BankAmericard 开始推广发行信用卡，并于 1976 年更名为 Visa。信用卡在某种意义上类似于美联储出现之前的支票，并不按照平价清算，而是允许银行收取刷卡费用。信用卡代表了一种基于国家电子信息系统和自动化信用报告基础设施的新的金融系统结构。支付系统中存在多层，包括各种金融工具的清算和转账系统。但就简单的消费者交易而言，美国支付系统仍然主要是建立在信用卡系统、支票清算和电汇之上的基础设施的综合体。例如，Venmo 是 PayPal 旗下的移动支付实用程序，允许点对点转账，它与支付系统相关联，并要求每个用户必须拥有信用卡、借记卡或银行账户。

随着科技的高速发展，可转换虚拟货币逐渐出现在公众视野中。可转换虚拟货币在其初始发展过程中展现出一种想要返回到“野猫银行”时代的尝试。例如，比特币是一种加密货币，其价值是波动的，并在很大程度上与比特币用户对该货币的信心相关。同样,Libra 项目在某种程度上代表了企图摆脱对货币体系的主权控制。

到目前为止,可转换虚拟货币未能达到货币的基本标准。正如欧洲中央银行(以下简称央行)所指出的,加密资产不稳定,商家对此的接受程度有限,并且没有主权背书,因此没有实现可与货币资产相比拟的渗透率。解决这些问题的一条途径是创造所谓的"稳定币",即私人发行的货币,其价值与稳定的货币或一篮子货币挂钩。例如,摩根大通已经发行了 JPM Coin,旨在利用技术降低交易成本。而 Libra 似乎代表了将稳定币的稳定性和可用性与原始加密货币所隐含的主权控制权相结合的尝试。

6 美国哪些机构推出了类似 Libra 的数字货币?

随着区块链项目逐渐进入应用阶段,越来越多的公司机构着眼于将区块链技术融入金融基础设施。目前,金融机构发行或计划发行的数字货币包括摩根大通发行的 JPM Coin、瑞银集团牵头发行的 Utility Settlement Coin(以下简称 USC)、瑞穗银行发行的 J Coin 等。将区块链技术应用于支付领域的公司包括 IBM、Visa、西联汇款等。

➢ 探索数字货币技术的金融机构

摩根大通

JPM Coin 由摩根大通推出,以自身拥有的法定货币资产为价值来源,与美元 1 : 1 锚定,主要用于摩根大通相关联的机构客户间涉及支付的区块链应用场景,目的是方便银行间的资金结算,降低结算过程中的时间成本和财力成本,提高结算效率。目前,JPM Coin 只在合作机构的跨行结算场景中得以应用,未来的应用场景或许不限于此,但尚未可知。

瑞银集团

USC 由瑞银集团牵头多家大型金融机构共同推出,同样旨在使用数字货币进行跨境交易结算。其中涉及来自美国、欧洲和日本的 13 家金融机构,包括巴克莱银行、纳斯达克、瑞士信贷集团、德国银行、荷兰国际集团、比利时联合银行、纽约梅隆银行、三菱 UFJ 银行等。USC 的设计目的与 JPM Coin 类似,将充当跨境交易数据的载体,旨在降低支付过程中存在的结算风险、交易对手风险和市场风险,提高交易效率。

瑞穗银行

J Coin 是日本的瑞穗银行、三井住友银行和三菱 UFJ 银行等 70 余家日本银行共同发起的稳定币项目,与日元 1∶1 锚定,主要功能在于为个人和企业提供移动支付和转账服务。J Coin 与 JPM Coin 和 USC 的使用目的不同,J Coin 并非用于银行间业务,而是致力于构建无现金支付系统,消费者可通过智能手机使用 J Coin 进行支付转账。

➢ 探索区块链支付服务的大型机构

IBM

IBM 从 2018 年 7 月开始推出稳定币计划,这一计划被美国联邦存款保险公司所支持。2019 年 3 月 18 日,IBM 与菲律宾的 RCBC、巴西的布拉德斯科银行和韩国的釜山银行等六家国际银行签署意向书,旨在使用基于 Stellar 公链的 IBM 支付网 World Wire 上发行稳定币或者以法定货币(以下简称法币)为支撑的代币,用于银行间支付转账。

Visa

2019 年 6 月 12 日,Visa 正式上线基于区块链的企业间支付服务,推出了跨境支付区块链网络 Visa B2B Connect,为 30 个市场的企业提供服务。

西联汇款

西联汇款在 2019 年宣布与区块链加密钱包提供商 Coins. ph 和跨境支付网络公司 Thunes 合作,加强对菲律宾的跨境转账,并使用 Stellar 的分布式账本技术促进银行间的数字跨境支付。

7 如何理解主流加密货币特点？

表1 主流加密货币特点分析

币名	Libra	JPM Coin	USDT	BTC
发行方	Libra协会，注册于瑞士日内瓦。项目运营以及货币的发行管理方均为Libra协会组织。项目运营团队信息目前尚未披露。协会成员目前包括支付行业、电商交易平台、电信业、区块链业、风投业、非营利组织、多边组织及学术机构在内的27家在国际具有一定影响力的机构。项目发起方以及当前实际控制方为Facebook	摩根大通（JPMorgan Chase & Co），由J. P. 摩根公司和大通—曼哈顿公司合并而成，是美国主要的商业银行，总部在美国纽约，总资产2.5万亿美元，总存款高达1.5万亿美元，占美国存款总额的25%，分行6000多家，是美国最大金融服务机构之一	Tether公司，原名Realcoin，注册地为马恩岛和中国香港。与Bitfinex在管理和所有权方面存在重叠	BitCoin区块链，一个又协议和代码运行的去中心化的区块链系统
价值来源	由稳定且信誉良好的中央银行提供的现金和政府证券抵押作为币价支持。 抵押资产的设计将着重考虑资本保值以及流动性	摩根大通自身拥有的法定货币资产	Tether公司在银行的美元储备	运行机制透明； 总量有限、通货紧缩； 全球第一个去中心化加密币
发行原因	从Libra项目愿景是建立一套简单的、无国界的货币和为数十亿人服务的金融基础设施。让全世界更多的人享受低成本、快捷和有包容性的金融服务。此外，Libra致力于为法定货币交易成本高的地区降低交易成本；从发起方Facebook的角度来看，其支付业务开启尝试失败后，连续遭受了侵犯数据隐私、违规使用数据的指控。Libra项目既能寻求盈利的新来源，也是摆脱侵犯数据隐私指控、重新获得口碑的尝试	方便了银行间的资金结算，节约了结算过程中的时间成本和财力成本	为了能够在加密货币交易中引入易于交易的稳定资产，2015年首先在交易平台Bitfinex和Poloniex上线	比特币发明者试图创造一个点对点去中心化加密货币系统

续表

币名	Libra	JPM Coin	USDT	BTC
使用场景	目前 Libra 尚未投入使用，可以认为利用 Facebook 的聊天软件内进行境内转账、跨境转账、依托于其合作方开启的场景支付将成为重要场景	摩根大通的机构账户之间跨银行和跨境即时转账支付的功能	遍布数字货币交易所，作为美元资产在币币交易的代币	形成具有全球化共识的数字储备资产；在全球非管制地区可自由交易
优势	发行组织构成多元化：团结了协会成员目前包括支付行业、电商交易平台、电信业、区块链业、风投业、非营利组织、多边组织及学术机构在内的 24 家在国际具有一定影响力的机构。 抵押资产多元化：采用一篮子资产进行背书。 拥抱监管：努力向合规化、透明化进行尝试	合规性强：摩根大通作为一家全球性大型金融机构，拥有大量储备资产，实施了有效的 AML 和 KYC 控制措施，并受到银行业监管机构监管。 可信度高：JPM Coin 透明度、稳定性和安全性比市场上主流稳定币更高，用户对于其信任度也随之高于其他项目	已被广泛使用：作为早期稳定币已在各大数字货币交易所被广泛使用	系统运行稳定：已安全运行十余年； 加密货币鼻祖：作为第一个广泛使用的虚拟加密资产，具有开创性意义
问题	决策协调方式复杂：多方治理过程中可能遇到大量需商议问题，影响决策反应速度； 货币稳定调控方式未知：一篮子货币背书增加了调控的难度； 合规风险不定：合规化尝试的同时伴随着推进的缓慢和妥协	应用场景局限：当前只在合作机构的跨行结算场景中应用； 未来应用场景未知：JPMCoin 的应用场景未来或许不会局限于	背书资产不足额：USDT 超额发行，其背后并没有等值美元资本储备。 抵押资产反向兑换受限：USDT 并不能自由兑换成	币价稳定性差：比特币作为通货紧缩型资产，币价背后缺乏资产对应，价格波动巨大； 可扩展性受限：可支持的交易笔数有限，无法支持大量用户高频交易

续表

币名	Libra	JPM Coin	USDT	BTC
相关进展	2019年6月18日，发布了白皮书和源代码后，引起了全球广泛关注。多国监管机构纷纷表态要在合规的前提下运作并且表达了对隐私、安全等方面的担忧。7月2日下午，美国众议院五名议员呼吁暂停Libra项目的开发。Libra项目主管随即做出回应，表明Libra用户不需要信任Facebook，并且Libra项目愿意与监管和立法者共同合作	2016年10月，摩根大通与EthLab合作创立了私有区块链平台Quorum，它在以太坊基础上开发，能够满足企业级的性能要求。2017年10月，摩根大通开始在Quorum上部署银行间信息网络(Interbank Information Network)的平台方案，该平台允许摩根大通与其他银行间转移交换信息，从而减少银行在跨境支付领域对合规性等问题所花费的时间。目前已有包括加拿大皇家银行、澳大利亚ANZ银行、新西兰银行等超过180家银行注册加入IIN平台。2019年2月14日，摩根大通在Quorum区块链上发行了自己的加密货币JPM Coin，主要用来实现摩根大通的机构账户之间跨银行和跨境即时转账支付的功能	2019年2月25日，Tether悄悄改变了其官网上的一段话，首次承认其储备包括传统货币和现金等价物以及Tether向第三方发放贷款的其他资产和应收账款。2019年4月，市场已经了解到，在未偿付的Tether代币(USDT)中，只有74%是由其储备的现金支撑的	自2008年11月1日上线，比特币系统虽经历升级，但稳定运行。越来越多传统金融机构考虑将比特币作为目标投资标的

8 Libra的使命与David Marcus的个人追求有哪些重叠之处？

如果一切按计划进行，Libra将是加密货币支持者多年来设想的、但尚无人能够完成的项目。现有的加密货币因价格大幅波动或采用率太低而无法真正在日常交易中使用。Libra是通用的，可以被世界各地的人们使用，无须支付任何外汇交易费用，也无须政府或中央银行的中心化控制。作为一种稳定币，Libra可以避免其他数字货币(如比特币)的剧烈波动。而且它可以在短时间内完成交易,几乎不需要任何费用。

Libra 与许多其他加密货币的一个主要区别在于,Libra 网络将仅由 Libra 协会的成员运行,这不同于任何人都可以加入的“非许可型区块链”网络。Libra 不是完全去中心化的货币,它由协会控制,而不是政府。这种模型将使网络能够更快地扩展规模、处理和结算交易。

这种产品如果想要取得成功,则必须易于使用且被广泛采用。这就是 Facebook 的规模与现有加密货币相比的优势所在:如果 Facebook 每月 24 亿用户中有 1/3 的用户使用了 Libra,那么其用户数量将是美国人口的两倍以上。

Calibra CEO David Marcus 表示,正因如此,Facebook 才有义务创建 Libra,“我相信我们可以增加这么多价值,因为我们有这样的资源,我们有两个世界上最大的即时通信应用程序(WhatsApp 和 Messenger)。因此,我们的资源加上工程人才,我认为这两者的结合可以提供可以解决许多人的问题的服务”。

Facebook 希望服务的人群是世界上没有银行账户或没有享受到足够银行服务的人。Facebook 表示,这些人中的许多人都有手机,并在使用 Facebook 服务,他们将从低成本的数字金融服务中受益。根据世界银行的数据,全球汇款成本平均接近 7%。Marcus 认为,对于需要向世界各地的家人汇款的人来说,Libra 将使汇款更便宜、更快捷。

对于 Marcus 而言,Libra 的成功是个人的成功。改善数字支付方式是贯穿他的职业生涯的主线。他曾创立移动支付提供商 Zong,并于 2011 年将其出售给 PayPal。之后,Marcus 担任 PayPal 的总裁,并于 2014 年加入 Facebook。在此期间,他将支付功能整合到 Messenger 应用程序中。现在,他已经邀请了两名 Zong 前高管加入 Libra 协会的领导层。

自 Marcus 在 2012 年首次对比特币产生兴趣以来,他就一直在思考和酝酿 Libra,“当时的想法是,比特币价格的波动性最终将稳定下来,从而成为一种很好的交易媒介。对我而言,现在更清楚的是,比特币的目的是成为数字黄金,而非一种很好的交易媒介。因此,我们觉得现在是时候开始思考如何解决区块链和加密货币本应做什么的问题了,我们有真正的解决方案”。

至于 Libra 是不是 Marcus 做过的最冒险的事情,Marcus 表示,这绝对是他做过的“最能创造情绪的事情”。实际上，在加密货币领域中的许多人以及Facebook 在该项目上的一些早期非营利合作伙伴都认为，Libra 可以为没有得到足够服务的人带来真正的好处，并且可以为新兴的加密行业带来福音。但是，立法者的反对态度可能会阻碍其发展，或威胁更多合作伙伴加入其中。如果 Libra 能够获得成功，则其很可能是 Marcus 事业的最高成就。但目前还暂无定论。Marcus 表示，“我认为现在我们已经围绕数字货币进行了热烈的讨论，这本身就很棒，因为它可以推动事情向前发展，但是我们还没有取得任何成就。我们必须为人们服务，这就是我们这样做的原因。”

9 Libra 能为脸书（Facebook）的广告业务带来什么？又会为信贷业务带来什么？

Libra 可能会在 Facebook 的三个平台上推出：Facebook、Instagram 和 WhatsApp。Facebook 的子公司 Calibra 将成为这些平台上保管数字货币的钱包。如果 Facebook 成功进入金融服务业，它将加强对这三个平台上的用户的控制。

➢ Facebook 的广告业务

2012 年，Zuckerberg 对开发支付产品的最初理由是，为使用 Facebook 作为业务发展平台的第三方开发者创造定价权。从 2012 年至今，Facebook 陆续收购了 Instagram 和 WhatsApp，并将 Facebook 平台大幅降级为业务线。这个理由今日依然成立。Facebook 在其平台上集中大量商业服务，利用“使用Instagram 结账”这一功能，用户能够直接在 Instagram 上消费。通过使用Instagram 来控制产品卖家和买家之间的关系，Facebook 可以控制每一部分交易的条款，包括关于处理费、信用条款、广告（产品在信息流上显示）、客户和商家之间的通信网络、甚至收债等。

通过监控大量第三方金融交易而获得的数据将有助于产生超越竞争对手的潜在优势。Facebook 是一个广告公司,其优势尤其在于数据获取和使用方面。如前广告主管和法律学者 Dina Srinivasan 所指出的,准确的数据是广告业务的精髓所在。对同一广告空间而言,如果广告商知道观众是一名对体育感兴趣的 56 岁男性,则该广告空间可能值 1 美元,而如果广告商知道观众是一名坐拥亿万资产的橄榄球队所有者,则该广告空间可能值 300 美元。大量的数据是 Facebook 主导广告业务市场的原因。即使 Facebook 无权访问 Libra 数据,Facebook 仍然可以通过自己网站上的钱包访问其用户创建的数据。如果人们的加密钱包嵌入 Facebook 账户,并且该加密钱包成为人们习惯于购买/出售加密货币的手段,那么这对 Facebook 来说已经足够了。

欧洲竞争管理局(European Competition Authority)首席经济学家 Tommaso Valletti 指出,"有了 Libra,Facebook 可以做两件事:将其生态系统的数据与个人日常收入、个人消费等方面的 Libra 数据相匹配。甚至信用卡都没有这些信息……精准定位的广告达到了一个新的水平。"

➢ Libra 的信贷业务

另一政策问题是围绕更新消费者保护和信用评分规则展开。Facebook 不仅试图凭借 Libra 进入支付领域,还试图凭借 Calibra 进入银行业务领域。就信贷系统与摩擦的问题,国际清算银行官员申铉松(Hyun Song Shin)曾发表演讲并指出,信贷分配方面的一个重大摩擦是对债务人实施监控并向他们索赔。他进一步强调,银行通常要求债务人进行抵押以应对违约风险,而大型科技公司可以以不同的方式解决监控和执行问题。例如,如果大型科技公司占据主导地位,则对于债务人而言,一种有力制裁可以是将其降级或将其排除在该技术的生态系统之外。

那么 Facebook 能够在多大程度上利用其业务来强制执行向债务人的索赔?美国关于信贷分配和收债的法律框架经过了充分的检验,并在债权人和债务人的权利之间实现了一种对债权人较为友好的平衡。尤其是随着公共执法制度的削弱，这种平衡可能会变得对债权人更加友好。例如，近些年，由于数字技术在债务人和债权人之间的新型关系，消费者金融保护局建议给予债务催收方更大的自由。这种出于技术进步的原因而重组法律框架的情况可能还会发生。例如，考虑到 Facebook 拥有的监控能力，Facebook 会在多大程度上参与到债务催收技术中？如果债务人就一笔债务向 Calibra 提出争辩，Facebook 会对他们施加什么样的权力？《通信规范法》第 230 条向交互式计算机服务针对在该交互式计算机服务上提供的经由第三方传送的信息提供责任保护，该条款又应如何与《公平债务催收法》等法律相互作用？

10 2020 年脸书（Facebook）在支付领域将如何发展？

在 1 月 29 日的 Facebook 财报电话会议上，Facebook 首席执行官马克·扎克伯格（Mark Zuckerberg）就 Facebook 未来发展的各个方面进行了介绍。其中，他先后就大选诚信度、隐私权利、Facebook 旗下应用的私密消息传递、商业和支付、增强现实与虚拟现实并就公司发展信奉的原则进行了一一阐释。

以下内容摘取电话会议中关于商业与支付以及公司信奉原则相关的信息来说明 Facebook 未来在商业与支付领域的发展情况。

➢ 商业与支付

商业和支付是另一个对私人社交平台非常重要的领域，同时也是我们所有应用的重要领域，包括 Facebook 和 Instagram。我们的目标是确保每一个个体的小企业企业家都有同样的机会和机会使用历史上只有大公司才能使用的相同类型的复杂工具。这就是我们的立场——把权力交给个人。

我们一直在研究的一个例子是 WhatsApp 支付。你可以像发照片一样快速方便地寄钱。早在 2018 年，我们就获得了在印度 100 万人中进行测试的批准,当如此多的人一周又一周地使用它时,我们知道当我们启动时它会变得很大。我对此感到非常兴奋,我预计这将在一些国家开始推广,并为我们在未来6个月在这里取得很大进展。

除了 WhatsApp 支付之外,我们还在努力促进更多的商业活动,从 Facebook Marketplace 到 Instagram Shopping,再到 Facebook Pay 或 Libra。这是一个巨大的空间,对于增强人们的能力非常重要,所以我们采取了很多不同的方法——从人们直接相互买卖,到企业开设店面,再到人们通过信息直接与企业打交道,以及一些支付方面的事情,从现有的国家系统,如印度的 UPI,创造新的全球系统。

小企业的成功不仅是创造广泛的经济增长的关键,因为每个人都可以养活自己;同时,维护健康的社区也很重要,因为小企业往往是人们聚集的地方。我们从我们的服务中看到,使用我们的工具的小企业往往是当地社区的核心。因此,这是我们在社会使命和企业两方面的首要任务。

➢ 关于支付的问答:

JP Morgan 的 Doug Anmuth 在电话会议中提问:

马克,你有很多面向家庭支付的计划。你谈到了 WhatsApp 支付,Facebook 支付,随着时间的推移,Libra 和 Calibra 可能会更多。你能不能谈谈家庭支付的重要性?在实现互操作性的过程中,如何将它们结合在一起?谢谢您。

Mark Zuckerberg 回答:

是的,所以我们在商业和支付方面做了很多工作,因为人们尝试做的事情有很多不同的部分。在买卖东西方面,很多人都想买卖二手货。我们有 Facebook Market。

很多小企业都想开店面。我们正在通过 Instagram 和 Facebook 以及越来越多的信息服务来实现这一目标。在支付方面,Whats App 支付将成为 Facebook 支付的一部分。我们去年宣布了这个计划,基本上可以实现,所以如果你在我们的任何一个应用程序中付费,你只需要输入你的信用卡一次,然后你就可以使用它在其他应用程序中获得无摩擦的结账体验。

所以，这两件事情是紧密联系在一起的，但我们正在采取多种支付方式，比如支付款项和 WhatsApp 或 Facebook 支付之类的东西都是建立在传统支付基础设施之上的，而我们在 Libra 提出的长期工作，现在由独立的 Libra 基金会来处理。我们正在研究一个能和 Libra 一起使用的钱包。这更像是一个提议，目的是让全球的一些支付基础设施更高效，尤其是在跨境转账等方面。

如果你想想现在很多公司都是全国性的，都在一个国家，而且没有那么多人有动力在世界各地的不同地方把这项工作做得很好，所以这是我们认为可以补充的地方。

但总的来说，我们的一大重点是确保小企业中的个人能够使用历史上只有大公司才能使用的同类工具。更大的公司会想办法销售他们的产品，衡量他们的广告效果等。

我们最终做的很多工作都是为了让小企业在没有大型技术团队的情况下更容易能够使用相同的工具，获得付款，轻松地建立店面，能够衡量广告的效果。这是我们关注的很多问题。我们对生态系统的一些潜在变化有很多担忧，我们认为这些担忧将不成比例地损害小企业与大公司竞争的能力。

Facebook 信奉原则：

我下一个十年的目标不是被喜欢，而是被理解。为了得到信任，人们需要知道你代表什么。因此，我们将更专注于传播我们的原则——不论这一举动是否支持让人们表达反对那些审查不同意他们的人的声音，我们支持让人们建立自己的社区，反对那些说在社交媒体上形成的新型社区正在分裂我们；支持加密，反对那些说隐私主要帮助坏人；支持给小企业更多机会和复杂的工具，反对那些说定向广告是问题的人；支持为世界上的每一个人服务，反对那些说你必须支付额外费用才能真正得到服务的人。这些立场并不总是受欢迎的，但是我认为我们继续这些辩论是很重要的。我知道有很多人同意这些原则，还有很多人对这些原则持开放态度，并希望看到这些论点被提出来。

第二章　Libra基本信息

11 Libra 用中文应如何翻译？

在科林斯词典中，Libra 在英文中表示十二星座中的天秤座。天秤座在星相学中代表公平、平衡。如果类比 Bitcoin 的翻译，将币名直译，选择天秤座作为币名可能是恰当的。部分业内人士也讨论 Facebook CEO Zuckerberg 是否和天秤座有关，似乎未能发现其本人及亲属属于该星座。

Facebook 区块链负责人曾公开表示："我把它命名为 Libra。Libra 是衡量硬币的重量单位，它是正义的象征，在法语中 libre 的意思是自由。"因此，也有人建议翻译为自由币。但 Libra 真的是完全自由的货币吗？根据 Libra 的白皮书，以及 Libra 背后的机制，其实并不自由，而且几乎可以认为是在大型机构控制下共同治理的系统。相比之下，如果不考虑名称的词源解释，比特币相比 Libra 反而更像"自由币"。

如果考虑 Libra 的其他词源，在美国英语中 Libra，也是 pound（磅）这个重量单位的词源；英式英语中，Libra 的词源为 scale，有尺度（引申一下：价值单位）的意思。

因此，我们认为 Libra 币直接用其英文表示相对翻译成中文更能反映项目本身意图，如果一定要译成中文，翻译为"天秤币"更合适，但多少会失去一些命名者期望传达的意思。

除 Libra 项目名称外，同样有深意的还有 Facebook 自己在 Libra 项目中的数字货币公司 Calibra。一个货币钱包公司起名为 Calibra，可能一方面是加上了 CA，契合 Facebook 在加州；另一方面 Calibration 有标定、校准的意思，并且名字包含了 Libra，也反映了 Facebook 在项目中的重要地位和作用。

12 Libra 为何类似交易所交易基金(ETF)?

Libra 具体是否会被认定为交易所交易基金(Exchange Traded Fund,ETF)我们并不能给出确切的结论,但是美国证券交易委员会(the U. S. Securities and Exchange Commission)提出的可能将 Libra 视作 ETF 监管确实是有原因的。在以下几个方面,Libra 的创造与管理过程,与 ETF 相似:

第一,Libra 和 ETF 的价值均锚定背后一篮子资产,并且都能在二级市场进行交易。这里我们不强调二级市场是否一定为传统的证券交易所。第二,Libra 由于抵押资产并不单一,因此与 ETF 类似存在底层资产组合比例的管理和调整。第三,Libra 的造币、流通和回收过程与 ETF 极其相似。除了与 ETF 可以在二级市场按照供需关系形成的实时市场价格交易买入和卖出类似外,在一级市场,Libra 的创造和赎回机制(虽然目前尚不明确),其目的和方式或将也与 ETF 的认购、申购和赎回类似。

当然,我们也能看出 Libra 与 ETF 的不同也非常明显。第一,Libra 的产品设计初衷与 ETF 不同。Libra 被设计为新型支付手段。人们通常将用于交易的通货称为货币,各国监管机构在关注 Libra 会对法定货币以及货币政策造成如何的冲击说明 Libra 作为支付手段的职能是其核心特点。而 ETF 份额通常因为其交易手续费以及交易规则的限制,并且其交易记账集中在传统交易所中,因而难以成为一种支付手段。第二,ETF 的主要用途在于其投资价值,而 Libra 只有创造者可以获得价值,并且其价值更类似铸币税,实际持有者目前并无投资价值。第三,Libra 的组织方式与 ETF 发起者不同,其潜在支持的流通方式也远大于 ETF 交易的场景和范围。因此,如果 Libra 被美国 SEC 定义为 ETF,可能会丢掉其原有的绝大多数潜在用途。

类比中国情况,Libra 的管理运作机制也许很像“余额宝”这样的货币基金。Libra 白皮书中并没有提到作为抵押资产的一篮子资产在实际运行过程中是否会被用作其他风险较低的投资中,因此也存在类似货币基金同样地投资货币市场工具的可能性。

当然,Libra 背后的抵押资产究竟会被如何使用,可能目前包括项目方在内的各方都在探讨,其最终使用和交易场景也必将受到监管机构对其金融属性判定的影响。

13 Libra 更像哪种交易所交易基金(ETF)?

➢ ETF 定义

在美国证监会网站中,ETF 指根据 1940 年《投资公司法》(the“1940 Act”),在美国证券交易委员会注册的为投资者提供一种将资金集中到投资股票、债券或其他资产的基金中的方式的投资公司。作为回报,投资者会获得该基金的利息。大多数交易所交易基金由证券交易委员会注册的投资顾问专业管理。一些 ETF 是寻求获得与特定市场指数相同的回报(通常称为指数基金)的被动管理基金,而另一些 ETF 是买入或卖出符合既定投资目标的主动管理的基金。

ETF 不是共同基金。但是,它们结合了共同基金的特点,与共同基金一样,ETF 为投资者提供了一种将资金集中在投资于股票、债券或其他资产的基金中的方法,作为回报,ETF 将获得该投资池的权益。然而,与共同基金不同的是,ETF 在国家证券交易所以市场价格交易。该市场价格可能与股票的净资产价值(NAV,ETF 的资产价值减去其负债除以发行的股票数量)相同或不同。

➢ ETF 的分类

Index-Based ETFs(基于指数的 ETF)

市场上交易的大多数 ETF 都是基于指数的 ETF。这些 ETF 寻求跟踪像标准普尔 500 股票指数这样的证券指数,通常主要投资于指数的成分证券。部分(但不是全部)ETF 可能每天在其网站上发布其持有量。

Actively Managed ETFs(主动托管 ETF)

主动管理的 ETF 不基于指数。相反,他们寻求通过投资股票、债券和其他资产组合来实现一个既定的投资目标。与基于指数的 ETF 不同,积极管理的 ETF 的顾问可以每天积极买入或卖出投资组合中的成分,而不考虑指数的一致性。

➢ Libra 更像哪种 ETF?

ETF 根据其底层资产的不同又可以分为债券(固定收益)类、股权类、商品类、货币类、另类资产类、房地产类、波动性类、多重资产类。根据 Libra 白皮书,我们可以发现 Libra 的底层资产为法定货币或国债类资产,因此如果 Libra 被视为 ETF,则更偏向货币与债券类的组合 ETF。货币类 ETF 在美国市场已经具备丰富的种类以及一定的资产规模。表 2 列出了排名靠前的一些 ETF 基金。

表 2　ETF 基金示例

代号	ETF 名称	资产类别	总资产规模(百万美元)	平均每日成交量	前收盘价
SPY	SPDR S&P 500 ETF	Equity	$252,905.61	#########	$284.25
IVV	iShares Core S&P 500 ETF	Equity	$179,261.31	9,670,195	$285.25
VTI	Vanguard Total Stock Market ETF	Equity	$130,699.64	8,183,908	$142.88
VOO	Vanguard S&P 500 ETF	Equity	$130,570.04	8,549,627	$261.27
QQQ	Invesco QQQ	Equity	$98,574.76	68,250,805	$219.00

续表

代号	ETF 名称	资产类别	总资产规模(百万美元)	平均每日成交量	前收盘价
AGG	iShares Core U. S. Aggregate Bond ETF	Bond	$71, 183.74	9, 050, 355	$116.41
VEA	Vanguard FTSE Developed Markets ETF	Equity	$63, 999.87	30, 189, 570	$34.80
IEFA	iShares Core MSCI EAFE ETF	Equity	$60, 327.72	20, 148, 443	$51.57

资料来源:etfdb. com。

当然,Libra 协会的开放生态策略使得在未来我们也会关注 Libra 项目中是否会引入传统货币 ETF 大户,如 WisdomTree、Investo 等推出货币 ETF 的大型金融机构加盟。

➢ 附:1940 年《投资公司法》的意图及主要条款(来自百度百科)

美国 1940 年《投资公司法》是对从事投资、再投资证券交易,以及向投资界发行证券的各类投资公司的管理作出的法律约束文件。其立法意图是:管理投资公司的买卖活动;寻求诚实和公正的管理;使证券持有人最大限度地参与管理活动;确立适当可行的资本结构;确保证券持有人和证券交易委员会对财务说明书的利用。要求投资公司向社会发行的各类证券必须依法注册,同时定期公布公司财务状况和投资方针,并向投资者提供有关本公司经营活动的全面信息。

其主要条款包括:(1)未经股东大会批准,投资公司不得改变其营业性质和投资方针;(2)投资公司的管理者不许私自经营和滥用信托职权;(3)投资公司与其联属公司之间的不正当交易必行禁止;(4)规定投资公司向股东大会递交管理合同,并需取得股东大会批准;(5)制定资产安全保管制度;(6)公司董事的多数不得由证券承销商、投资银行家和经纪人组成;(7)除得到证券交易委员会的批准外,禁止投资公司与本公司董事、分公司或其人员进行交易活动;(8)除特殊情况外,禁止投资公司发行带有优先权的证券。

14 Libra 最初创始成员有哪些，其加入动机是什么？

➢ 背景

Libra 协会定位为一个独立的瑞士非营利组织，其使命是建立一个简单的全球货币和金融基础设施，为数十亿人服务。协会成员由 Libra 网络的验证者节点组成。起初，这些节点是全球公司、具社会影响力的合作伙伴（SIP）和学术机构，即 Libra 协会的创始人。最终，协会将包括运行验证者节点并持有足够 Libra 权益的任何实体。

➢ 创始协会成员组成

Libra 协会成员名单：

支付业：Mastercard，Mercado Pago，PayPal，PayU（Naspers' fintech arm），Stripe，Visa

技术和交易平台：Booking Holdings，eBay，Facebook/Calibra，Farfetch，Lyft，Spotify AB，Uber，Technologies，Inc.

电信业：Iliad，Vodafone Group

区块链业：Anchorage，Bison Trails，Coinbase，Inc. ，Xapo Holdings Limited

风险投资业：Andreessen Horowitz，Breakthrough Initiatives，Ribbit Capital，Thrive Capital，Union Square Ventures

非营利组织、多边组织和学术机构：Creative Destruction Lab，Kiva，Mercy Corps，Women's WorldBanking

➢ 创始协会成员简介及其加入原因

Mastercard(已退出)

所处行业:支付业

成立时间:1966 年 8 月

公司总部位于:美国纽约

简单介绍:Mastercard 是一家跨国金融服务公司,在全球范围构建了一个刷卡消费的联盟,银行与 Mastercard 合作以后,银行发行的信用卡就能在联盟范围内刷卡消费。

加入原因:Mastercard 认为区块链是升级互联网使钱成为互联网部分核心的关键。区块链使数字货币成为匿名工具,接收方可以验证收到的钱而不必信任发件人或银行等第三方。

退出原因:2019 年 10 月,Mastercard 宣布退出 Libra 协会,并表示,将继续专注于自己的战略,努力实现全球金融普惠。Mastercard 相信金融普惠值得推广,Mastercard 也将继续关注 Libra 的进展。

Mercado Pago(已退出)

所处行业:支付业

成立时间:2004 年

公司总部位于:阿根廷

简单介绍:为拉丁美洲最大的电商平台 Mercado Libre 所设计的线上支付工具,可以让用户在其账号中储存现金,让用户安全便捷地收付款。

加入原因:Mercado Pago 正在寻求减少国际汇款成本的方式,而 Libra 为其带来了潜在的新机会。Mercado Pago 副总裁 Osvaldo Jimenez 表示,最大的挑战之一是国际转账业务。其问题在于,今天的这项业务价格昂贵。如果可以在多个主要支付平台中使用同一种通用加密货币,将使更多的人能够汇款,并且能保证时效性。

退出原因:2019 年 10 月,Mercado Pago 宣布退出 Libra 项目,并表示在 Libra 项目“更加清晰”之后,Mercado Pago 将重新评估 Libra 项目。

PayPal(已退出)

所处行业:支付业

成立时间:1998 年 12 月

公司总部位于:美国加利福尼亚州圣荷西

简单介绍:PayPal,是一个总部位于美国加利福尼亚州圣荷西市的第三方支付服务商,允许在使用电子邮件来标识身份的用户之间转移资金,避免了传统的邮寄支票或者汇款的方法。PayPal 也和一些电子商务网站合作,成为它们的付款方式之一。

加入原因:PayPal 一直致力于提供全面且合规的金融服务,这些服务有可能为所有人创造利益:不仅为富裕人士或精英人士,而且为任何寻求经济实惠、安全管理和转移资金、改善财务健康的人提供服务。

退出原因:2019 年 10 月,在 Visa、Mastercard 等公司表示考虑退出 Libra 协会之后,PayPal 证实其将退出 Libra 协会,但仍与 Facebook 保持合作关系。PayPal 没有明确说明退出原因,只是表示 Paypal 将继续致力于目前的普惠金融目标。

PayU(Naspers' fintech arm)

所处行业:支付业

成立时间:2002 年

公司总部位于:荷兰霍夫多普

简单介绍:PayU 是一家为在线商家提供支付技术的金融科技公司。它允许在线企业通过可与 Web 和移动应用程序集成的支付方式接受和处理付款。

加入原因:Libra 对于高增长市场的关注与 PayU 的愿景契合;全球领先技术公司聚集在一起能推动 Libra 的成功;PayU 真正寻找进一步创新的机会。

Stripe(已退出)

所处行业:支付业

成立时间:2010 年

公司总部位于:美国加利福尼亚州旧金山

简单介绍:Stripe 是一家提供让个人或公司在互联网上接受付款服务的科技公司。Stripe 提供在网上接受付款所需的技术、避免信用卡诈骗技术及银行基础设施。

加入原因:类似于其他支付公司,加入 Libra 协会意味着可以通过 Libra 实现更多支付渠道,进一步推动其支付业务的发展。

退出原因:2019 年 10 月,Stripe 宣布退出 Libra 项目。Stripe 表示,其对让全世界的人便捷使用在线商务的项目表示支持,Stripe 认为 Libra 有这个潜力。Stripe 将密切关注 Libra 进展,并在以后的阶段继续与 Libra 协会保持开放合作。

Visa(已退出)

所处行业:支付业

成立时间:1976 年

公司总部位于:美国加利福尼亚州旧金山

简单介绍:Visa 是一家全球性的支付技术公司,向客户提供信用卡服务,致力于帮助消费者、企业、银行和政府使用数字化货币。

加入原因:Visa 表示 Libra 这种数字货币可以提供支付新途径,并加速大约 17 亿无银行账户的消费者进入正规金融体系的旅程——这就是为什么 Visa 有兴趣更好地了解 Libra 协会,并可能影响其发展。Visa 同样表示,现在是数字货币世界的早期阶段,目前还不知道消费者或商家可能想要使用它们的方式。Visa 参与 Libra 协会和其他数字货币项目反映了一种开放和好奇的精神,以及一种对该技术仍然未知的承认态度。

退出原因:2019 年 10 月,Visa 决定退出 Libra 协会,但 Visa 同时表示,还将继续对 Libra 进行评估,最终是否加入将由许多因素决定,包括协会完全满足所有必要监管期望的能力。Visa 对 Libra 进行持续关注的兴趣源于 Visa 自己的信念,即规范的区块链网络可以将安全数字支付带给更多的人和地区,尤其是新兴市场和发展中市场。Visa 首席执行官 Kelly 于 2019 年表示:“Visa 不会做任何不符合我们所认为的自身标准的事情,以及不会做违背我们所尊重的监管机构标准的事情。”

Booking Holdings(已退出)

所处行业:技术和交易平台

成立时间:1997 年

公司总部位于:美国康涅狄格州诺沃克

简单介绍:Booking Holdings 通过其旗下的六个品牌为消费者与当地厂商提供旅游相关服务。其宗旨是为了帮助人们体验世界。

加入原因:未来成功的一个关键因素是能够为消费者提供替代支付解决方案,即使这些支付解决方案可能不被旅行服务提供商或餐厅接受。在许多市场中,特别是在亚洲,信用卡不易获得,而电子商务主要通过移动设备进行,这些和其他新兴的替代支付方式是许多消费者的独家或首选支付方式。

因此,如果 Booking Holdings 无法通过将新的支付方法整合到平台中来向消费者提供他们的首选支付方式,平台就可能无法有效地向这些消费者提供服务,这将限制平台在这些市场中的增长机会,业务和经营业绩可能受到损害。

退出原因:2019 年 10 月,Booking Holdings 表示其将退出 Libra 协会。立法者和监管机构的质疑为 Libra 项目的预期落地带来阻碍,尤其是关于金融稳定、消费者保护、隐私等方面的质疑让 Libra 项目不能被简单的定义为“支付方式”。Booking Holdings 可能不希望与这样一个有争议的项目惹上麻烦,尤其是其他支付平台都退出了协会的情况下。

eBay(已退出)

所处行业:技术和交易平台

成立时间:1995 年 9 月 4 日

公司总部位于:美国加利福尼亚州盛荷西

简单介绍:eBay 是一个可让全球民众上网买卖物品的线上拍卖及购物网站。人们可以在 eBay 上通过网络出售商品。

加入原因:eBay 特别关注加密货币和区块链,因为看到它们有可能扩大全球电子商务,减少摩擦和交易成本。确保卖家库存可供销售到全球,并且这些买家可以使用他们的首选付款方式。eBay 热衷于利用有可能降低卖方交易成本并使其业务更有利可图的技术进行创新。

退出原因:2019 年 10 月,eBay 决定退出 Libra 协会。eBay 表示,尽管 eBay 尊重 Libra 协会的目标和愿景,但 eBay 专注于为客户提供“受监管的支付体验”。

Facebook/Calibra

所处行业:技术和交易平台

成立时间:2004 年 2 月

公司总部位于:美国加利福尼亚州门洛帕克

简单介绍:Facebook 是美国的社交网络服务及社会化媒体网站,可以通过它与人保持互动交流,可以无限上传图片、发布链接和视频。

加入原因:Facebook 以 Calibra 身份,作为开源生态中的一员。

Farfetch

所处行业:技术和交易平台

成立时间:2007 年 6 月

公司总部位于:英国伦敦

简单介绍:Farfetch 是一个时尚精品在线零售平台,销售来自全球 700 多家精品店和品牌的产品。

加入原因:电子商务公司在支付处理中支付更高的“信用卡”费率,这是公司加入的众多原因之一。Farfetch 一直在研究区块链技术,以帮助解决一系列时尚行业问题,相信这项举措将为全球数亿人提供无摩擦的电子商务。平台相信区块链将通过改善产品生命周期中的知识产权保护和透明度来使奢侈品行业受益。作为 Libra 协会的创始成员,Farfetch 将积极参与区块链的技术开发,同时能够从参与中学习并加速其他区块链项目的开发。

Spotify AB

所处行业:技术和交易平台

成立时间:2008 年

公司总部位于:瑞典斯德哥尔摩

简单介绍:Spotify AB 是一家数码音乐公司,主要业务是其音频流媒体平台,提供来自唱片公司和媒体公司受数字版权管理(Digital Rights Management, DRM)保护的音乐和播客。基本功能可免费提供广告或自动音乐视频,其他功能(如改进的流媒体质量)则需付费订阅。

加入原因:从第一天起,Spotify AB 就致力于创建一个平台,让粉丝可以随时随地以合适的价格直接访问他们想要的音频,同时为创作者提供经济可行性。Spotify AB 及其全球用户面临的一个挑战是缺乏易于访问的支付系统——尤其是那些财务状况不佳的市场。这为在创作者和粉丝之间培养纽带创造了巨大的障碍。加入 Libra 协会,有机会更好地覆盖 Spotify AB 的可寻址市场,消除摩擦并实现大规模支付。

Uber

所处行业:技术和交易平台

成立时间:2009 年 3 月

公司总部位于:美国加利福尼亚州旧金山

简单介绍:Uber 是一家科技公司,因旗下打车应用而闻名。Uber 开发应用程序,提供载客车辆租赁及实时共乘的分享型经济服务。乘客可以通过发送短信或是使用移动应用程序来预约这些载客车辆,使用应用程序时还可以追踪车辆的位置。

加入原因:对于打车应用行业的 Uber 而言,加入 Libra 协会意味着与协会中其他成员更紧密的联系,并且如果 Libra 稳定币项目能够成功推出,拥有一种全球性加密货币作为支付手段将有力促进 Uber 扩张其业务范围。

Lyft

所处行业:技术和交易平台

成立时间:2012 年 6 月

公司总部位于:美国加利福尼亚州旧金山

简单介绍:Lyft 开发应用程序以连接乘客和司机,提供载客车辆租赁及实时共乘的分享型经济服务。乘客可以通过发送短信或是使用移动应用程序来预约这些载客车辆,使用应用程序时还可以追踪车辆的位置。

加入原因:类似于 Uber,如果 Libra 稳定币项目能够成功推出,拥有一种全球性加密货币作为支付手段将有力促进打车应用 Lyft 扩张其业务范围。

Iliad

所处行业:电信业

成立时间:1990 年

公司总部位于:法国巴黎

简单介绍:Iliad 是法国电信服务供应商,其业务包括固定和移动电话服务、预付电话卡、接入互联网并托管相关服务。

加入原因:作为欧洲代表,Iliad 的贡献说明了这一合作项目的分散和多元化。这个“货币互联网”项目与 Iliad 的 DNA 相匹配,其目标一直是让尽可能多的人使用数字创新。

Vodafone Group(已退出)

所处行业:电信业

成立时间:1982 年 1 月

公司总部位于:英国伯克郡

简单介绍:Vodafone Group 是跨国性的移动电话营办商,世界上最大的流动通讯网络公司之一,在全球 27 个国家均有投资。在另外 14 个国家则与当地的移动电话营办商合作,联营移动电话网络。

加入原因:类似 Iliad,大型电信运营商沃达丰(Vodafone)加入货币创新项目将有助于推动其业务范围。其对 Libra 持积极态度,沃达丰首席执行官 Nick Read 曾在 2019 年 10 月公开呼吁,希望能够尽快任命独立的 Libra 首席执行官,将其与 Facebook 完全分开,并表示独立领导者对于确保 Libra 计划的成功非常重要。“越早任命一位不是来自 Facebook 的首席执行官领导公司向前发展,那么人们就会理解该公司本身的雄心。”

退出原因:2020 年 1 月,沃达丰表示已经退出了 Libra 协会,沃达丰表示,“我们将继续留意 Libra 协会的发展,不排除将来再次合作的可能性。”沃达丰此次退出的原因是想把此前用于 Libra 的资源专用于其数字支付服务 M－Pesa,该公司计划将该服务从目前的六个非洲国家扩展到更多地区。“我们从一开始就已经说明,沃达丰的主要目标是为金融普惠作出真正贡献,并且我们全心全意向此目标努力。”

Anchorage

所处行业:区块链业

成立时间:2017 年

公司总部位于:美国加利福尼亚州旧金山

简单介绍:Anchorage 是第一家本地加密托管机构,通过现代安全工程帮助金融机构安全地投资数字资产。

加入原因:Anchorage 由同为 Libra 协会成员的 Andreessen Horowitz 投资。Anchorage 的联合创始人兼总裁 Diogo Monica 表示,其托管提供商的专业知识将有助于 Libra 项目的发展,尤其是他们非常熟悉类似 Libra 这样的项目可能会面临的关键技术问题,并且其在密码学、分布式系统和安全工程方面具有专业北京知识,这些都将帮助 Libra 成为更安全的网络。Monica 补充道,“我们加入 Libra 协会是因为我们坚信其使命是创建一种简单的全球货币和金融基础设施,以赋予数十亿人口权利。”Monica 认为,对于 Anchorage 来说,这也是与一群多元化的”创新的、面向任务(mission - oriented)的公司和组织“合作的机会,Anchorage 可以从合作中学习,同时继续推进机构参与者进入数字资产类别中。

Bison Trails

所处行业:区块链业

成立时间:2018 年 10 月

公司总部位于:美国纽约

简单介绍:Bison Trails 提供强大的基础设施帮助整个区块链生态系统繁荣发展,可以通过建立自己的私人节点以加入区块链网络。

加入原因:Bison Trails 首席执行官 Joe Lallouz 表示,Libra 一直在寻找“一个技术精湛、可以帮助该协会建立和扩大其节点基础架构规模的加密货币本地合作伙伴”。由此,Libra 接触了 Bison Trails。Joe Lallouz 指出,Bison Trails 具有与大型托管商、交易所、基金和开发人员合作以助力于其节点的经验,所以其愿意帮助 Libra 从其最早期阶段开始搭建和扩大平台规模,直至其主网上线。

Lallouz 补充说,虽然 Bison Trails 致力于通过使公司易于部署节点并在新网络之上构建应用程序来促进对区块链的访问民主化,但 Libra 是“对于未来的先驱者”而言构建下一代去中心化技术的绝佳机会。

Coinbase, Inc.

所处行业:区块链业

成立时间:2012 年 6 月

公司总部位于:美国加利福尼亚州旧金山

简单介绍:Coinbase 是一家数字货币兑换商。他们用法定货币交换比特币、以太坊、莱特币等加密货币,交易并存储比特币。

加入原因:Coinbase 的业务主要是将法定货币兑换成加密货币,而 Libra 作为一种稳定币,一旦推出,人们势必有需求将其与法定货币进行兑换。就这一角度而言,Coinbase 加入 Libra 协会对其自身业务扩展是有所帮助的。

Xapo Holdings Limited

所处行业:区块链业

成立时间:2013 年

公司总部位于:中国香港

简单介绍:Xapo 是一家比特币的安全存储服务公司,提供比特币冷藏储和借记卡服务,允许用户线下使用比特币。

加入原因:Xapo 表示,其很高兴能加入 Libra 协会,与其他组织合作创建一个简单的全球货币和金融基础设施,为数十亿人助力。Xapo 具有其专业技术特长,可在全球范围内安全地运营 Libra 网络。其愿景与 Libra 的目标相同,即每个人都可以使用数字货币。

Andreessen Horowitz

所处行业:风险投资业

成立时间:2009 年 7 月

公司总部位于:美国加利福尼亚州门洛帕克

简单介绍:Andreessen Horowitz 是一家私人风险投资公司,主要投资新兴技术公司,支持大胆的企业家通过技术创造未来。

加入原因：Andreessen Horowitz 看好区块链技术应用的巨大潜力。因为区块链是分散的和开源的，所以只需要信任代码而不是代码背后的人员和组织。在区块链世界中，互联网服务可以快速组合，分叉和重新混合，为开发人员释放新的创意可能性。

以下的几家投资公司有共同投资历史，特别是对于备受瞩目的 FinTech 投资组合。这些公司也是两个协会成员，Coinbase（由 a16z，USV 和 Ribbit Capital）和 Stripe（由 a16z，USV 和 Thrive Capital）的投资方。

Breakthrough Initiatives

所处行业：风险投资业

成立时间：2015 年

公司总部位于：德国

简单介绍：Breakthrough Initiative 是一个科技探索计划，旨在探索宇宙，寻找外星生命的科学证据，并鼓励行星角度的公众辩论。

加入原因：

Facebook 首席执行官 Mark Zuckerberg 是 Breakthrough Initiatives 的两位董事之一。另一位董事的基金也是 Facebook 的早期投资者。Breakthrough Initiative 发言人拒绝评论加入 Libra 相关事宜，仅表示 Breakthrough Initiatives 会支持现有和未来的基础科学慈善项目。

Ribbit Capital

所处行业：风险投资业

成立时间：2012 年

公司总部位于：美国加利福尼亚州帕罗奥图

简单介绍：Ribbit Capital 在全球范围内投资独特创新的个人和品牌，目标是储存并发展想法。

加入原因：Ribbit Capital 是 Coinbase 的投资机构，执行合伙人 Meyer Malka 也投资了 Xapo。

Thrive Capital

所处行业：风险投资业

成立时间:2009 年

公司总部位于:美国纽约

简单介绍:Thrive Capital 是一家专注于互联网和软件投资的风险投资公司。

加入原因:同其他风险投资机构一样,Thrive Capital 是协会成员 Striple 的投资者,也和 Facebook 有一定联系。Thrive Capital 是 Instagram 的 B 轮融资的三家投资机构之一,不久 Instagram 就宣布被 Facebook 收购。

Union Square Ventures

所处行业:风险投资业

成立时间:2003 年

公司总部位于:美国纽约

简单介绍:Union Square Ventures 是全球收益率最高的风险投资基金之一,旨在投资和促进早期公司的发展。他们主要投资被认为是破坏性的美国互联网和移动公司。

加入原因:作为 2013 年就看好数字货币和数字资产并投资 Coinbase 的机构,Union Square Ventures 认为加密技术的广泛采用还需要一种催化剂。因此,在全球最大的应用程序中使用的一种简单的、完全抵押的加密货币可能会吸引数亿或数十亿的消费者。Union Square Ventures 希望 Libra 将成为加密货币和加密资产的主要入口,以造福整个生态系统。

Creative Destruction Lab

所处行业:非营利组织

成立时间:2012 年

公司总部位于:加拿大多伦多

简单介绍:Creative Destruction Lab(CDL)是一个面向可大规模拓展的早期科技型公司的项目。CDL 采用基于目标的指导性过程,为了使股权价值创造最大化。

加入原因:Libra 将成为区块链初创公司技术培训计划的一部分。虽然没有要求对 Libra 开展工作,但 CDL 将与 Libra 内的主要人员合作,开发用于理解和利用这一新机会的技术。Libra代码将是开源的,并且可供所有人使用,它将有助于从社区收集有关项目方向的反馈。

Kiva

所处行业:非营利组织

成立时间:2005年10月

公司总部位于:美国加利福尼亚州旧金山

简单介绍:Kiva允许人们通过互联网向80多个国家的低收入企业家和学生提供贷款。Kiva的理念是通过贷款来帮助人们减轻贫困。用户可以通过电子邮件获得Kiva上的贷款信息。

加入原因:为实现更大的金融包容性目标,更广泛地实现联合国可持续发展目标,必须建立一个由各种组织组成的全球联盟。通过Kiva协议,可以使用区块链技术为全球许多国家的无银行账户客户提供可验证的身份和信用记录。改善资金的交付和来源是金融包容所必需的基础的另一部分,这就是为什么Kiva希望最大化Libra成为积极实施的解决方案的一部分的潜力。

Mercy Corps

所处行业:非营利组织

成立时间:1979年

公司总部位于:美国俄勒冈州波特兰

简单介绍:Mercy Corps是一个全球性的非政府人道主义援助和发展组织,在饱受灾难、战争、持续贫困和不稳定影响的地区工作,通过激发人们未开发的潜能,创造持续的改变。

加入原因:这可能引发金融包容性的革命,Mercy Corps一直与世界各地的贫困人士合作,帮助他们在一些最艰难的环境中建立更加安全、高效和公正的社区。没有一个团体或组织能够独自解决最棘手的挑战,实现真正转型变革的唯一途径是将社区与私营部门、公共部门和民间社会联系起来——通过问责制和包容性参与。因此,Mercy Corps很高兴加入一群领先的全球组织——在支付,技术,电信和社会影响方面带来最佳专业知识的参与者——来应对世界上最大的挑战之一:如何将数百万人与全球经济联系起来。

Women's World Banking

所处行业:非营利组织

成立时间:1976 年

公司总部位于:美国纽约

简单介绍:Women's World Banking 为 40 个独立的小额信贷机构和银行提供战略支持、技术援助和信息,为发展中国家的低收入企业家提供信贷和其他金融服务,特别关注女性。

加入原因:Women's World Banking 所有的工作都是关于如何利用所需的金融产品和服务为低收入女性提供服务,这似乎是一个机会,不仅可以扩大无银行账户和服务不足的女性的财务机会,而且还可以确保随着 Libra 协会的发展,在会议桌上有一个代表全世界大多数没有银行账户和服务不足的人的声音。

➢ **Libra 协会成员行业分布(见图 1)**

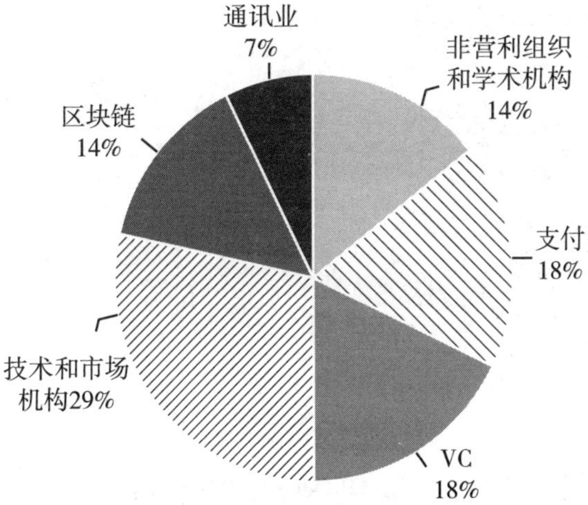

图 1　Libra 协会成员行业分布

➢ **Libra 协会成员所在地分布(见图 2)**

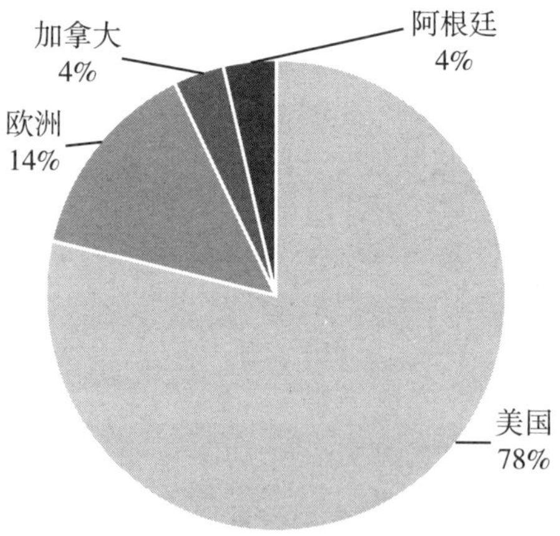

图 2　Libra 协会成员所在地分布

➢ **动机**

1. 降低信用卡费率;
2. 寻求商务拓展;
3. 探索区块链版权保护;
4. 探索区块链身份验证;
5. 金融包容性,非政府组织一直是潜在支付用例区块链的倡导者群体;
6. 和投资组合里的公司联动。

15 Libra 项目的决策机制是怎样的?

➢ **Libra 协会决策原则**

1. 验证者的权力:在理事会中拥有代表席位的验证者节点拥有最终权

力。理事会将其许多行政权授予协会的管理层,但保留撤销授权决策以及自行作出关键决策的权力,其中最重要的决策需要 2/3 以上绝对多数投票通过。

2. 按比例分配权力:理事会成员的投票权与其持有的权益(起初是 Libra 投资代币,未来将是 Libra)比例成正比,体现成员(验证者节点)对网络的贡献程度。不过,为避免权力集中,任何一位创始人的投票权均有上限。

3. 开放与合作:决策由成员(验证者节点)之间合作制定,并对更广泛的社群保持透明。

4. 高效:Libra 协会力求尽可能简化决策制定过程,并尽可能利用其成员执行其决策。

➢ 理事会决策机制

1. 理事会成员

Libra 协会的治理机构是 Libra 协会理事会,理事会由各验证者节点各指派一名代表构成。在初始阶段,这一群体由作为创始人的全球企业、非营利组织、多边组织和学术机构指派的代表组成。

2. 理事会成员退出

Libra 协会预计至少会在几年内根据测试结果确定限制活跃验证者节点的数量(从而限制理事会成员的数量)。如果成员数量超出此限制,则分得最少投票权的理事会成员将被移出理事会,直至成员数量低于限制。如有多名成员持有相同的最少投票权,则可通过撤除其中入会持续时间最短的成员来维持数量限制。

3. 理事会决策机制

理事会的运作和政策决策在进行表决时,需要的投票门槛各有不同,具体取决于决策的重要程度,理事会成员共同对网络和储备的治理制定决策。所有决策都将通过理事会作出,重大政策或技术性决策需要 2/3 以上的成员投票表决同意,即 BFT 共识协议中所要求的绝对多数网络成员。

➢ 董事会决策机制

1. 董事会成员

董事会成员不少于 5 名，不超过 19 名，确切数量由理事会确定，随着时间推移可能会发生变化。董事会成员包括：

1）Libra 协会的常务董事；

2）由理事会选举产生的理事会成员：

i. 首次选举将在理事会的第一次会议上进行；

ii. 董事会成员的任期为一年，董事会成员可以无限期地每年连任。

2. 董事会成员身份终止

1）如果董事会成员不再是理事会成员或常务董事，那么董事会成员身份将自动终止；

2）任何时候，理事会都可以在获得半数以上投票通过后撤除董事会成员。

3. 董事会决策机制

董事会的决策需要获得至少一半的董事会票数，即满足下列条件之一：

1）在参加投票的成员中，至少有 1/2 的票数支持该决策，前提是参加投票的董事会成员至少拥有总投票权的 2/3；

2）或者所有董事会成员的总票数中至少有 1/2 支持该决策。

➢ 社会影响力咨询委员会决策机制

1. 社会影响力咨询委员会成员构成

Libra 社会影响力咨询委员会（SIAB）是代表 Libra 协会理事会的咨询机构，由具社会影响力的合作伙伴（SIP）领导，这些伙伴包括非营利组织、多边组织和学术机构。咨询委员会由 5 名至 7 名成员组成。理事会可以更改咨询委员会成员的数量。咨询委员会成员包括：

1）Libra 协会的常务董事；

2）SIP 和学术机构代表，由理事会选举产生；

i. 首次选举将在理事会的第一次会议上进行；

ii. 咨询委员会成员的任期为一年，咨询委员会成员可以无限期地每年连任。

2. 社会影响力咨询委员会成员身份终止

任何时候，理事会都可以在获得半数以上投票通过后撤除咨询委员会成员。

3. 社会影响力咨询委员会职能

1）根据协会的使命制定 SIAB 长期战略规划；

2）针对资助资金和社会影响力投资的分配，就 SIAB 将如何提出这方面的建议完善相关标准；

3）建立和实施资助申请流程，包括筛选资助对象（通过同行审核来进行筛选，以便咨询委员会旗下的机构仍然能够通过 SIAB 获得资助，但需遵守利益冲突规则）；

4）衡量和报告社会影响力，制定新的社会影响力举措，在整个 Libra 生态系统内实施从资助对象处获得的知识经验，并作为召集方，邀请其他 SIP 加入协会；

5）将 SIAB 商定的资助/筹资建议提交给 Libra 协会董事会审批；

6）就批准哪些 SIP 作为创始人授权的节点，向 Libra 协会董事会提出建议。

16 Libra 对有志加入协会的成员有哪些要求？

在早期阶段，只有满足可扩展性、低延迟、即时性和安全性要求的特定类型组织方可申请成为创始人，为了向数十亿人提供服务，组织必须从一开始就满足这些要求。因此，针对在这一阶段希望加入协会的组织，协会制定了不同的、视行业而定的评估标准。协会将开展尽职调查以核实组织的身份，确保不符合条件的组织没有资格加入协会。协会可能会通过制定指导原则的方式，来减少组织和节点地域集中的风险。协会可能会要求组织加入一个等待名单，直至协会达到多样性方面的要求并有条件纳入此组织。

➢ 规模与影响力要求

1. 企业评估标准

企业如果要成为创始人，必须满足下列标准中的至少两项：

1）市值/应收款结余

衡量标准：市值超过＄10亿美元或应收款结余超过＄5亿美元。

2）规模

衡量标准：每年在多个国家/地区为超过2000万人提供服务。

3）品牌可持续性

衡量标准：被第三方行业协会或媒体公司评为行业百强领导者。协会在评估创始人申请者时参考的部分名单包括Interbrand的“全球品牌100强”、《财富》杂志的“500强”、标准普尔全球1200指数、FTSEEurotop 300指数以及其他评选知名品牌的地区和国家名单。

协会认识到，在这个新兴的行业一些企业可能未达到上述市值或规模。考虑到这一点，这些企业需要满足下列标准。

1）加密货币投资者：

管理资产（AUM）超过＄10亿美元。

2）区块链基础设施公司（必须满足以下所有标准）：

已运营超过12个月；

采用由现代化政策和流程保障的企业级安全、隐私和基础设施运营模式（通过安全审计或渗透测试报告公开披露相关信息）；

为客户托管或保管至少＄1亿美元资产。

如果企业不满足上述标准，但能对网络的成功做出有意义的贡献，协会也可能在获得理事会批准的情况下，联系这些企业，向他们提供成为协会创始人的机会。

根据上述加密货币投资者标准、区块链基础设施公司标准和例外流程接纳的成员数不会超过协会成员总数的1/3。

另外值得指出的是，如果所有验证者节点均独立运行，那么作为区块链核心基石的共识协议才会最为可靠。因此，协会欢迎彼此“竞争”的企业同时与协会建立合作关系，而且，协会已经针对这种情况对系统进行了专门设计。

2. 具社会影响力合作伙伴的评估标准

具社会影响力的合作伙伴如果要成为创始人，必须满足下列标准中的至少三项：

与Libra的使命一致，都是旨在触达无法或很难享受银行服务的人群，并且愿意使用区块链等创新方法。

衡量标准：五年以上的扶贫工作记录，包括已经在实施的或计划实施的数字普惠金融举措。

全球影响力

全球性组织衡量标准：评估其目前开展业务的国家/地区数量以及所服务的人数。

地区性组织衡量标准：是否已深入目标市场，为无法或很难享受银行服务的关键人群解决这一问题。

公信力

美国以排名为衡量标准：Charity Navigator、Charity Navigator International、GuideStar、NGO Advisor、Devex或GiveWell排名前100名。

世界其他地方的衡量标准：资金来源的多样性和可信度以及经证明的社会影响力。

规模

衡量标准：年度运营预算超过$5000万美元。

3. 学术机构评估标准

学术机构如果要成为创始人，必须满足下列大部分标准：

1）公信力

衡量标准：QS世界大学排名前100名。

2)实力强大的计算机科学系

衡量标准:CSRankings 榜单前 100 名。

➢ 技术要求

对希望加入 Libra 协会和运行验证者节点的组织来说,他们有两种托管选择:自托管和云托管。

方式一:运行自托管验证者节点

自托管是指协会成员在自己直接运营和管理的数据中心中托管验证者节点。

运行自托管验证者节点的硬件要求如下:

拥有近半机架的服务器空间可用—虽然协会预计这一空间不会立即投入使用,但今后的 Libra Core 版本可能会使用多个服务器。

拥有具备冗余能力的专用高速互联网连接(推荐 100 Mbps 或以上)。

运行自托管验证者节点的人员设施要求如下:

一名负责维护软件和保护验证者节点的全职网站可靠性工程师。

一套旨在确保节点可用性和安全性的安全基础设施,能够抵御诸如 DDoS 攻击、对托管验证者节点的服务器实施的攻击以及对数据中心基础设施(例如,路由器、数据中心访问控制)实施的攻击。

方式二:运行云服务验证者节点

对于希望通过云服务提供商运行验证者节点的组织,协会将提供相应的工具和文档协助他们完成部署。以 Amazon Web Services 为例,推荐使用的硬件实例类型为 m5. 24xlarge。协会将在未来几个月里公布更多有关这一主题的细节。

17 2019 年 10 月 15 日正式签署的 Libra 协会章程包括哪些内容？协会成员出现了哪些变化？

2019 年 10 月 15 日，Libra 在官方 twitter 账号上宣布，Libra 协会的 21 位创始成员正式签署了《Libra 协会章程》，成立 Libra 协会理事会，选举董事会并任命 Libra 协会执行团队成员。首批 Libra 协会成员列表如表 3 所示：

表 3　首批 Libra 协会成员

Anchorage	Mercy Corps
Andreessen Horowitz	PayU
Bison Trails Co.	Ribbit Capital
Breakthrough Initiatives, L. P.	Spotify AB
Calibra, Inc.	Thrive Capital
Coinbase, Inc.	Uber Technologies, Inc.
Creative Destruction Lab	Union Square Ventures
Farfetch UK Limited	Vodafone
Lliad	Women's World Banking
Kiva Microfunds	Xapo Holdings Limited
Lyft, Inc.	

在首批成员中，不存在任何以前未知的成员。在过去一周时间里，随着 Visa、MasterCard、PayPal、eBay、Stripe 和 Mercado Pago 6 家支付公司接连宣布退出 Libra 项目，PayU 成为 Libra 协会中仅剩的 1 家支付公司。6 家公司离开 Libra 项目的理由包括对该项目面临的监管情况感到担忧，以及出于多国政府监管机构持续审查该项目的因素等。详情可参见《问：为什么 Visa、

MasterCard、eBay、Stripe 也退出了 Libra 协会?》。

除了以上 6 家公司之外,经营 Kayak. com 和 Priceline. com 等网站的在线旅游公司 Booking Holdings 近日也表示退出 Libra 协会。因此,Libra 协会成员从原来的 28 名减少到目前的 21 名。

不过,Libra 协会表示,仍有 1500 多个实体表示有兴趣加入该项目,其中大约 180 个实体满足该组织的会员资格标准。

在签署章程之后,Libra 协会选出由 5 位成员构成的董事会。Facebook 仍然是该项目的关键参与者,Calibra CEO David Marcus 担任 5 位董事会成员之一。其他董事会成员包括 Kiva 首席战略官 Matthew Davie、PayU 的总顾问 Patrick Ellis、Andreessen Horowitz 的普通合伙人 Katie Haun 以及 Xapo CEO Wences Cesares。

表 4 董事会成员及其所属组织

姓名	名义组织
1. Matthew Davie	Kiva Microfunds
2. Patrick Ellis	PayU
3. Katie Haun	Andreessen Horowitz
4. David Marcus	Calibra, Inc.
5. Wences Casares	Xapo Holdings Limited

Libra 正式任命了协会工作人员。曾在 PayPal 担任高级主管的 Bertrand Perez 被正式任命为 Libra 项目首席运营官兼临时董事总经理,Kurt Hemecker 担任业务发展主管,Dante Disparte 担任政策与传播主管。

表 5 协会工作人员及职位

姓名	职位
1. Bertrand Perez	首席运营官和临时董事总经理
2. Kurt Hemecker	业务发展主管
3. Dante Disparte	政策和传播主管

Libra 协会临时章程完整内容如下:

一、目的：为协会成员提供基本治理结构和决策框架，以推进 Libra 项目的工作流程。

二、理事会：理事会是协会的最高决策机构。

每位理事会成员具有一票投票权；任何理事会成员就某一事项具有重大直接或间接经济利益冲突，将被撤回投票权。

大多数理事会决定需要进行多数表决，某些关键决定需要 2/3 以上的绝大多数投票支持，包括：

1. 成员的接纳和终止；

2. 采纳和修改 Libra 的关键政策（例如，储备金管理政策和新成员资格标准）；

3. 董事会成员的任命和罢免；

4. 协会的解散或清算；

5. 修改公司章程。

三、成员：

任何成员均可出于任何原因离开协会；

成员可以在某些有限的情况下转移其成员资格。

四、董事会：由个人成员组成的董事会，执行协会的日常管理并监督执行人员。

董事会提名人还必须担任协会成员的个人理事会代表；

每位董事会成员具有一票投票权；任何董事会成员就某一事项具有重大直接或间接经济利益冲突，将被撤回投票权；

所有董事会决议均需获得多数投票。

五、争议：成员与协会之间的争议，将根据瑞士仲裁解决。

18 目前 Libra 的潜在储备货币有哪些？

据彭博社 2019 年 9 月初报道，Facebook 给弗吉尼亚州民主党参议员 Mark Warner 的回信表示，支持其 Libra 加密货币的一篮子货币可能包括美元、欧元、日元、英镑和新加坡元。但表示 Libra 协会将决定最终的储备货币清单，而不是 Facebook。信中写道："是否在 Libra 储备中加入新的货币都将基于当时的所有事实和情况，包括考虑任何直接或间接的监管限制。"

此前，Facebook 区块链项目主管 David Marcus 告诉美国众议院金融服务委员会，Libra 的一篮子资产储备中有 50% 是美元，另一半是稳定的主权货币和低风险资产。

据外媒推测，Facebook 在此时列出潜在储备货币清单的原因，可能是为了消除参议员对于人民币可能被纳入其储备货币的担忧。

19 Libra 背后的抵押资产的构成是怎样的？

根据德国出版物"Der Spiegel"2019 年 9 月 20 日的一份报告，Facebook 在回应德国立法委员 Fabio De Masi 问题的一封信中表示，美元将成为支持数字货币 Libra 的主要货币（50%），其余部分由欧元（18%）、日元（14%）、英镑（11%）和新加坡元（7%）组成。同时，总部位于瑞士的 Libra 协会拒绝评论"Libra 储备"的具体细分。但其表示，该储备预计将是一笔现金和非常短期的政府证券，以美元、欧元、日元、英镑和新加坡元计价。

根据 Libra 早期发布的白皮书,Libra 的储备资产将由一篮子货币及流动性极好的短期政府债券构成,但并未透露具体细节,并表示具体细节将由项目委员会共同研究决定。此次对于德国政府的回应是首次揭露 Libra 背后资产构成。成为 Libra 储备的资产,将在未来随着 Libra 币的流通,间接参与到相关支付和贸易活动中。

需要注意的是,人民币并没有出现在当前计划的一篮子货币中,而新加坡元作为唯一的非主要国际通用货币被加入 Libra 的篮子。

➢ 为什么相比白皮书,储备货币多了新加坡元?

我们认为加入新加坡元可能有三点原因:首先,新加坡对于数字货币和区块链政策友好,新加坡当局自 Libra 推出起一直与协会采取积极沟通状态;其次因为新加坡金融业发达,是全球第三、亚洲最大的外汇交易中心,有利于 Libra 经销商以及 Libra 在周边地区的推广;最后,新加坡元采取的是参照一篮子货币汇率的政策,篮子里货币的权重取决于新加坡和该国贸易的依赖程度,因此其波动和美元与人民币相关。

20 Libra 有可能改变原有锚定机制吗?

2019 年 10 月 20 日,Libra 项目负责人 David Marcus 在一次银行业研讨会上表示,Facebook 愿意考虑改变将 Libra 与一篮子货币挂钩的设计机制,并声称,该公司的主要目标是建立一个更高效的支付系统,并且对该项目的结构持开放态度。对于这个系统使用什么样的货币代币这一点,并不反对使用其他替代解决方案。“我们可以采取不同的方式。不使用一篮子货币的话,我们可以拥有一系列稳定币,如美元稳定币、欧元稳定币、英镑稳定币等。我们肯定可以创建以数字代币形式来表示本国货币的多种稳定币,以此来解决这一问题。这也是应纳入考虑的选择之一。”

Libra 项目最初的设计是锚定一篮子多国货币，包括美元、欧元、日元、英镑和新加坡元。虽然提出了其他可行方案，但 David Marcus 也强调他并非暗示与单一法定货币挂钩的稳定币是 Libra 协会的优先选择，并进一步表示，“我们关心的是 Libra 项目的使命，有很多方法可以实现这一点”。此外，他还认为，Libra 需要“展现出很大的灵活性”。

Libra 正面临着来自全球多国监管机构的巨大压力，这些监管机构对 Libra 及其对全球金融稳定性的潜在影响表示出越来越多的怀疑。在过去几周中，Libra 协会失去了几位主要成员，包括 PayPal、Visa、eBay、MasterCard 和 Stripe 等主要支付和电子商务公司。根据美国财政部部长 Steven Mnuchin 的说法，这些公司离开 Libra 协会的原因是该项目与美国反洗钱标准“不相称”。最近，来自 G20 国家的财政部部长（以下简称财长）和中央银行行长也对全球性稳定币项目可能会对货币政策主权产生负面影响表达了担忧。10 月 18 日，德国联邦财政部部长 Olaf Scholz 曾表示，全球监管机构应彻底阻止 Libra 的发行。

当被问及几个主要合作伙伴相继离开 Libra 协会是否会影响其原定的 2020 年发行时间时，Marcus 说道：“让我们拭目以待。2020 年 6 月发行 Libra 仍然是我们的目标。”并解释道，“正如我们一直所说的，除非我们解决了所有法律问题并获得适当的监管批准，否则 Libra 不会前进，因此这件事并不完全取决于我们。”

21 Libra 协会是怎样搭建一个关系网络的？

CNN 展示了一张由 Libra 协会的创始成员与 Libra 项目负责人 David Marcus 组成的关系网，这些成员多少都与其具有联系。

表 6　Libra 协会创始成员的关系网络

Selection of Libra Association member companies	Marc Andreessen	Wences Casares	Frederic Court	Daniel Ek	Kurt Hemecker	Ben Horowitz	David Marcus	Bertrand Perez	Peter Thiel	Fred Wilson	Mark Zuckerberg
Facebook/Calibra	●		●	●	●	●	●	●	●		●
PayPal	●	●			●		●	●	●		
eBay	●				●		●	●	●		
Stripe	●					●			●	●	
Coinbase	●					●	●			●	
Lyft	●					●			●		
Spotify				●					●		●
Anchorage	●					●					
Andreessen Horowtiz	●					●					
Xapo		●									
Breakthrough Initiatives											●
RibbitCapital		●									
Union Square Ventures										●	
Kiva		●									
Farfetch			●								

CNN Source: The Libra Association and Association members' websites
Graphic: Clare Duffy and Tal Yellin.CNN

以下是一些例子：

Peter Thiel 创立了协会会员 PayPal，并将其出售给了另一个会员 eBay。他是 Facebook 的第一位主要投资者，现在是其董事会成员。Peter Thiel 还通过其风险投资公司对 Spotify AB、Lyft 和 Stripe 进行了投资。

Zuckerberg 是 Facebook 的创始人，也是协会会员 Breakthrough Initiatives 的三名董事会成员之一。他与协会会员 Spotify AB 的创始人兼首席执行官 Daniel Ek 是朋友关系。Zuckerberg 参加了 2016 年 Daniel Ek 的婚礼。

风险投资公司 Andreessen Horowitz 是 Libra 的创始成员，也是 Facebook 的早期投资者。该公司还投资了 Lyft、Stripe、Coinbase，Inc. 和 Anchorage。联合创始人 Marc Andreessen 担任 Facebook 董事会成员，此前曾担任拥有 PayPal 的 eBay 的董事。共同创始人 Ben Horowitz 是 Lyft 的董事。

协会成员 Union Square Ventures 投资了协会成员 Coinbase,Inc. 和 Stripe。

Frederic Court 是协会会员 Farfetch 及其投资方 Felix Capital 的董事会成员,该公司之前投资了 David Marcus 的一家创业公司 Zong。

Wences Casares 是协会会员 Xapo Holdings Limited 的创始人兼首席执行官。他还是 PayPal 的董事会成员,此前曾是该协会的非营利成员之一 Kiva 的董事会成员。Xapo Holdings Limited 获得了协会会员 Ribbit Capital 的投资。

CNN 表示尽管这些人可能未直接参与过 Libra 项目,但这些联系表明,Libra 协会可能不如 Facebook 声称的那样“多元化和全球化”。这些联系也延伸到了 Libra 协会的最高领导层。

到目前为止,Libra 在向瑞士政府提交的文件中已经确定了三位领导人:Marcus、Bertrand Perez 和 Kurt Hemecker。

Marcus 在 Libra 之前就从事电子支付工作。他创立了 Zong,一家位于日内瓦的在线公司的移动支付提供商。他于 2011 年将 Zong 出售给 eBay 时,公司任命他为 PayPal(当时 eBay 尚未出售)的移动部门负责人,第二年成为 PayPal 的总裁。他于 2014 年离开 PayPal 加入 Facebook。

Bertrand Perez 和 Kurt Hemecker 之前曾在 Marcus 的 Zong 担任高级管理人员,后来在 Marcus 担任 PayPal 总裁期间担任高级管理人员。根据他们的 LinkedIn 资料,Perez 现在是 Libra 协会的常务董事兼首席运营官,而 Kurt Hemecker 是业务发展负责人。

哥伦比亚大学法学院的 Pistor 表示,一开始让 Marcus 和两位长期相处的同事领导协会,可能会对 Facebook 的组织文化产生深远影响。虽然董事会成员任期为一年,但可以无限期连任。总经理一开始将为组织定下基调,这给了他们很多控制权。他们可以迅速采取行动,将人员安置到位。

但 Libra 对 Pistor 的想法提出异议。协会政策主管 Dante Disparte 表示,尽管 Facebook 在发展 Libra 协会方面发挥着重要作用,Libra 区块链网络将会持续发展下去,但 Facebook“将不会比任何其他成员拥有更大的权利、义务或投票权”。

22 Libra 主网路线图是怎样的？

2019 年 10 月 2 日发布的路线图全称叫作："September Libra Developer Update-Roadmap #1"。因此，此次在 Libra 官网的 Blog 板块发布的路线图属于 Libra 区块链技术开发的一次更新报告。该板块还曾经由工程团队发布了："Libra: The Path Forward""Improving the LibraBFT protocol""Libra Developer Spotlight"等有关 Libra 区块链技术进展的以及面向开发者的技术公告。

本次公告的路线图是 Libra 项目在测试网（Testnet）发布到主网（Mainnet）上线之前需要经历的几个阶段，路线图中并没有给出明确的时间，而是给出了各个阶段的标志性里程碑。在此期间 Libra Pre-Mainnet 以及 LibraTestNet 两个网络将并行存在。这一过程也是 Facebook 的开发团队逐渐在 Libra 技术项目中放权的过程。第一个阶段 Calibra 将自身控制权释放约 25%，由 5 个合作伙伴共同运行主网；第二阶段将有约 25 个节点参与，Calibra 将继续释放约 50% 的控制权；第三个阶段开始，Libra Pre-Mainnet 将从私有链向联盟链转型，该阶段结束时将有 75 个节点加入，后续 Libra Pre-Mainnet 将继续扩展至 100 个节点，之后 Pre-Mainnet 自动成为 Mainnet。

➢ 附：该篇技术公告的中文翻译版

自 6 月正式发布 Libra 项目以来，开发人员社区的反应一直非常热烈。数款围绕 Libra 项目开发的区块链项目（libranaut, libraview, librabrowser 和 libexplorer）已经出现。部分项目（ZenGo 等）已经将 Libratestnet 集成到了自己的钱包中。还有一些区块链项目（Solana 等）将 Move 语言集成到他们的系统中。

Facebook 的 Calibra 团队将继续在开源社区中大力开发 Libra Core。该团队还发布了两版新开发指南：一个是在本地运行 Move 应用程序的指南，另一个是说明如何运行自己的网络的指南。Libra 的论坛上有关交易脚本的话题非常活跃，开发者对客户端开发以及 Libra 发展的话题兴趣也在持续增加。

稳定的技术迭代以及公开透明的决策规划是开发人员对该项目越来越感兴趣的关键。Libra Core 向 Mainnet 迈进的过程，我们可以通过查阅相关博客文章以了解详细情况。

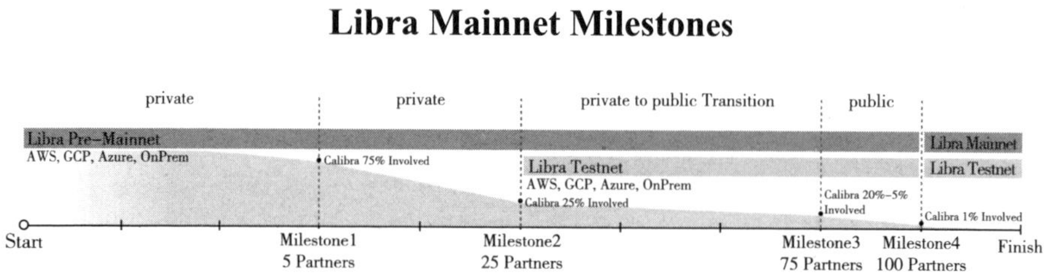

图 3　Libra 主网里程碑

测试网之后

启动 Testnet 项目后，团队可以轻松地进行故障排除、诊断和解决软件边缘问题，进而快速改进 Libra Core 了。通过 Testnet 可以演示 Libra 网络功能，并为开发人员提供访问测试。

继 Testnet 之后，我们希望能够进一步启动 Libra Mainnet 项目。通过 Mainnet 我们可以跟踪成功项目中有多少部署的节点是被合作伙伴管理的。Mainnet 的最终目标是让所有合作伙伴在网络上部署节点。每个节点都可以在本地集群和云主机这类基础设施上运行。我们相信，基础设施的多样性将为 Libra 网络提供更大的灵活性。

GitHub 更新

为了帮助使用者更好地跟踪开发进度，我们添加了包含所有主要工程进度的看板（可视化任务板）。可以在此处跟踪此路线图的进度。

像许多开源项目一样，开发者必须按照已签署的贡献者许可协议（CLA）进行贡献。我们正在讨论一些方案，以简化现有的手动 CLA 批准流程。

当前的开发过程强制执行高级别的代码质量检查。团队采用 Homu 工具进行管理。Homu 是一款开源机器人,可与我们的持续集成/持续部署(CI/CD)系统配合使用,以确保测试始终通过。我们的 Homu 机器人,会不断验证 PR 版本之间以及其他 PR 合并之后是否通过了测试。用户可以看到在 PR 上发出的指示机器人执行工作的命令和 tag 标记。使用机器人来管理代码合并,是大型项目中通用的做法,只有这样才能保持测试一片“绿色”。这样做可以为项目增加一层安全性,通过执行分支保护,对受保护分支的更改只能由机器人执行。

工程团队已开始在 GitHub 问题表中发布其设计说明。如果您正在寻找参与的方式,或者想要跟踪特定功能并提供反馈,则可以多关注下 GitHub 问题表页面。

我们正在努力提供更清晰、更多样化的方法,以帮助您长期参与其中。我们希望通过发布产品的规划路线图、同步高优先级的开发状态并共享设计说明,以为您提供指导和对即将发布的 Libra Core 功能的了解。

冲刺开发

自项目开始以来,团队使用了 60 天的冲刺开发来帮助指导 Libra Core 的规划和开发。每个冲刺阶段都有一组按优先级排列的功能规划。对于路线图 1,团队专注于安全性和可靠性,并致力于将其他合作伙伴整合到即将到来的 Libra Mainnet 中。

路线图 1 中 Libra Core 的目标是专注于安全性和可靠性,并将我们的第一个合作伙伴集成到 Libra 网络的 pre-Mainnet 中。

路线图 1

目前的进展

我们将继续完成所有优先功能的设计工作。我们在实现诸如“全节点”之类的功能方面取得了良好的进展。我们正在努力定义节点重新配置规范,该规范将在最终确定 Libra 协议定义之前生效。

Libra Core

寻址/互操作性

·多个钱包之间的互操作性是Libra网络成功的关键。该小组正在努力制定一种简单的方案,以支持向子账户发送/从子账户发送邮件。

全节点

·Libra区块链将由可以不同配置的单个节点类型组成。这需要允许该节点充当存储完整历史记录的验证者或非验证节点(完整节点)。我们还将努力让升级整个节点到验证者变得简单,反之亦然。

Libra的协议定义

·团队正在努力定义API、报文标准、寻址/互操作以及其他协议依赖。

验证器重新配置

·验证器集包含系统中活动验证器的唯一标识。随着时间的流逝,验证器集需要支持更改。从区块链系统的角度来看,更改验证器集会影响每个组件。需要重新验证区块,网络需要重新配置,存储需要持久保存LedgerInfo,客户端需要一种方法来验证验证程序更改之间的读取数据。

Waypoint

·Waypoint将为客户提供有关区块链历史的外部信息源。

TCB(可信计算库)

·可信计算库(TCB)定义了对系统安全性和稳定性至关重要的组件子集。最大限度地减少关键组件的硬件和软件依赖性,有助于避免意外的错误和恶意攻击。

序列化

·团队正在寻求实现确定性序列化,以在验证者节点之间共享原始交易信息。要查看有关此主题的更多讨论,请参见问题#454。

Move

·大事记

o探索了用于表示Move中事件的设计。

o针对开发人员的稳定事件API。

o 提供了有关开发人员如何记录链上发生的事件的示例。

· 集合/泛型

o 实现载体并探索其他支持的集合类型。

· #597 功能落地,它取消了验证程序集的管理。验证程序中还有其他工作来支持此操作,并且这是准确性保证的一部分。

Libra Pre-Mainnet

随着项目朝着 Mainnet 里程碑事件迈进,我们需要让更多节点联机,同时保持测试网的运行。为了帮助完成这项工作,我们创建了一个称为 Pre-Mainnet 的缓存环境。目前,只有合作伙伴节点可以访问 Pre-Mainnet,以允许它们彼此连接。少数合作伙伴已经部署了节点,并开始了彼此通信。我们希望不久会有更多合作伙伴上线。我们也会确保 Libra 网络在打开所有访问权限之前可以满足严格的性能标准及整体运行的稳定性。

23 在日内瓦签署章程之后一个月,Libra 的开发者社区情况如何?

距 Libra 协会会员在日内瓦签署章程以来已近一个月。协会一直在努力建立全球开发人员社区和支持它的技术基础设施。

以下是协会一直在努力的重点:

通过向所有人提供详细的技术路线图,邀请社区参与来塑造如何进入主网。

鼓励开发人员通过启动和不断改进 testnet 来测试 Libra 网络功能,自 2019 年 9 月 17 日重置 testnet 以来,该记录了 51,000 笔交易。

通过集成在线开发人员社区、GitHub、CLA 流程等,简化了开发人员与 Libra 项目团队的合作方式,从而使他们可以更加专注于构建。

通过持续发布文档和技术博客，教各种背景和技能水平的开发人员如何使用 Libra 网络。

激励开发人员通过启动 Bug 赏金计划来帮助我们更快地发现和修复错误。

自测试网启动以来，Libra 的开发人员社区反应热烈，在短短七个星期内记录了 35 个项目：

10 个钱包

11 位区块链探索者

2 个 IDE

1 个 API

11 位客户

在启动 mainnet 之前，我们必须通过 pre-mainnet 来证明 Libra 网络功能并为全球开发人员提供早期访问的最好，最快的方法。维护 pre-mainnet 使测试，排除故障，诊断和解决软件边缘问题变得更加容易和快捷。此阶段是否成功的一个衡量标准是 pre-mainnet 上存在的节点数。当前，pre-mainnet 具有：

部署的节点数：7

进程内节点：6

没有技术团队的进程内节点：8

对于那些没有技术团队来实施节点的组织，Libra 协会正在制定一项策略，以在 2020 年完成 Libra 核心功能集后支持部署。

Libra 协会计划在主网上部署 100 个节点，代表内部部署和云托管基础结构的混合。现在在 pre-mainnet 上所做的所有工作都支持这一目标，即通过更广泛的基础架构来增强网络的弹性。

24 Libra Core 的第二个路线图要完成哪些工作?

以下信息来源于 Libra 2019 年 12 月 17 日官方发布的“Libra Core Roadmap #2”。

概览

在路线图#2 中,我们将重点关注三件事:1)按优先级顺序提供主网功能;2)定义从 Libra 预主网(pre-mainnet)转到主网(mainnet)的启动标准;3)教育和接纳 Libra 社区,以便他们可以成为 Libra 项目的有价值的贡献者。

· 主网功能工作

· Libra 预主网

· 社区支持和公开工作

路线图#1 回顾

总览

路线图#1 包含了对 Libra Core 中设计变更的讨论,从我们如何部署 Libra pre-mainnet 到 Move 语言脚本发布。值得庆幸的是,我们仍按计划完成了功能的完善性,并且 Libra 社区发展迅速!

亮点

Libra 主网功能工作:为了使主网功能完整,我们在所有主要功能中都完成了设计,所有团队都进入了执行模式。

Libra 预主网部署:预主网的工作已更改以适应成员名单的变更和测试时间的延长。

社区支持:对 Libra 项目的兴趣已经变成了对其实施和协作设计的兴趣。

1. 我们会定期与 Libra 协会成员通话,以分享进度并回答相关问题。

2. Libra 开发者博客的首次开发贡献来自 Libra 协会的成员。

3. 我们参加了像 SF 区块链周这样的会议，讨论了诸如身份和安全/隐私/经济等话题。

4. 我们正在使用 GitHub 看板来管理项目并提供完全的透明度。

路线图#2

路线图#2 的目标是执行我们的路线图，定义第 1 版的发布要求，为非技术协会成员修改参与预主网的方案，并增加社区参与度。

主网功能方面的工作

我们已经完成了相关的设计工作，并针对所有功能制定了一份完整的，自下而上的时间表。我们现在正在制定一份完整的 Libra 协议体系结构文档，并根据社区的意见最终确定我们的外部 API。展望未来，我们正在开始确定一些使 Libra 项目希望吸引社区的工作。

以下是我们的进展摘要。其中添加了一些新项目，以了解团队当前正在做什么。有关项目管理层次的视图，请参见我们的 GitHub 看板和最近发布的更新。

表 7 最高优先级功能列表和进展状态

功能点	业务线	当前进展
寻址/互通性	Libra 协议	我们正在处理社区反馈意见和 Libracore 峰会研讨会上的意见。
全节点	Libra 协议	**完成全节点最简可行产品(MVP)!** 全功能节点已推送到测试网。我们仍然需要进行有关配置/测试和可发现性的工作。
Libra 协议的定义	Libra 协议	无新进展
(验证集合)重新配置	Libra 协议	我们正在致力于共识工作流程(单元测试正在审核中)以及智能合约支持(已支持密钥轮换，而添加/删除功能正在开发中)
可靠性和测试	Libra 协议	集成集群测试现在可以在每个差异上允许，并发现内存池/状态同步中的错误，测量 TPS(每秒事务)和延迟。
Waypoints	Libra 协议	我们意识到可以简化状态同步流(在 GitHub 上实现共识/状态同步器集成)，因此正在将其作为 Waypoint 其余工作的前身。

续表

功能点	业务线	当前进展
Collections	Move	**Vector 的最简可行产品(MVP)完成!** 我们可能仍会重新审视 API,以寻求更好的标准库体验。
Events	Move	**完成!** 下一步会优化存储架构。
Generics(泛型)	Move	**基本完成!** – IR 解析器、编译器和所有验证程序检查均已实现。 – VM 中完全受支持,但直接发布通用资源除外。(现在需要使用非通用包装。) – 下一步是添加更多人工测试和属性测试。
开发者基础设施	Libra 社区	我们正在最后确定发布过程,不过最近实现了: – 现在每 3 小时运行一次连续构建和集群测试 – 支持每晚 Docker、配置、或模糊测试集成失败的通知。
发布/订阅(Pub/Sub)	Libra 社区	**原型完成!** 已经实现一个在工作的原型系统。提供了一个适配器层,该适配器层允许任何发布/订阅系统集成在 Libra Core 之上(例如 RabbitMQ)
技术委员会(TCB)	安全/加密	**取得了惊人的进步!** – 隔离了共识安全性的核心逻辑以及共识私钥。下一步是构造一个独立的过程,以完全分裂受信任和不受信任的代码。 – 散发关于执行器/虚拟机安全性的初步建议。此处的主要重点是在共识安全逻辑与此项工作之间建立可信路径,并建立存储信任。 – 与 BisonTrails 的专家共享有关自动在线密钥轮换的建议。他们提供了反馈,这个协议比典型方法更安全,但考虑到所面临的风险却非常合适。
序列化	安全/加密	**完成!** Libra Canoncial Serializaion(LCS)已经完成并在整个系统中使用。
Libra 预主网	生产运营	详见下文 pre – mainnet 部分
Libra 测试网	生产运营	详见下文 pre – mainnet 部分

Libra 预主网

现在，我们有 8 个验证节点部署到了 Libra 预主网！

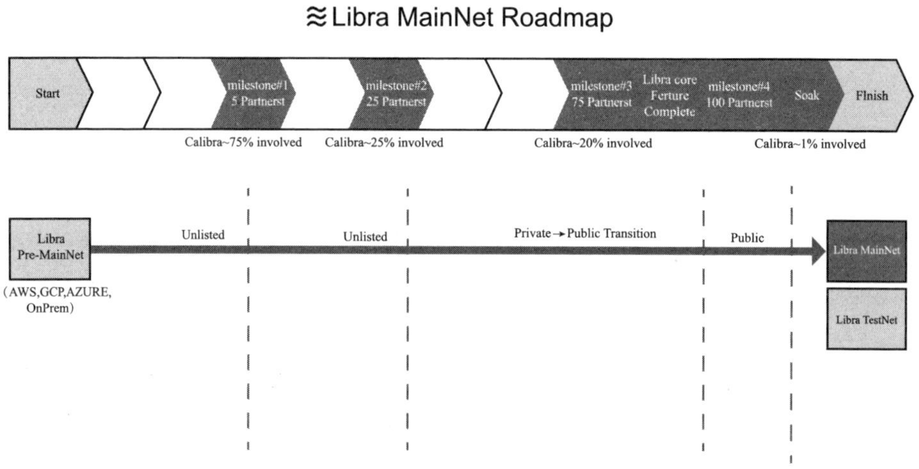

图 4　Libra 主网路线

我们为非技术成员验证节点部署创建了一个新的里程碑。这些成员可能没有内部技术团队。Libra 协会、合作伙伴正在制定一项策略，以在软件完成功能后协助非技术人员进行部署。此类成员需要通过雇用技术支持或利用第三方来运行其验证节点来开始准备如何部署其验证节点。

展望未来，我们将专注于邀请新组织加入 Libra 协会，保持网络的增长，并继续向一种自助服务模式迈进。

Libra 验证节点运营者社区

我们的最初成员与我们一致认为 Libra 网络需要成为一种自助服务模式才能扩展到 100 个成员。现有成员已参与其中，并参加了节点运营小组的第一次 Libra Core 峰会，并主持了分组讨论。Bison Trails 还撰写了一篇有关运行验证者节点的 Libra 博客。我们的初始成员团队很强大，并且我们一直在发展社区（包括研发和软件工程师）。

我们创建了一个向所有成员开放的 Libra Slack 工作区，该工作区已有多个讨论频道，有助于该社区的发展。我们还启动了一个成员门户，该门户将设有 slack 机器人，为成员提供支持，与 GitHub、Discourse 和 CLA 流程集成，并允许成员访问文档、配置等。

我们还努力弄清楚软件的发布流程,持续的集成/部署以及诸如应该使用哪些软件分支成员之类的主题。

主网退出标准和启动准备

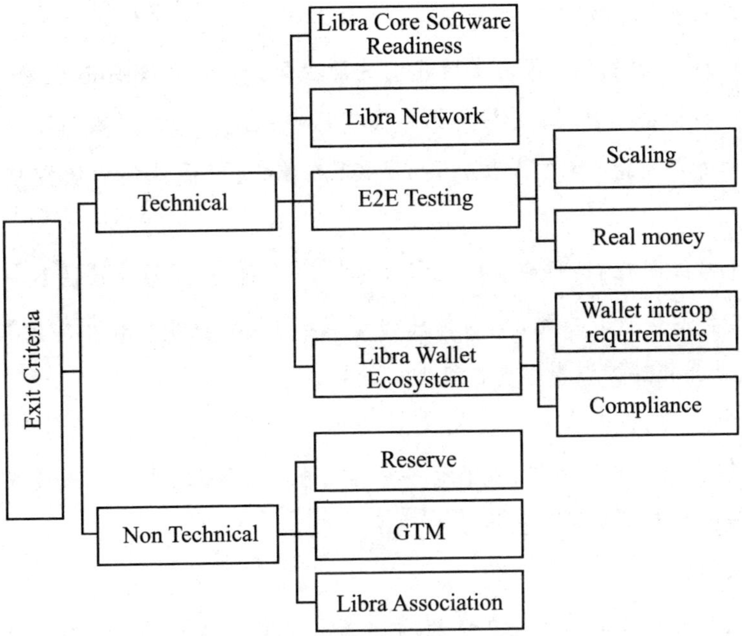

图 5　主网退出标准

随着我们发布的接近,协会将需要确定度量标准,使成员能够评估 Libra 区块链是否已准备好发布(Libra 网络的公开发布将由协会理事会投票决定)。我们需要衡量成功标准并确定依赖性。我们已经开始了这些讨论。在路线图#2 中,我们将开始定义这些指标(技术指标和非技术指标)。首先,我们将从 Libra 协议开始。

技术指标:与 Libra 协议软件(网络,开发基础结构,存储等)、Libra 协议和钱包依赖、测试真实资金、规模测试等相关的指标。

非技术指标:与 Libra 协会、储备金、其他钱包、进入市场的指标等相关的指标。

社区支持和公开工作

实现了路线图#1 的目标后,我们扩展了我们正在做的工作,以真正提高质量、规模和在 Libra 社区中的参与度。以下是我们添加的计划:

透明度

我们已经完全公开地进行工作,发布了我们的计划(包括本文档),并且有一名轮班待命的工程师来支持我们的测试网、论坛和 GitHub 问题。但是,所有这些事情都是被动的,并且共享我们已经完成的工作。我们还简化了协会会员和外部贡献者(个人和公司)的 CLA 流程,以使他们能够贡献自己的力量。

对于路线图#2,我们希望加入积极主动的计划,并开始让社区参与如何制定决策和构建事物。为此,我们正在为正式的 Libra 技术工作组编写建议(例如,有关互操作性和通用标识标准的讨论)。

得到社区的投入也将创造出更好的产品。当事情是链下发生而不是在 Libra 协议内部发生的时候,我们有一片非常肥沃的土壤,可在不减慢我们向主网的发展的情况下播种社区成长的种子。

社区建设

我们努力直接把社区建立起来,而不是让社区来找我们。目前尚不完全清楚,但是主要有两个受众:协会成员和非成员客户开发人员(应用程序级别和智能合约级别)。

对于协会会员,我们于 2019 年 11 月中旬举行了第一届 Libra Core 峰会。这项工作的目标包括创建一个协会会员技术联络点社区,向我们的会员传达 Libra 网络在技术上如何工作,以及集思广益,需要哪些工作组。

对于客户端开发人员,我们积极参与直接从社区中获取有关开发人员基础结构和 API 的许多产品要求。迄今为止,我们一直专注于创造新事物,并且更多的面对内部。这标志着向最积极的征求和研究的转变,以最大限度地促进 Libra 社区的发展。

25 为什么 David Marcus 认为 Libra 的反洗钱会比其他支付网络做得更好？

2019 年 10 月 29 日，Calibra 首席执行官 David Marcus 在美国拉斯维加斯举行的 Money 20/20 会议上发表了讲话，声称 Facebook 的 Libra 项目的反洗钱（AML）标准将优于其他支付网络。

在发言中，提及 Libra 项目，Marcus 首先表示，“如果你想要改变资金流转的方式，那就没有更好的方法了”，并补充道，“反洗钱是我们需要解决的问题，我想说的是，Libra 网络上执行制裁的效力可能比其他支付网络要高得多。与涉及现金交易相比，数字交易的可追溯性更高，并且由于其在实时系统上运行，因此更加安全。”

Marcus 认为，区块链技术可以带来更安全、透明和可靠的支付生态系统，该网络的基础区块链技术将使监管机构能够更好地跟踪交易并识别可疑活动。他表示：“开放式账本，如区块链，使监管机构能够自行查看发生的状况并确定风险所在，而无须依赖调查报告。我们有责任进行这项工作，并且现在我们已经有了适当的治理结构来体现这种进步。”

同时，Marcus 还提出，Libra 网络允许参与者成为治理的一部分。利用区块链可确保 Libra 保持竞争力和开放性。遍布世界各地的节点分布有助于网络通过一种稳定的、多钱包共同协作的系统抵御攻击。只要符合 AML 和充分了解你的客户（KYC）标准，任何钱包都可以参与网络。“Libra 的设计旨在提高竞争，但是我们仍然需要逐渐赢得人们的信任才能推广使用 Calibra”。

在发言中，Marcus 再次强调了 Libra 的意义和使命，并总结说：“这一切与人民有关。我们相信还不存在真正全球化的网络，而我们向全世界人民敞开大门。人们应该得到比现在更好的生活。”

第三章　Libra大事件

26 2019 年 7 月 17 日的听证会的备忘录质疑了 Libra 哪些方面?

美国众议院金融服务委员会(FSC)发起的主题为“审查 Facebook 提出的加密货币及其对消费者、投资者和美国金融体系的影响”的听证会于美国东部时间 2019 年 7 月 17 日召开。

根据 FSC 官网提供的备忘录,FSC 重点关注以下 6 个议题:

投资者保护:根据豪威测试(Howey Test),Libra 的投资代币和 Libra 支付代币都有可能成为证券,即使目前还不清楚投资者是否会对 Libra 支付代币持有“合理的利润预期”。如果一种数字资产被认定为证券且不能豁免,发行人需要必须作出某些完整和公平的披露,并为潜在投资者提供作出明智投资决策所需的信息。买卖证券的中间人如交易所和经纪人也需要遵守保护投资人免受欺诈的规定。

消费者保护:加密货币的销售、交换或营销方式可能使加密货币交易所或其他相关业务受到某些消费者保护法的约束。例如,《多德 - 弗兰克法案》第 10 章授予消费者金融保护局(CFPB)进行规则制定、监督和作为持法机关实施和执行某些法律,以保护消费者免受“不公平,欺骗或滥用行为和做法”的侵害。

数据隐私和安全:目前哪些数据隐私法适用于协会和 Calibra 尚未明确,但 Facebook 尚未详细披露如何通过用户的同意以获取信息的措施。如果这些信息没有在用户条款中披露,Libra 的使用者将会不知道数据将如何被使用。如果 Facebook 打算管理和持有详细的关于用户的社交、财务和政府数据,则会加大其被黑客攻击的风险。文件也特意提到了 Facebook 过去涉及用户信息保护不当的事件,如 Facebook 和 Cambridge Analytica 的丑闻。

系统性风险:Libra 存在的不确定因素,使其很难被确定在《多德 – 弗兰克法案》下属于银行还是非银行,这些因素包括:(1)加密货币如何得到安全保障,(2)有多少措施可以预防和应对 Libra 储备的剧烈价值波动,以及(3)Libra 储备的经销商是否应该被归类为经纪人。在没有危及金融系统的情况下,协会成为无人监管的实体的风险很大。

货币政策:美联储的货币政策的双目标为低通胀和就业最大化。但如果存在一种不受政府控制的货币,例如加密货币变得广泛可用和可行,可能会对美联储的货币政策产生不利影响,因为美联储会失去控制通胀和通胀目标的垄断地位。

国家安全:Libra 和 Calibra 引发了几个国家安全问题。首先,尚不清楚 Libra 项目方如何确保能够准确识别货币或钱包的用户或受益所有人,尤其是对于那些没有可验证身份的人,以及产生的交易与哪些个人和实体相关联。其次,尚不清楚 Libra 审查新用户和通过交易验证将适用于哪些合规标准(如果这些标准存在)。随着协会转向分散的、非许可型区块链的模式,这些风险可能会得到加强。不良行为者可能会利用这种开放性访问,建立自己的交易所和钱包,并进行自己的交易。目前还不清楚该协会如何处理制裁执法、被盗资产追回,税收和犯罪等问题。

27 美国参议院听证会上透露了 Libra 项目哪些信息?

听证会内容非常丰富,本文从 David Marcus 听证会演讲稿要点梳理、听证会问答要点整理以及小结和评价三个方面来回答。

图 6 David Marcus 听证会演讲

➢ David Marcus 听证会演讲稿要点梳理

1. Libra 项目的目标与定位

Libra 定位

Libra 项目要创造数字原生货币 Libra。Libra 将作为支付工具，不是投资工具。

Libra 目标

为世界提供一个安全、可靠、低成本、高效的资产转移方式。

Libra 支付的特性

稳定(stability)、低通胀(low inflation)、广泛使用(wide usabilit)、可互换性(fungibility)。

为何是 Facebook 牵头 Libra 项目

Facebook 的核心价值是为商业赋能，其平台上 9000 万的商户可以说明这一点。

Facebook 曾建立社交平台致力于民主自由，让数十亿人交流不受限，Facebook 同样希望在数字货币和金融服务方面让大家无界限使用。但不同的是，这次，Facebook 愿意在帮助建立网络和货币后放弃对其的绝对控制权。

2. Libra治理结构和管理

Libra储备与金融基础架构

与白皮书内容一致,Marcus重申了Libra将以银行存款或短期政府债券为背书资产,并且为了让人们在开展基于Libra的金融活动的时候,币价有良好的稳定性。这种兑换过程类比旅游时人们在需要的时候按当地货币兑换机构的汇率进行货币兑换。

托管机构

Libra的托管机构将包括一系列地理位置分散的、合规的、具有投资级信用、评级高并且可审计的托管机构组成,这些机构应该是能够托管十亿美元以上,甚至千亿美元资产规模的机构。

关于货币政策

Libra无意与任何主权货币竞争,一篮子货币中的每种法币都会遵守发行方政府的货币政策。未来会与美联储以及其他央行协作管理Libra。另外,Marcus表示货币政策是央行所负责的内容。

协会与参与者

协会负责监管Libra区块链和Libra储备资产。合作的方式既是保障也是必要方式。协会的定位是独立的会员制组织。创始成员会制定协会宪章,并成为联合创始人。

此外,Libra协会的委员会中,除了有有影响力的商业公司外,还有非营利组织、非政府机构、多边组织和学术机构。

3. Libra的监管合规及隐私保护

Libra如何面对监管

Libra协会注册在瑞士,受到瑞士金融市场监督局(FINMA)的监督,并与FINMA一起探索制定监管框架。

Libra注意到了美国财政部的金融犯罪执法网络(FinCEN)、美联储、联邦存款保险公司和国家信用合作社协会共同强调的新技术在帮助大小企业满足其反洗钱、反恐怖融资(AML/CFT)和制裁合规义务方面所发挥的重要作用,并希望通过新技术来帮助解决这一问题。

Libra 协会期望成为持牌、合规、受监管的组织，并且希望与监管机构、央行和立法者共同面对反洗钱、反恐怖融资等问题，构建一套增强的现金交易网络，支持 KYC、支持法律监测与执法。

Libra 协会将会继续积极和公开地与所有利益相关方就这些关键问题进行接触，并会尝试改进监测和执法能力，而不是放弃他们。

Libra 还会要求要在 Libra 网络从事金融服务的公司遵守 AML、《银行保密法》(BSA)、CFT 以及证券法的法律的要求。

隐私保护和信息安全

保护消费者隐私和个人隐私是 Libra 项目的高优先级目标。

Libra 协会希望与研究和探索相关技术的监管机构合作。

交易信息只包括发送者和接受者的公开抵制、交易金额以及时间戳，并不包括有其他可见信息。

协会不会持有区块链使用者的个人数据，也不会运行基础设施，从而保证协会无法将区块链数据商业化使用。

Libra 在隐私保护和信息安全方面受瑞士联邦数据保护和信息委员会(PDPIC)监管。

4. Libra 的开源生态与 Calibra 的商业计划

Calibra 是 Libra Blockchain 的开源生态中的一员

Facebook 以 Calibra 身份，作为开源生态中的一员，并打算提供支持 Messenger、WhatsApp 和其他应用中使用的钱包软件。Calibra 表示 Calibra 的客户的账户和财务信息不会与 Facebook 共享，并且不会被用于广告定位。Libra 的第一个目标就是让 Facebook 支持使用它。这样它将可以被 9000 万 Facebook 平台上的商户所使用。一旦 Facebook 接受 Calibra 钱包，Calibra 钱包将反过来为 Facebook 带来更多商业场景和业务，从而使 Facebook 有更高的广告收入。

Calibra 钱包合规与隐私保护

在金融稳定合规方面，Calibra 作为一个要给客户提供金融服务的公司，和其他要加入 Libra 并提供金融服务的公司一样，需要遵守其所在司法管辖区的法律法规。这将包括 FinCEN 的 AML/CFT 规则和 OFAC 的金融制裁规则。联邦金融监管机构将会把 Calibra 当作货币转移机构，FTC 和 CFPB 会从消费者保护和数据隐私安全问题的角度进行监管。目前 Calibra 已经在申请货币转移机构牌照，并在 FinCEN 注册货币服务业务。

在反洗钱方面，Calibra 也会遵守 BSA（银行保密法）并且内置 KYC 和 AML/CFT 的所需功能，包括客户身份认证、基于风险的客户尽职调查，也会使用机器学习来增强转账监控以及可疑信息报告。其相关检查的复杂程度将与风险因素相匹配，相关因素包括：不同产品特点、用户画像、地理位置情况、转账金额。

在用户隐私保护方面，Calibra 相信用户需要对自己数据具有简单、可理解、可操作的数据管理控制方式。Calibra 不会共享个人的交易数据给 Libra 协会，也不会获取 Libra 协会的用户信息，除非在特殊的情况，如阻止欺诈或犯罪活动需要的时候。Calibra 只有在用户授权同意的时候才将信息与 Facebook 共享。

➢ 听证会问答要点整理

问题：为什么要把总部设立在瑞士？

回应：Marcus 回应协会选择总部设在瑞士“不会逃避任何监督责任”，只是因为世贸组织和国际清算银行都设立在瑞士，Calibra 也将由美国财政部金融犯罪执法网络监管。但副主席 Sherrod Brown 表示监管机构可能不会想看到 Libra 的推出，Marcus 则重申在监管担心的问题被解决前，Libra 将不会推出。

问题：为何要信任 Facebook？

回应：“你不必信任 Facebook”，因为它只是 28 个现有的，可能是 100 个或更多的 Libra 协会成员中的一个，并且它没有特权。但 Sherrod Brown 却对此反驳：“你比任何人都了解只有 Facebook 能接触到 20 亿人。”

问题：Facebook 是否支持第三方机构提供的钱包？

回应：Facebook 将只在 Messenger 和 WhatsApp 中建立自己的 Calibra 加密货币钱包，并不会嵌入第三方钱包。Marcus 表示，Calibra 将具有互操作性，因此用户可以与其他钱包来回收款，用户可以完全切换到竞争对手。

问题：数据是否将会被商业化？

回应：Calibra 并不会出售或者直接从用户的数据中获利，但是如果和其他的金融组织合作为用户提供金融服务，则可能会将数据用于这些特殊用途。

问题：Facebook 依靠 Libra 的收入来源？

回应：Facebook 围绕 Libra 的核心收入模式是，更多的互联网商业模式的发生将导致企业在 Facebook 广告上花费更多。

问题：为什么在建立非营利组织的同时还能持有投资代币并获得储备收益？

回应：Marcus 并未明确回答。

问题：Facebook 在 Libra 项目中投了多少资金？

回应：Marcus 并未明确回答。

问题：你是否相信 Libra 以至于愿意用它来支付薪水？

回应：Marcus 最初回避了该问题，称"Libra 不是用于取代银行账户"。但随后又表示，愿意接受 Libra 作为其全部资产。Sherrod Brown 不放弃地追问是否愿意用 Libra 来支付薪水，Marcus 表示愿意，因为 Libra 是由 1∶1 的储备金支持。

问题：如果发现有恐怖组织利用 Libra 转账，协会是否可以冻结其资产？

回应：Marcus 表示，Calibra 和其他监管的 Libra 的钱包是可以做到的，那些受到监管的托管方也可以阻止其将 Libra 转换成法币。

问题：Libra 协会是否受到《银行保密法》的约束？

回应：Marcus 表示协会不会受到约束，因为协会不直接接触消费者。

➢ 小结与评价

整体来说，Marcus 在听证会中表达的内容基本与 Libra 白皮书内容一致，有少量内容细节的补充，如 Libra 的底层储备资产包括美元、英镑、欧元、日元，人民币并没有被 Marcus 提到。此外，近期立法机构对 Libra 项目提出的质疑，并不代表 Libra 项目被监管叫停。

随着听证会的召开,我们看到了更清晰的 Libra 和 Calibra。从中我们可以更加明确地看出 Facebook 之所以采用这种组织架构来推动一个新兴的基础设施的必要性。Libra 作为货币产生和监管者,需要具有高度的中立和专业度来推进这项难度很高的项目。Calibra 要做的事情才是与 Facebook 商业目标更加密切的,那就是通过推出新的便捷低成本的支付基础工具来推动 Facebook 生态系统中的商业发展。根据听证会的信息,Calibra 很可能会希望借助 Libra 掌握更多的用户数据,并且不排除将这类数据直接或间接在法律允许范围内用于商业用途。

监管方面,Libra 协会与 Calibra 等基于 Libra 网络的金融服务商或应用开发者也会面临来自不同国家不同领域的法律及监管约束。监管机构和立法者是否愿意与 Libra 项目合作,并且会以怎样的形式合作仍然是 Libra 项目在合规方面面临的问题。

关于 Libra 是否要做跨主权的中央银行的问题,无论是 2019 年 6 月 18 日发布的白皮书,还是近期的听证会,都可以得到一致的结论:Libra 不会制定货币政策,因此并不能算作央行。但协会会制定资产抵押政策,如果大范围使用,必将对各种法定货币造成一定的替代影响。

28 美国众议院听证会上透露了 Libra 项目哪些信息?

美国东部时间 2019 年 7 月 17 日,由众议院举行的 Libra 听证会如期举行。与 7 月 16 日参议院举行的 Libra 听证会不同之处在于,参议院立法者一致质疑 Facebook,而此次众议院听证会则呈现出各方不同的立场。

➢ 众议院金融服务委员会主席 Waters 再次呼吁叫停 Libra

美国东部时间 7 月 17 日由众议院举行的 Libra 听证会上,众议院金融服务委员会主席 Waters 和 Facebook 子公司 Calibra 首席执行官 Marcus 的交锋成为焦点。Waters 此前联合其他四名国会议员发函呼吁暂停 Libra。Waters 在此次听证会上再次要求 Facebook 停止 Libra 项目，直到和监管部门达成共识。Waters 引入《禁止大型科技公司开展金融业务法案（Keep Big Tech Out Of Finance Act）》，法案内容是禁止大型科技公司提供金融服务或者发行加密货币。

Waters 表示："我对 Facebook 的 Libra 计划表示严重担忧。"并补充道，"如果 Facebook 的 Libra 计划顺利推行，该公司及其合作伙伴将可能拥有影响货币政策和破坏政府稳定的巨大经济实力。"

听证会中议员 Maloney 提议，Libra 可以先在美联储和美国证券交易委员会的监管下开展一个覆盖 100 万用户的试点项目。Marcus 并未同意这一提议。

➢ 共和党议员支持与创新者合作

众议院议员 McHenry 在开幕词中表示："政府扼杀了创新，而不是尽力理解创新和妥善监管。虽然创新发展过程中存在许多问题，但共和党议员明确表示，他们随时做好与创新者合作的准备，同时确保消费者得到保护，以支持未来有潜力的技术在美国推广和使用。"

此外，在本次听证会中 Marcus 还对以下重要问题做出了回应：

问题：很多没有银行账户的人根本就没有身份证明，Libra 怎么发挥作用？

回应：Libra 正在和很多非营利组织合作来解决这一问题。

问题：Libra 是一种证券吗？是一种 ETF 吗？

回应：Marcus 表示，Libra 不会通过豪威测试，因此不算是证券。虽然 Libra 的某些操作和 ETF 类似，但没有人会用 Libra 来投资。Facebook 更希望把 Libra 看作一种支付工具。在 Libra 可能触及大量用户的情况下，适当的监管是必要的。

问题：Libra 如何盈利？

回应：Marcus 表示如果 Libra 能被广泛使用，将增加 Facebook 产品内的交易数量从而增加广告收入。如果有更多人使用Calibra,那么用户更有可能通过Facebook或Instagram、Messenger等APP购物,从而提升Facebook的广告价值。

此外,Marcus还表示,Facebook未来可能提供金融服务,包括贷款,但所提供的金融服务将通过银行合作开展,避免开设Facebook自己的银行。

问题:Libra会对美国的全球金融支配地位构成威胁吗?

回应:Libra储备将“主要”由美元支持。Marcus后来指出,Libra储备将包括50%的美元,其他部分将与G7等组织对话协商。

问题:谁以及通过什么方式可以阻止Libra协会将储备金从50%的美元换算为100%的玻利瓦尔(委内瑞拉法定货币)?

回应:Marcus表示G7组织的监管小组可以进行监管。

问题:Libra开发的产品是否会成为支付宝和微信的竞争对手?

回应:Marcus表示未来在Libra协会上会建立一系列的电子钱包,Calibra作为钱包可能会与支付宝或微信形成竞争关系。

问题:外国企业是否会成为Libra协会的会员?

回应:Marcus表示这是由协会章程决定的。Libra协会是开放的,任何企业只要满足白皮书中的要求即可加入。但有一个原则是如果Libra在某个国家无法使用,那么这个国家的企业就不应该成为Libra协会的会员。

➢ 小结

在参议院Libra听证会上,议员们的多数问题是为了了解Libra项目的细节以及项目方的目标和计划。众议院Libra听证会涉及的提问则更进一步,聚焦于Libra项目对美国国家利益的影响、Libra项目的监管问题以及对Libra项目应如何开展等提出要求。

在众议院的听证会中,出现了不同党派的观点分歧。其中反映出众议院议员在考虑Libra项目时,也关注对国家有益的技术创新。

根据两场听证会内容,Libra项目后续发展的关键要素取决于项目实际执行过程,以及与G7等组织的协商结果。

29 Libra 为何会面临欧盟的反垄断审查?

据彭博社报道,欧盟反垄断监管机构已经在探讨对 Facebook 发布的 Libra 数字货币项目进行审查。

据彭博社之前看到的一份文件显示,欧盟委员会在 2019 年 8 月初发出的一份调查问卷中显示,欧盟委员会“正在调查与 Libra 协会有关的潜在反竞争行为”,例如调查 Libra 项目与 Facebook 社交网络、消息应用程序中的数据联系,调查 Libra 协会是否可能不公平地拒绝竞争对手的支付提供商参与其中,或者是否可能设置不公平的限制条件。该调查问卷是欧盟针对反垄断调查进行的早期信息收集的一部分,反垄断监管机构也正在调查支持 Libra 服务的 WhatsApp 和 Messenger 等 Facebook 应用软件,侧重于调查 Libra 协会的治理结构和成员资格。

2019 年 8 月 30 日,欧盟反垄断专员 Vestager 表示,Facebook 的 Libra 数字货币项目将成为反垄断和金融监管机构未来关注的焦点,并确认该机构对 Libra 这一支付系统进行了早期调查。

欧盟在抗衡大型科技巨头的方面不乏先例,欧盟委员会认为反垄断的意义在于,竞争可以让企业面临着以最佳价格提供最佳商品的压力,在自由市场中,企业应该是以消费者为受益者与同行竞争。

在此之前,欧盟分别对苹果公司和谷歌公司开出过反垄断罚单。对于苹果公司的反垄断罚单,起因是苹果公司对在苹果设备上发生的 Spotify 订阅服务抽成 30%,而对旗下 Apple Music 则分文不取。因此 Spotify 认为这是不公平竞争,并向欧盟提出投诉。对于谷歌公司的反垄断罚单,欧盟的理由是谷歌滥用其主导地位,通过在广告服务“AdSense”合同中要求客户拒绝竞争对手的搜索广告,打压互联网广告服务领域的竞争对手。

根据中华人民共和国商务部的解读,欧盟委员会是在法律上将基础设施网络与使用基础设施网络的商业服务区分开,要求基础设施网络的运营商给竞争者提供公平进入和使用网络的机会,以为消费者提供更多的服务提供商选择。因此,Libra 项目的数据收集、数据使用、广告推送以及对其他支付工具的排他性可能会被欧盟反垄断监管机构认为属于反竞争行为。

30 瑞士金融市场监管机构将如何监管 Libra 项目?

2019 年 9 月 11 日,FINMA 发布了首次代币发行 ICO 指南的补充说明,概述了瑞士如何监管和处理所谓的稳定币。在新闻稿中,FINMA 证实已收到 Libra 协会关于根据瑞士监管法规(包括稳定币分类指南)对其 Libra 项目进行评估的请求。FINMA 指出 Libra 项目属于分类指南中的第一类,即“与货币挂钩的稳定币”中的支付系统,另外由于 Libra 提供的服务超出支付系统本身,还将需要遵循更严格的额外要求。

根据稳定币分类指南,FINMA 认为“稳定币”项目的目的主要是通过与法定货币、商品、房地产或证券等资产挂钩最小化比特币等支付代币的典型价值波动。

FINMA 遵循着重代币的经济功能和目的的处理原则,即“实质大于形式”。不同类型的稳定币的监管要求,取决于稳定币所挂钩的资产(如货币、商品、房地产或证券)以及其持有人的合法权利。稳定币可能涉及洗钱、证券交易、银行、基金管理和金融基础设施等方面的监管。

从法律角度来看,多数稳定币都会根据资产类型为发行人提供合同索赔(赎回权),或授予直接所有权。根据稳定币的具体目的和特点,可能适用不同的金融市场法律。具体分类如下:

· 与货币挂钩的稳定币。如果代币与具有固定赎回权利的特定法定货币锚定(如一个代币等于一单位瑞士法郎),则根据银行法此稳定币属于存款。如果赎回权利依赖于价格(如代币与一篮子货币挂钩),则可能是集体投资计划。如果没有明确的赎回权利,则根据《金融市场基础设施法案》(FMIA)将作为支付系统。

· 与商品挂钩的稳定币。代币与商品相关联,需要注意资产赎回的确切性质以及商品类型(特别是涉及银行贵金属或其他商品)。如果稳定币仅证明代币持有者的所有权,则通常不具备作为担保的资格。如果对发行人就银行贵金属提出合同赎回,则由于与银行贵金属账户有相似性,很可能根据银行法作为存款。如果对其他商品存在合同赎回,则该代币通常有资格作为担保,可能作为衍生品。如果存在与一篮子商品(包括银行贵金属)相关的具有价格依赖性的赎回权利,则可能为集体投资计划。

· 与房地产挂钩的稳定币。如果与个人财产相关,以及与代币持有人的房地产投资组合和其赎回权利相关,则房地产投资组合的第三方管理是集体投资计划。

· 与证券挂钩的稳定币。通过合同权利与个人证券相关的代币通常也构成证券。如果担保持有人的合同赎回权利与基于一篮子证券的份额相关,则可能是集体投资计划。

FINMA 根据分类指南对 Libra 项目给出了指示性监管要求:

· Libra 项目将受到 FMIA 监管。Libra 项目需要 FINMA 的支付系统许可证。瑞士支付系统的监管要求基于现行国际标准,特别是金融市场基础设施原则(PFMI),包括网络风险管理和反洗钱措施的规定。

· 根据 FMIA,任何增加支付系统风险的附加服务都须遵守相应的额外要求。由于 Libra 项目计划的服务可能超出纯支付系统的服务,因此需要根据“相同风险、相同规则”的原则遵守额外要求。这些额外监管要求涉及(为了防止信贷风险、市场风险和运营风险的)资本分配要求、风险集中要求、流动性要求以及 Libra 储备的管理要求。

· 获得支付系统许可的必要条件是,Libra 协会完全承担与储备管理有关的风险。

· 针对Libra的全球监管，需要国际协调，建立对其储备管理、协会治理的监管框架和反洗钱体系。

31 Libra如何回应全球央行代表的质疑？

2019年9月16日，Libra首席执行官Marcus参加了国际清算银行（BIS）旗下机构支付与市场基础设施委员会（CPMI）组织的会议，会议参与方包括欧洲央行、美联储、英国央行等26家全球央行代表。此次会议旨在评估Libra项目的金融稳定性风险，是Libra协会与全球政策制定者之间的首次重要会议。

此次会议由CPMI主席、欧洲央行执行委员会成员Coeure主持，会议结果整理成报告于2019年10月提交给七国集团（G7）财长。Coeure曾表示，Libra在欧盟运营所需的监管门槛将会非常高，而在此次会议中，他进一步表示，"作为一种新技术，稳定币在很大程度上还未经测试，特别是作为运行在全球的支付系统而言。稳定币带来了许多与公共政策中优先事项相关的严重风险。监管部门需要设定很高的监管门槛。"

Libra的可靠性、金融安全和数据安全问题一直是争议的热点。欧盟各国政府近期纷纷表态，认为Libra有可能扰乱金融体系稳定并损害各国货币主权。在上周五举行的欧元区财长会议上，德国与法国财政部部长发表联合声明，重申货币主权的重要性，反对Libra在欧洲推行。两国政府决心应对数字货币带给金融安全、投资者保护、反洗钱和反恐怖主义融资等领域带来的挑战，并认为Libra未能对上述风险提供妥善应对措施。"我们认为货币权力属于国家主权，不应由私人实体掌握"。此外，两国认为有必要提升现有国际支付体系的效率，并呼吁欧洲的所有银行共同努力改善欧洲支付系统，鼓励欧洲各国央行加快推进公共数字货币解决方案方面的工作。

在 Coeure 发表讲话后，Calibra 首席执行官 Marcus 为 Libra 辩护，称 Libra 不会在货币方面威胁国家主权。Marcus 在推特上表示，“Libra 项目旨在成为一个更好的支付网络和系统，运行于现有货币之上，为全世界消费者提供服务。Libra 币将由一篮子强势货币进行一比一支持，这意味着对于任一单位的 Libra 而言，其储备必将具有相同的价值，因此不存在创造新货币，这将严格地确保国家的主权地位。我们还认为，强有力的监管可以防止 Libra 协会偏离其一比一支持的承诺，我们将继续与各国中央银行、监管机构和立法者合作，确保能够通过 Libra 的设计解决他们关切的问题。”

32 2019 年 9 月 24 日关于加密货币的听证会，Libra 将会面临什么问题？

美国众议院金融服务委员会计划于美国时间 2019 年 9 月 24 日就加密货币和 Facebook 的 Libra 项目等一系列问题向美国证券交易委员会（SEC）提出质询。听证会将由 SEC 主席 Jay Clayton、委员 Robert Jackson、Elad Roisman、Allison Lee 和 Hester Pierce（亲加密派）共同参加。听证会将涵盖 SEC 围绕加密货币领域的行动、私人与公共市场、上市公司披露的信息、执行和受托责任等多个话题展开。

在国会提供的备忘录中，加密货币在此次听证会中作为一个单独议题被提出。备忘录的内容显示，Libra 作为新发行的加密货币，存在被判定为证券的可能性。这是因为，Libra 投资代币的发行目的是融资，Libra 投资代币持有者可以获得利息。虽然 Facebook 不计划向 Libra 币持有者派息，目前尚未确定投资人是否持有“对利润的合理的预期”，但如果 Libra 币的发行与 Libra 投资代币的发行相结合，那么这两类都可能构成证券。与 ETF 一样，Libra 币也可以被某些授权经销商赎回，并在公开市场买卖。

33 关于 Libra 是否属于证券，本次听证会有哪些新信息？

2019 年 9 月 24 日，美国众议院金融服务委员会召开听证会，旨在向美国证券交易委员会（SEC）询问有关加密货币以及 Libra 的监管策略等问题，由 SEC 主席 Jay Clayton、委员 Robert Jackson、Elad Roisman、Allison Lee 和 Hester Peirce 出席听证会。

众议院金融服务委员会主席 Maxine Waters 认为，Facebook 正在试图建立一个将与美元竞争的全球金融体系，而作为华尔街警察的 SEC 并未妥善履行职务，没有对 Libra 项目采取任何行动，另外法规也不完善，现行的《证券法》对 Libra 而言根本行不通，SEC 需要更好的工具。Maxine Waters 希望 SEC 能将 Libra 纳入监管。

SEC 主席 Jay Clayton 表示，不会现在就 Libra 是否是证券作出判断。SEC 还没有清楚 Libra 的资产功能，但是如果有人准备使用数字资产为项目募集资金，并且希望通过这种方式获得回报，那么这很可能是证券。

SEC 委员 Hester Peirce 对"用权力左右投资者偏好"表示担忧，她认为，SEC 的职责不是为投资者作决策，SEC 需要与投资者、企业和商品期货交易委员会（CFTC）等其他监管机构合作。

值得注意的是，国会议员 Brad Sherman 在会上表示，Libra 显然是一个共同基金，Zuckerberg 可能很有钱，但是他没有权力印刷货币，可一旦发行 Libra，他将拥有这种权力，所以 Libra 更合适的名字应该是 ZuckBuck（扎克元），SEC 应阻止 Libra 项目开展。

以下为重点问答节录：

1. 众议院金融服务委员会主席 Maxine Waters：你认为 Libra 将带来什么

风险？

SEC 主席 Jay Clayton：Libra 让更多人关注到加密资产。我不会专门针对某个特定资产进行评论。加密资产有益处，也有风险，其形式和证券、支付系统等一致，但是监管方式却不完全相同。

2. 众议院金融服务委员会主席 Maxine Waters：SEC 对 Libra 及其数字钱包 Calibra 是否有采取任何行动？

SEC 主席 Jay Clayton：SEC 正在寻求更广泛的数字资产监管措施。

3. 资深共和党众议员 Partick McHenry：根据你们目前对 Libra 项目的分析，Libra 只是一个概念、一纸白皮书，你们觉得 Libra 是证券吗？

SEC 主席 Jay Clayton：我无法现在就判定 Libra 是否属于证券，这必须得根据 Libra 的资产运作模式来决定。如果有人想用数字资产为一个项目筹集资金，并且借此获得收益，那么与证券很相似。

4. 国会议员 Emanuel Cleaver：Facebook 曾声明，在未解决监管问题之前不会贸然推出 Libra。SEC 是否已就 Libra 监管问题向 Facebook 质询？

SEC 主席 Jay Clayton：我们已成立小组研究这一问题，不排除任何可能行动。

5. 国会议员 Partick McHenry：复杂繁重的监管只会让美国距离创新越来越远……在加密货币领域，Blockstack 已经获得 SEC 的 Regulation A 批准，SEC 是否觉得这家公司有稳固的生态系统？

SEC 委员 Hester Peirce：我们希望 SEC 能更具前瞻性，并且为 Blockstack 这类发行实用型代币的公司创建一个“安全港”，目前施行的《证券法》未真正解决这一问题。

6. 国会议员 Al Green：Libra 实际有两个产品，Libra Coin 和 Libra Investment Token（投资代币）。Libra Coin 由 Libra 储备资产支撑，Libra 储备资产由 Libra 协会管理，Libra 协会的成员投资于 Libra Investment Token（投资代币）来获取收益，从这个角度来说，是否可将其认定为证券？

SEC 主席 Jay Clayton：你刚才的表述其实已经阐述了我们将要研究的问题。Libra Coin 和 Libra Investment Token（投资代币）是否属于证券，这还需要进一步研究。如果把所有问题混合在一起讨论,很难对具有广泛功能的产品进行定义。

7. 国会议员 Anthony Gonzalez:由于监管透明度问题,现在的加密货币产业重心转移到了新加坡、瑞士和英国。我的担忧是,很多公司将选择在海外运营,他们会等美国将监管问题解决后,再考虑回到美国发展。我的问题是,我们什么时候会有更具体的加密货币监管指导?SEC 为达成目标采取了哪些行动?

SEC 主席 Jay Clayton:我们已经有人在负责这些工作,困难在于每个项目都不同。

34 为什么 Libra 的支付系统不走传统路线?

2019 年 9 月 25 日,Calibra CEO David Marcus 在网络上发表文章,提出支持基于区块链的支付网络的观点和新型网络转账的优点,并解释推出 Libra 的原因。

➢ 现有技术的限制

在文章中,Marcus 分析了目前的支付系统、支付服务和电子钱包的局限。

第一,对于目前的支付系统而言,“货币网络”是封闭的,各支付系统之间没有良好的沟通机制。目前支付系统包括区域支付网络[美国自动清算系统(ACH)、欧洲支付委员会等]、银行间网络[环球银行金融电信协会(SWIFT)、即时支付系统(RT1)等]、中央银行/银行网络等许多网络。其中一些系统建于 20 世纪六七十年代,尽管有过升级,但通常存在依然建设在老旧、分散的基础设施上。

第二,目前的支付服务和电子钱包有局限性,因为它们依赖于底层基础设施。例如,虽然人们可以在一个钱包内收发货币,但这通常无法在两个不同公司的钱包之间进行。这类似于没有互操作开放标准,即电子邮件的简单邮件传输协议(SMTP),人们不能从 Gmail 发送电子邮件到 Yahoo!,只能与同一个邮件系统的人通信。

第三,使用特定的钱包/银行账户进行跨国转账所需要的流程远比看上去要复杂。将资金从 A 点转移到 B 点需要多个中介参与,并且通常要求 B 点的资金池流动充裕,以便消费者能够及时取款。这样的转账流程具有延迟,并且每个环节都会增加成本。

➢ Libra 带来的改变

在文中,Marcus 以 Libra 协会成员相互转账为例,说明了目前的转账框架与 Libra 框架之间的关键差异。

Marcus 以 Calibra 钱包和 Mercado Pago 钱包之间的交易流程为例,描述了使用目前转账框架在钱包之间实现互操作转账的场景。身在美国的 Alice 想从自己的 Calibra 账户向身在阿根廷的 Bob 的 Mercado Pago 钱包汇款 100 美元。假设 Alice 的 Calibra 钱包中有足够的余额,并发起付款。Calibra 必须使用托管银行(或多家银行)来确保客户资金的安全,所以在 100 美元跨境转账过程中,需要关联银行或中介机构。在费用方面,即使发送方和接收方两家银行都使用 SWIFT,完成这笔交易的费用也为 45 ~ 50 美元。由此可见,目前转账框架流程复杂、转账成本高,所以实现此类跨境转账的方法(Libra 的转账框架)是,在 Calibra 钱包和 Mercado Pago 钱包之间达成一项净结算协议,钱包和钱包之间按期结算余额,但这意味着,由于每个实体之间进行大量的双边交易,这就要求有能力处理流动性问题和其他成本高昂的运营约束,以及要求各方之间保持高度信任。

因此,Marcus 总结道,相较于构建一个稳定的、高质量的全球交易基础设施,现有的转账框架没有互联互通的支付网络,在此网络上改善系统不会降低成本,不会因此开放市场赢得创新,也不会减少用户获得现代金融服务的障碍。

Libra 将使世界各地的钱包、商家和服务能够以极低的成本进行转账,接近实时结算,并且无须考虑银行的多种货币资金池流动性是否充裕。正如 SMTP

允许任何电子邮件提供商与其他电子邮件提供商进行互操作一样，Libra 可以成为一种“协议”，让全球的服务提供商、机构和用户之间实现快速、廉价和稳定的资金流动。这将减少操作复杂性，降低成本，以及减少对转账中介的需求。用户将从便捷转账中受益，而且使用现代数字货币和金融服务的障碍将大大降低，数十亿人能够获取这些基本金融服务并融入世界经济。

Marcus 最后表示，“世界各地的人们都值得得到更好的服务，是时候进行变革了。”这是 Libra 决定踏上这条雄心勃勃的道路，坚持其自身理念的原因。

35 为什么 Libra 宣称其发行将有益于联合国？

2019 年 9 月 27 日，在联合国日内瓦总部举行的有关区块链话题的活动上，Libra 协会常务董事兼首席运营官 Perez 表示，Libra 可以为国际和平、国际安全、国际合作、可持续发展目标、消除“消除贫困和实现性别平等”等联合国目标提供帮助。

虽然这样的目标设定得很高，但是数字货币已经对发展中国家产生了巨大影响，特别是对银行基础设施薄弱甚至根本不存在的地区非常具有吸引力。

《福布斯》报道称，在第 73 届联合国大会（UNGA）上，区块链被视为可以帮助联合国实现其可持续发展目标的技术。Perez 认为这些好处不仅与 Libra 有关，对于任何数字货币都同样适用。联合国可以推广不限于 Libra 的任何数字货币，让无银行账户人群能够获得并使用稳定的货币。

➢ Libra 仍然存在很多不确定性

目前，Libra 受到了来自多国政府、央行以及监管机构的质疑和反对。如美国监管机构对 Libra 采取严厉态度，议会呼吁 Libra“停止发展”；欧盟担心 Libra 威胁国家货币主权；德国和法国联合声明表示可能阻止 Libra。

在此次联合国举行的关于区块链议题的活动中，Perez 回应监管机构对 Libra 构成货币主权的担忧，表示 Libra 不打算取代现有法定货币，“不打算使用 Libra 储备来实施任何货币政策”。

Libra 定于 2020 年中后期推出。Perez 曾表示“在发布之前，我们将能够解决所有问题”。而 Facebook 首席执行官 Zuckerberg 在接受《日经亚洲评论》采访时则表示，“虽然我们希望尽快取得进展，而不是耗费多年才能推出，但就现在而言，我真正关心的是确保能把这件事情做好。”

36 如何看待 PayPal 退出 Libra 协会？

2019 年 10 月 4 日，PayPal 发言人证实，PayPal 退出 Libra 协会，但仍与 Facebook 保持合作关系。

在声明中，PayPal 没有明确说明退出原因，只是表示 PayPal 将继续致力于目前的普惠金融目标。据《华尔街日报》报道，PayPal 在 Visa、Mastercard 等公司表示考虑是否退出 Libra 协会之后作出了这一决定。此前有媒体报道 PayPal、Visa 和 Mastercard 都有考虑过退出协会，而 PayPal 的正式决定无疑给 Libra 项目的前景带来更多质疑，尤其是 Libra 协会的负责人 Marcus 曾经在 PayPal 任职。

根据媒体的推测，PayPal 退出的原因，主要跟 Libra 近来几个月面临的监管压力有关，Libra 推出后一直受到监管方面的反对。此前，一位 Libra 协会合作伙伴的高管在接受《纽约时报》采访时说，协会中的一些公司已经签署了无约束力协议，即没有义务使用或推广 Libra，一旦他们不支持 Libra 的发展方向就会退出协会。

一些合作伙伴对监管机构关于 Libra 的担忧（如隐私保护、加密货币合法性等）保持警惕，许多合作伙伴依赖于与金融监管机构建立良好关系。例如

Visa首席执行官Kelly于2019年就对美国全国广播公司财经频道(CNBC)表示:“Visa不会做任何不符合我们所认为的自身标准的事情,以及不会做违背我们所尊重的监管机构标准的事情。”

37 为什么众议院一直呼吁Zuckerberg出席听证会?

据国会消息人士称,Facebook首席运营官Sandberg的听证会可能会在2019年10月底前举行,不过委员会正在等待确认,直到其首席执行官Zuckerberg同意在听证会上作证。此前,众议院金融服务委员会主席Waters一直呼吁Zuckerberg出席听证会。

虽然Facebook一直声称Libra将由一个独立的第三方协会管理,但该协会的许多成员公司都与Facebook有关联。Libra与Facebook之间的关系让立法者和监管者担忧,由私人公司发起的非主权数字货币若被广泛使用,无疑会对国家金融体系稳定、货币政策独立等方面带来影响。

目前Libra项目还不能与Facebook脱离联系,正是因为Facebook巨大的网络规模才使得Libra如此备受关注。如果Facebook超过20亿用户中有1/4使用Libra,那么该货币的用户基础将超过美国人口,将为Facebook带来更大的力量。众议员Brad Sherman认为,一个想要创造并印制自己的货币的人应该需要在众议院金融服务委员会接受问询,Zuckerberg是否有理由拥有这种权力。另一位议员Sylvia Garcia也表示,议会需要向Zuckerberg传达的明确信息,Zuckerberg不是一个国家,他不可能永远按照自己的方式行事。

欧洲监管机构同样担忧Libra由私人公司发行的特点。德国联邦财政部部长Olaf Scholz在接受当地新闻采访时表示,对Libra仍然“充满质疑”,但是电子欧元对欧洲金融体系有利,特别是在经济全球化之后,德国不应将这一领域留给中国、俄罗斯、美国或任何私人机构。货币发行的权力应掌握在国家手中,德国不会将其留给私人公司。

38 为什么 Visa、Mastercard、eBay、Stripe 和 Mercado 相继退出了 Libra 协会?

信用卡组织 Visa、Mastercard,在线电商 eBay 和支付公司 Stripe、Mercado Pago 都退出了由 Facebook 主导的 Libra 协会。

英国《金融时报》报道,eBay 和 Stripe 退出了 Libra 协会,理由是政治压力。CoinDest 新闻网随后也报道 Mastercard、Visa 和 Mercado Pago 的发言人向其确认将退出协会。

各公司的声明如下:

Mastercard:Mastercard 将继续专注于自己的战略,努力实现全球金融普惠。Mastercard 相信金融普惠值得推广,Mastercard 也将继续关注 Libra 的进展。

Visa:Visa 决定退出 Libra 协会,但还将继续对 Libra 进行评估,最终是否加入将由许多因素决定,包括协会完全满足所有必要监管期望的能力。Visa 对 Libra 进行持续关注的兴趣源于 Visa 自己的信念,即规范的区块链网络可以将安全数字支付带给更多的人和地区,尤其是新兴市场和发展中市场。

eBay:尽管 eBay 尊重 Libra 协会的目标和愿景,但 eBay 专注于为客户提供"受监管的支付体验"。

Stripe:Stripe 对让全世界的人便捷使用在线商务的项目表示支持,Stripe 认为 Libra 有这个潜力。Stripe 将密切关注 Libra 进展,并在以后的阶段继续与 Libra 协会保持开放合作。

Mercado Pago:在 Libra 项目"更加清晰"之后,Mercado Pago 将重新评估 Libra 项目。

监管方的密切关注和可能采取的措施对 Libra 项目的发展形成阻碍，让 Libra 项目的成员重新评估是否加入 Libra 协会，尤其对于那些需要与监管保持良好关系的信用卡组织和支付机构而言。

2019 年 10 月 8 日，两名美国参议员 Brain Schatz 和 Sherrod Brown 就向 Visa、Stripe 和 Mastercard 发信质询，并敦促这几家公司退出 Libra 协会。信中内容主要如下：介绍了 Libra 项目尚未向监管方解释清楚的潜在风险，并表示 Libra 项目发起方 Facebook 尚未摆脱关于侵犯隐私、提供虚假信息、操控选举、歧视和欺诈的指控。提醒这几家公司，如果选择继续加入 Libra 协会，则需仔细评估这些风险是否会影响到自身。Facebook 可能通过这种协会的方式将风险分摊到了参与协会的其他公司。因此，如果 Visa、Stripe 和 Mastercard 执意加入，那么针对 Libra 项目的高强度监管措施也会覆盖到其他公司的支付业务。

39 Libra 如何回应七国集团的质疑？

2019 年 10 月 18 日，七国集团（G7）稳定币工作组应 G7 各国财政部部长和中央银行行长要求，提交了一份稳定币报告，报告表示如果没有能充分解决相关挑战及风险的措施，G7 将不允许启动任何全球性稳定币的计划。对此，Libra 协会发表了一篇文章作为回应，文章提到 Libra 协会正在努力解决 8 个方面的关键问题，包括：稳定币的全球趋势；公平竞争以及市场诚信；AML/KYC 合规以及征税问题；消费者权益；金融稳定性、系统性风险以及网络安全；数据隐私和可转移性；私有支付网络以及治理；改善跨境支付的机遇。

在文章中，Libra 协会再次强调将积极与监管方合作，尊重国家货币政策的主权，声明 Libra 协会的合规框架将会是现有监管框架在数字空间内的应用。

以下为 Libra 回应文章的全文翻译：

Libra 协会很高兴看见 G7 稳定币工作组发布的报告《对于全球稳定币

(GSC)影响的研究》,报告认识到了稳定币具有成为快速、安全和低成本支付技术的潜力。

Libra 协会致力于建立一个超越现有消费者保护、金融稳定和全球合作的标准,在维护国家货币政策主权的同时防止洗钱和恐怖融资。Libra 的分布式治理旨在为消费者提供更多选择、更多的访问权限、更高的互操作性和更低的价格。

· Libra 致力于与监管机构合作,遵循现有法币受到的强有力的监管保护措施,将其应用到数字空间

· Libra 的设计将尊重国家在数字空间的货币政策主权和维持全球金融体系稳定,而不是破坏它

· Libra 将遵守全球范围内的 AML、KYC 和 CFT 的监管保护措施

为了回应 G7 稳定币报告,Libra 协会及其成员致力于解决以下关键问题:

一是稳定币的全球趋势。Libra 协会的成立旨在帮助发挥区块链技术的潜力,改善数十亿人的获取金融服务的渠道,降低获取成本。G7 稳定币报告肯定了 Libra 等稳定币是数字货币的创新,因为它们消除了币值波动性,提高了安全性、速度和可靠性。Libra 代币可以与中央银行发行的数字货币和谐共存,与中国在私有移动网络上获得的成功创新一样。

二是公平竞争和市场诚信。Libra 协会将开放,允许在系统上运行的服务提供商彼此竞争。我们预计 Libra 项目的开源性质将吸引全球的初创企业、机构、金融科技开发者和金融服务商在 Libra 区块链上建立生态系统。银行、金融机构和初创公司将可以免费使用和接受 Libra,以及申请加入协会。通过与银行和可靠的金融机构合作,Libra 协会将为全球没有银行账户的用户提供金融服务。

三是 AML、KYC 合规以及征税问题。Libra 协会认同工作组优先考虑这类问题,并重申其承诺为协会成员设定恰当的 AML/KYC 和反欺诈标准,以消除监管机构和公众利益相关者的担忧。Libra 协会已多次声明将为其成员制定标准,以执行 AML/KYC、反欺诈计划、反恐怖融资和其他形式的金融犯罪,协会还将配合执法调查。此外,协会能够保留和分析 Libra 区块链的历史交易,

并与执法部门共享可疑交易活动，大部分监测工作将落实到服务提供商层级。持有 Libra 的个人和实体将根据当地法律进行纳税。我们希望为使用 Libra 钱包和金融服务的消费者提供管理报税的工具。

四是消费者权益。Libra 持有者将享有与现有金融产品类似的保护和法律权利。虽然人们不享有从 Libra 协会买卖代币的合法权利，但获得授权的代理商将有这样的合同权利。通过具有竞争的自由市场，获授权的代理商为消费者提供 Libra 和其他货币的高效换汇服务。

五是金融稳定性、系统性风险以及网络安全。Libra 支付系统和 Libra 的目的不是为了取代美元或任何其他货币，而是通过让支付更便宜、更快捷来拓展法定货币的功能。Libra 不会削弱政府在货币政策方面的主权。Libra 无意改变中央银行在全球金融体系中的角色和影响力。在 Libra 协会上运行的钱包和其他金融服务（包括交易所和其他资金进出通道）将遵守当地资本管制等规定，这些规定可以为某一地区量身定制的，防止在新兴市场出现从当地货币到 Libra 的大规模转移。用于 Libra 储备金的货币将受各自政府货币政策的制约。每单位的 Libra 代币都将以银行存款和现金等价物（短期的政府债券）形式完全持有进行法定担保，这将降低了“银行挤兑”风险。Libra 协会还将为节点运营者制定严格的网络安全要求，并实施保障网络正常运作的协议，即使是一些验证节点受到影响，也能确保支付网络的运营弹性。

六是数据隐私和可转移性。Libra 协会将致力于保护用户的数据隐私，并确保在相关活动中遵循包括《通用数据保护条例》（GDPR）在内的数据保护法规。只有在 Libra 区块链上公开的钱包地址及其交易金额数据会被采集、存储和处理。Libra 协会的成员作为节点验证者没有访问、使用或共享 Libra 区块链终端用户数据的权限。钱包服务商和交易所等直接与客户接触的公司，将被要求遵守数据保护、数据可转移性等相关法律。

七是私有支付网络以及治理。与其他区块链支付网络不同，Libra 将保持透明运作，并与监管机构合作。包括互联网本身及其域名系统等许多技术基础设施系统，都是靠公共部门和私营部门合作发展，Libra 协会有同样的设想，并期待着与公共实体如中央银行和其他机构合作来建立系统。

八是改善跨境支付的机遇。Libra 协会致力于为数十亿人和小型企业扩大金融普惠、增强经济赋权和提供参与全球经济的能力。G7 稳定币报告认识到,汇款和跨境支付速度很慢、很烦琐,成本也很高,对于没有银行账户的用户和对于在目前金融体系中得不到服务的消费者而言尤其如此。通过公共部门和私营部门的共同努力,利用数字创新的支付解决方案,减少跨境支付中存在的重大摩擦。

Libra 协会欢迎与 G7 稳定币工作组进行对话,欢迎 G7 稳定币工作组审查。G7 稳定币报告实际上指出了 Libra 能够有效运作的框架,这也是一个不断发展的领域,我们欢迎其他机构继续申请加入,也希望政策制定者给监管机构时间和空间制定合理的监管规则。

40 2019 年 10 月 23 日公开的听证会证词中有哪些要点问题?

Facebook 首席执行官 Zuckerberg 在 2019 年 10 月 23 日美国众议院金融服务委员会听证会中公开的证词提到了以下要点问题:

第一,Libra 的实际想法是汇款应该像电子邮件那样既简单又安全。Libra 将成为一个完全由现金和其他高流动性资产支撑的全球性支付系统。Libra 不是试图创造一种主权货币,而是类似于目前的在线支付系统,是一种转账方式。Libra 协会无意与任何主权货币竞争或进入货币政策领域,Libra 也将与美联储和其他负责货币政策的央行合作,建立监管框架确保 Libra 协会不会干预货币政策。

第二,Libra 将主要由美元支撑,我相信它将会拓展美国的金融领导地位以及我们在世界各地的民主价值和监督职责。

第三,在 Libra 设计过程中,Facebook 并不期望成为主导角色。Facebook

的目标是为发展方向提供建议,并就如何到达目标与协会成员进行对话。我们在这个领域倡导负责任的创新。

第四,数字支付系统未来将变得非常重要。如果美国不在该领域占据领先地位,其他国家就会领先。外国公司或国家的行为可能没有 Facebook 一样的被监管承诺或对透明度的承诺。

第五,针对我们合作撰写的白皮书,Facebook 已经开始与监督金融系统稳定与安全的专家、监管者和政策制定者对话。但白皮书不是项目的最终决定。

第六,在美国监管机构批准之前,Facebook 在世界任何地方都不会成为 Libra 支付系统的成员。

第七,Facebook 的支付子公司 Calibra 的支付转账会受到全面的反洗钱、反恐融资和制裁监控(包括自动化系统和人工审查),我们根据监管义务向当局报告可疑的支付活动。自动化工具将主动监控交易活动和检测欺诈行为,Calibra 计划退还任何未经授权的交易。

第八,Calibra 不会与 Facebook 共享客户的账户信息或金融数据,除非是为了防止欺诈或犯罪活动,或者当人们明确选择共享他们的数据时,或者当我们在法律上有义务这样做时。

第九,Facebook 致力于对接收到的财务信息提供强有力的消费者保护,以下明确说明 Facebook 会如何处理这些信息:

· 不出售用户的数据

· 不使用用户的数据做贷款分析或者建立信用报告

· 不会将数据分享给进行信贷决策的第三方

· Facebook 仅使用自有产品中产生的交易数据改进服务,如广告。但是不会将用户支付账户信息本身用于广告目的

第十,Facebook 还认为 Libra 提供了加强打击洗钱和资助恐怖主义等金融犯罪的机会。数字支付系统具有受监管的资金进出通道和对客户行为的适当了解,因此更容易获得保护,执法和监管机构可以对链上活动进行分析。

以下是证词原文:

美国众议院金融服务委员会听证会

2019 年 10 月 23 日

Mark Zuckerberg 的证词

Facebook 创始人、主席和首席执行官

Ⅰ.引　　言

Waters 主席、McHenry 首席委员和委员会的成员们,你们好,感谢你们今天来为这次听证会作证。

全世界有超过十亿人没有银行账户,但如果存在合适的金融系统,则可以通过手机(实现支付)。上述情况存在于美国的一千四百万人身上。被排除在金融体系之外会给人们的生活造成实质性影响——最弱势群体通常要支付最高昂的费用。

人们为了把钱寄给身处国外的家人支付了太高的成本,同时还得等候很久。困扰着他们的正是当前的体系。金融产业停滞不前,没有数字化金融框架来支持我们需要的创新。我相信这个问题能够被解决,特别是在 Libra 的帮助下。

Libra 的实际想法是汇款应该像电子邮件那样既简单又安全。Libra 将成为一个完全由现金和其他高流动性资产支撑的全球性支付系统。

我相信这是必然要做的事情,但是我明白,现在我们还不是理想的信息发布者。在过去的几年里,我们遇到了太多问题,我确信人们希望由除 Facebook 外的其他企业提出这个想法。

Facebook 想要将权力送到人们手中是我们关心数字货币领域的原因。我们的服务给了人们为对于他们重要的事情发声的机会,以及创造商机的机会。让人们保管好他们的钱,同样重要。一个简单安全可靠的汇款方式就是赋权。在很长的一段时间里,那意味着更多的人们在我们的平台上交易,这对我们的生意很有帮助,但是如果没有帮助到我们公司,它也能帮助世界各地的人们。

另外,我也希望能谈谈不创新的风险。当我们探讨这些问题时,世界上的其他国家和地区也在伺机而动,其中中国发展最迅速,在 Libra 提出后的几个月之后也提出了相似的想法。Libra 将主要由美元支撑,我相信它将会拓展美国的金融领导地位以及我们在世界各地的民主价值和监督职责。如果美国不

创新,我们就会丢掉金融领导权。

我们共同撰写了一份白皮书将这个想法展示给世界,并同监管者、专家以及政府展开谈话。今天的听证会是这一对话过程的重要环节之一,我们今天探讨的问题对于任何一个独自在做这件事的公司都是十分重要的。

这也是我们推动成立Libra协会的原因。Libra协会由21家公司和非营利组织构成,[1]致力于让每个人都能接触到金融服务。但是,即使Libra协会是摆脱Facebook控制而独立存在的,我们也想澄清,在美国监管机构批准之前,Facebook在世界任何地方都不会成为Libra支付系统的成员。

上次我在国会听证会时曾经谈到全面审视我们的责任,包括确保所提供的服务得到妥善使用,防止造成破坏。

人们在我们所提供的任何服务中都不应受到歧视。我们也制定并实施了屏蔽仇恨言论和删除有害内容的政策。针对广告的定位和展示方式上发生的歧视,我们禁止广告商使用年龄、性别或邮政编码来定位住址、发放招聘广告和发放信贷广告,并针对这类广告限制基于用户兴趣的定位。这是我们支持公民权利和防止歧视的一部分。

Facebook需要多元化的观点。多样性为我们的社区创造更好的决策和更好的服务。在雇佣导向上,我们将多元化排在首位,同时我们也作出承诺:未来五年内,我们将为女性、有色人种和其他代表性不足的群体提供至少一半的工作机会。我们已经有了一些进展。在Facebook,更多的有色人种和女性将扮演技术和商务角色,代表性不足的群体将会走上领导岗位。但我知道我们仍有很长的路要走。

对于Facebook来说,这是充满挑战的几年。我认识到Facebook在社会中发挥着重要作用,负有独特的责任。Facebook能在人们的生活中有所作为,我感到很幸运,我们将坚持我们的立场,致力于推动我们所认同的可以赋予人们权力的创新。

---

〔1〕 原28家初创成员中的Visa、Mastercard、eBay、Stripe、Mercado Pago、PayPal和Booking Holdings退出。

Ⅱ. Libra 项目

Libra 项目旨在通过安全、低成本和有效的方式在全世界发送和接受付款，从而促进提高金融包容性。研究显示获得金融服务能够帮助人们摆脱贫困，特别是对在发展中经济体的妇女而言。我们认为金融普惠问题可以得到解决，我们也希望成为提供解决办法中的一员。

Libra 是一个具有潜力的尝试，我们很荣幸成立了由 21 家具有社会影响力的公司和社会组织构成的协会，协会将承诺推动项目的进展。建立协会是有积极意义的一件事，我期待由 Libra 协会成立和项目推动引发的各方讨论。在我们的设计中，Facebook 并不期望成为主导角色。已成立的 Libra 协会拥有适当治理结构，将从现在开始推动 Libra 项目。Facebook 同样也在探索让人们获取金融服务的其他方式，例如通过自有平台降低汇款成本。我们看到，其他组织也在积极探索解决方案，我们也支持其他组织的行为。

我们将会持续和监管机构进行对话。我们清楚无论通过何种方式去探索提高金融包容性，都必须解决监管问题，包括反洗钱、反恐怖主义融资、制裁监测、对法定货币的潜在干扰以及系统性风险。Libra 协会在推动项目发展的过程中也会关注这些问题。Facebook 作为一家专注于探索的科技公司，在推动金融包容性的同时，也理解保持透明的重要性。

我们知道，有人对 Libra 项目以及 Facebook 在项目中的作用表示担忧。我想简短地介绍一下我们如何努力解决人们担忧的问题。

首先，有人认为项目推动得太快。我们承诺花时间解决人们关心的问题，同时针对合作撰写发布的白皮书，开启与监督金融系统安全稳定的专家、监管者和政策制定者的对话。白皮书的目的是说明项目发展方向，并供大家讨论如何到达预定目标。我们将继续在跨境支付领域倡导负责任的创新。

其次，有人认为 Facebook 规避监管和法规。在此我需要声明：除非美国监管机构批准，Facebook 将永远不会成为 Libra 支付系统的发起方。我们赞成 Libra 项目延期发行直到完全满足美国监管机构的要求。目前，我们已经与 30 个司法管辖区的监管机构会面。协会一直专注与监管机构对话，包括政府官员和国会议员等，同时也保持和其他利益相关者的对话，包括 Calibra、与

Facebook 有关的公司、Libra 协会成员有关的子公司等,这是民主监督和审查的工作方式之一。

谈到 Calibra,有人想知道 Facebook 提供的支付服务是否可信任,是否能够保护消费者权益。我们也认识到 Facebook 有责任在人们线上支付时提供相应的保护。实际上,在我们目前提供的服务中已经在提供相应保护,例如人们通过 Instagram 购买产品,在 Facebook Marketplace 上购买商品,在 Messenger 上将钱汇给亲朋好友,Facebook 对通过这些渠道所收集的财务信息提供强有力的消费者保护,我们在处理这些信息的时候会确保:

· 不出售用户的数据

· 不使用用户的数据去建立借贷模型

· 不会将数据分享给进行信贷决策的第三方

· 我们使用产品中产生的交易数据改进服务,包括广告业务,但不会将用户支付账户信息本身用于广告目的

Facebook 的持牌支付子公司的支付转账通过自动化系统和人工审查受到全面的反洗钱、反恐怖主义融资和制裁监控,根据监管义务向当局报告可疑支付活动。我们还制定了反欺诈措施。我们致力于为 Calibra 应用程序构建同样强大的合规系统,以及强大的消费者保护、客户支持和密码恢复。自动化工具将主动监控活动检测欺诈行为,Calibra 计划拒绝任何未经授权的交易。

Calibra 的用户可能会对 Facebook 获取他们的财务数据存在担忧。我们将 Calibra 定位为受监管的子公司,Facebook 的社交数据和 Calibra 的财务数据明显分隔。Calibra 不会与 Facebook 共享客户的账户信息或财务数据,除非有以下三种情况:一是为了防止欺诈或犯罪活动,二是人们明确选择共享他们的数据,三是当我们有法律义务必须这样做时。

最后,还有 Libra 是否打算取代主权货币的问题,以及私营公司参与这种创新是否合适。我想澄清一点:Libra 不是试图创造一种主权货币,而是像目前的在线支付系统一样,是一种转账方式。货币政策是央行的职责,而不是 Libra 的职责。Libra 协会无意与任何主权货币竞争或进入货币政策领域。Libra 将与美联储以及其他负责货币政策的央行合作,建立 Libra 协会的监管框架,确

保协会不会干预货币政策。Libra 的设计也考虑到了经济安全和稳定,它将通过背后的储备得到充分支持。

另外,我们认为对于打击洗钱和资助恐怖主义等金融犯罪,Libra 可以提供帮助。许多非法活动都是由现金资助的,而数字支付系统拥有受监管的进出资金通道,可以对客户行为进行适当了解,因此数字支付系统更容易获得保护,执法和监管机构也可以分析可疑链上活动。

我希望我们能找到推动项目发展的方法,因为我们相信像 Libra 这样负责任的创新能让更多的人获得许多人认为理所当然的金融工具。

未来,数字支付系统将变得非常重要。如果美国不在这方面领先,其他国家就会领先,而外国公司可能没有和我们一样受监管,以及对透明度的承诺。我们已经看到,价值观截然不同的公司是如何根据用户的信仰限制用户行为。在其他国家领先的情况下,美国无法保证支持民主和言论基本权利的服务胜出。

我们正处于公司受到越来越多审查的时代。技术在我们的生活和社会中发挥着更大的作用。公司会犯错误,但是如果合理怀疑变成了全面敌意,将把许多进步置于危险之中——不仅仅是对于美国科技公司有机会捍卫美国价值观的世界而言,也是对与人们息息相关的地方而言。

目前,600 万美国人在互联网行业工作,去年,互联网行业投资超过 600 亿美元,帮助推动着美国的研究和创新。互联网行业占美国国内生产总值的 10.1%。互联网经营的服务为人们的生活创造了很多价值。这些工作机会、投资和创新不是偶然发生的,它们是我们愿意尝试新事物的结果——即使新事物很难,即使新事物并不总是有效。我知道人们对 Libra 有顾虑。但我认为,如果企业不愿意接受这样的挑战,而是选择更安全的战略巩固现状,那将对我们的国家和世界都不利,那将损害我们创新型国家的声誉,降低经济竞争力,最终将更多的权力集中在现有的行业参与者手中,而不是更广泛的人们手中。

Ⅲ.打击歧视

在相信创新的同时,我们也认识到有责任确保所创造的产品和服务得到正确使用。例如,人们不应在 Facebook 上歧视他人。

A. 防止广告中的歧视

Facebook 上的广告客户可以选择向可能对特定主题感兴趣的人推送广告,这是平台让广告民主化的重要组成部分。例如如果您经营一家小型企业,则可以向更可能感兴趣的人(例如,对您提供的特定产品或服务感兴趣的人)推送广告。

我们的政策长期以来禁止歧视,我们也已对广告平台进行了重大更改,进一步防止广告客户滥用工具歧视广告目标用户。

今年早些时候,我们宣布改变对平台上的住房、就业和信用广告的管理方式。这是与诸如全国公平住房联盟(National Fair Housing Alliance)之类的公民权利组织,基于公民权利专家的持续投入达成的历史性和解协议的一部分。广告商若想要发布与这些主题相关的广告,必须通过特殊广告的购买流程,该流程不允许使用年龄、性别或邮政编码进行定点宣传。

我们已经在特殊广告的购买过程中限制了提供给广告客户的标签类别,所提供的标签类别只占总的标签类别的一小部分,且与保护类别特征无关。而且,无论广告向谁推广,我们让人们都能够搜索和查看广告客户在美国当前的所有房屋广告。我们承诺扩大和解协议范围,使人们也可以在 Facebook 上搜索美国的就业和信用广告,在这方面还有很多工作要做。但是,我们为最近的这些努力以及它们所传达的 Facebook 致力于公民权利和保护用户免受潜在歧视的信息而感到自豪。全国公平住房联盟表示,"将 Facebook 定位为在技术领域引领公民权利事务的先驱和领导者"。

B. 我们的公民权利审查

广告只是人们与我们的平台互动的一种方式,这就是我们进行公民权利审查确保政策公平公正的原因。我们正在与公民权利领袖 Laura Murphy 进行对 Facebook 的公民权利审查工作。

为了回应收到的反馈,我们进行了许多更改,包括:

· 正式成立公民权利工作组,每月召开一次会议,披露、讨论和解决公民权利问题

· 将我们对白人至上的长期禁令扩大到包括白人民族主义和白人分裂

主义

· 努力防止对即将到来的选举和有关 2020 年人口普查的错误信息和干扰

· 通过更加积极地更新我们的政策并采取行动，打击压制选民投票的内容。例如，在 2018 年美国中期选举期间，我们的团队发现并删除了 45,000 多个旨在打消人们投票意愿的内容。在上传到 Facebook 之前，我们主动识别了其中 90% 以上的内容。

Ⅳ. 我们对多样性的承诺

我们知道，我们需要员工具有多种不同的视角，这是为什么我们将多样性作为招聘时的优先考虑事项。在这方面我们有很多工作要做，我们致力于实现以下目标：在未来 5 年内，至少有 50% 的员工是女性、有色人种和其他未被充分代表的群体。

我们重视 Facebook 的多样性，它会带来更好的决策、更好的产品和更好的文化。它还确保了我们创造的产品能够反映出世界各地的用户群体。

在招聘方面，我们有多样选择。确保招聘人员可以将未被充分代表的群体中的合格应聘者提交给想要填补空缺职位的招聘经理。自 2015 年开始测试这种方法以来，我们看到未被充分代表的人群招聘率稳步上升。

如今，Facebook 有更多的具有不同背景和经验的人、更多的有色人种、更多的女性担任技术和商务职务，以及更多的未被充分代表的群体担任领导职务。通过专注于在公司内部雇用和培养女性领导者，我们提高了女性在领导者中的代表性。在过去的几年中，大多数新的女性领导者都是内部晋升的。去年，我们与经认证的多元化供应商交易超过 4 亿美元，比 2017 年增长了 73%，其中 34% 的供应商为女性所有，而 70% 为少数族裔所有。

作为行动的一部分，我们致力于与支持有色人种和女性的组织建立牢固的关系。如与 CodePath. org、联合黑人学院基金会（United Negro College Fund）以及历史悠久的黑人学院和大学等组织建立合作伙伴关系。我们面向未得到充分代表的群体的学生开设实习计划“Facebook 大学”，并且面向来自 Menlo Park、East Palo Alto 和 San Francisco 的高中生开设 Facebook 暑期课程。我们对 K－12 教育计划的投资可能未出现在招聘统计数据中，但是我们致力于为未被充分代表的群体提供教育让他们获得更多的技能和经验,帮助他们在科技行业找到就职机会。

我承认我们还有很多工作要做。在多元化方面,我们还未达到预期的水平,尤其就领导层面而言。我们花了很长时间专注多样性,虽然所做的改进并未达到预期,但是我们会尽我们所能达到预期目标。如果我们能够做到这一点,Facebook 将成为一家更强大的公司,并且能够更好地达成使命,履行附带责任。

V.结　论

对于 Facebook,这几年充满挑战。我们明白,要达到人们对于隐私和安全性的期望水平,还有很多工作要做。我们认识到,像 Facebook 这样的公司已经成为人们日常生活的一部分,这也伴随着巨大的责任和许多困难的决断。我们不认为我们应该单独解决这些问题,这是为什么我呼吁政府和监管机构在有害内容、保护选举、隐私和数据可移植性方面发挥更积极的作用。

我知道我们还有很多事情要做,但是我也知道,金融包容性不足的问题是可以解决的,而且我相信我们可以在帮助找到解决方案方面发挥作用。我希望今天的回答能解答您的一部分问题。

41 2019 年 10 月 23 日众议院听证会上议员关心哪些信息? Zuckerberg 是如何回答的?

下文整理了 Zuckerberg 在听证会问答环节中的要点问题、回答和态度:

1. Libra 在发行前需要获得哪些机构的批复

Zuckerberg 表示,Libra 需要获得所有监管机构的批复,包括美国证券交易委员会(SEC)、金融执法网络(FinCEN)等。

2. Libra 在监管未批准前是否停止进一步动作

Zuckerberg 表示,Libra 协会是独立于 Facebook 存在的,我们只是帮助其发展,并不会控制它。但我今天作出一个承诺,在得到美国监管部门的彻底支持之前,我仅代表 Libra 中的 Facebook 部分,明确表示 Facebook 在得到美国监管批准前不会就 Libra 采取进一步行动。如果美国监管机构要求 Facebook 完全撤出 Libra 协会,那么 Facebook 会遵照执行。

3. Libra 未来收费和盈利情况

Zuckerberg 表示,免费的交易转账是 Libra 的愿景,但 Libra 实际实现过程将涉及国际间规则。目前 Libra 的营利计划大部分仍通过广告获得。对于是否会利用 Libra 用户数据牟利的问题,Zuckerberg 没有明确表态,只是明确不会使用用户财务数据用于广告投放。

4. Libra 由于 Facebook 背景带来的不信任

Zuckerberg 表示,当前法律法规非常清晰,所以人们不需要信任公司,人们可以信任政府。

5. Libra 为何注册在瑞士而不在美国

Zuckerberg 表示,Libra 协会是独立的。Libra 协会想要建立全球性的支付网络,而瑞士有很多国际性组织,所以我们认为瑞士与全球性支付系统合作的意愿领先其他国家。

对于是否会将 Libra 注册地转移回美国的问题,Zuckerberg 表示,我们并不控制 Libra 协会,所以我们无法作出这样的决定。但从 Facebook 的角度来说,我们主要还是在美国活动。

议员 Davidson 表示,美国需要更好的监管透明度,以瑞士为例,它的确拥有更清晰的制度。

6. Libra 在头部支付公司退出的情况下,是否有能力构建符合反洗钱 AML 标准和《银行保密法(BSA)》要求的系统

对于头部公司离开原因,Zuckerberg 表示这个项目实在太过宏大、复杂,存在风险。一家公司不可能做到,这也是成立 Libra 独立协会的原因。

对于构建符合 AML 和 BSA 要求的系统,Zuckerberg 表示,我们拥有解决这些问题的专业知识,也会与监管机构一起提出解决方案。

7. Libra 是否会启用和构建匿名交易系统

Zuckerberg 没有对 Libra 是否构建和启用基于技术的匿名交易系统做出解释，也没有对是否会允许任何不可追踪的匿名交易给出正面回应，而是强调 Facebook 正在尝试构建一个安全的、保险的、受监管的钱包。

Zuckerberg 承诺 Facebook 不会让罪犯利用 Libra 进行洗钱，钱包会有身份识别，而且会与监管机构合作确保符合反洗钱和反恐怖主义融资的要求。

8. Libra 是否被视作货币

Zuckerberg 多次表示，Libra 不是货币，而是全球支付系统。

9. Libra 协会成员是否多元化

Zuckerberg 表示，Libra 协会的大多数成员都是全球性公司。Libra 协会正在招募一个新的独立负责人，Marcus 不会出现在独立负责人的招募名单里，他负责数字钱包 Calibra 的运营，而不是 Libra。虽然加入 Libra 协会的门槛是 1000 万美元，但是这只是一个最初的想法，这个门槛不会成为加入 Libra 协会的障碍。

关于 Libra 协会中 21 个成员有多少是由女性领导的，是否由少数群体例如 LBGT 性少数人群参与的问题，Zuckerberg 表示，对于 Libra 协会组成成员的领导名单并不全部知晓，无法回答这个问题。

10. Libra 锚定货币构成

Libra 的储备金中占比最多的是美元，Zuckerberg 认为，Libra 可以有效地扩大美国作为全球金融领导者的地位，而不是为此带来风险。美国不能想当然地认为，美国现在是领导者，那它未来就一直是领导者。美国需要创新，创新就意味着存在风险，风险需要解决。如果美国不创新，就会影响其领导者地位。

Zuckerberg 表示，现阶段 Libra 储备金中美元预计占 50%，但不知道最终确定的时候是否还是这个比例。

对于如果人民币表现稳定，而美元表现不稳定，Libra 协会是否会决定撤走美元加入人民币，Zuckerberg 表示，对于这些需要提前去研究的问题，自己不可以代表独立的 Libra 协会发声，但如果美国监管部门要对此设定一些限制，他认为是合理的。目前监管要求必须把美元放在 Libra 一篮子货币里。

关于为什么不直接做数字美元的问题，扎克伯格表示，从美国监管部门的角度来看，这样做的确简单很多。但 Libra 是一种全球支付体系，这样做可能不受欢迎。

11. 对加密技术以及中国科技行业发展的看法

Zuckerberg 表示，我认为美国金融业，尤其是金融服务基础设施滞后于继续保持美国领导地位所需要的创新基础。

对于为什么不做 Facebook 版本的支付宝，Zuckerberg 表示，中国的部分基础设施比美国要先进很多，美国必须要在现有基础上建立更现代化的支付基础设施。

12. 关于 Libra 推出的意义

Zuckerberg 认为加密货币创新以及去中心化特性是非常有价值的，但这不是像 Facebook 这样的大型企业可以为行业带来的创新。鉴于 Facebook 所处的位置，不可能创造出完全去中心化的产品，也不可能对金融稳定性等问题置之不理。我们更希望和监管部门合作以符合最高监管标准。Zuckerberg 认为美国金融体系已经过时，有丧失金融领导地位的风险。

13. 为什么私营企业能比美联储更快做出类似 Libra 的数字货币

Zuckerberg 表示，自己没有立场去判断其他人能不能做出类似东西，并强调美国监管体系应该鼓励更多人、更多中小型企业或大型企业，甚至是政府，去尝试新事物。支付和货币是美国金融体系停滞不前的领域，任何改变这一现状的项目都需要面对巨大风险，但是我们应该解决这些风险，这也是监管机构需要发挥作用的原因。实际上，不去尝试新事物也有风险，所以不能说 Libra 的想法或者说我的想法是最好的，我希望有其他人能尝试一些不同的东西，这样才能更好地为全世界服务。

14. 针对恐怖主义仇恨、暴力等非法言论蔓延

Zuckerberg 表示，Facebook 投入了数十亿美元以及成百上千的研发人员，对此类对人们造成伤害的内容和账号进行检测，并快速处理。

42 Mastercard 认为 Libra 目前还存在哪些问题?

2020 年 2 月 3 日,Mastercard 的首席执行官 Ajay Banga 解释了为什么该公司最终选择不加入 Libra 协会,以及他对于退出 Libra 协会的态度。

Mastercard 和 Visa、PayPal 和 Stripe 都是原有的 Libra 协会的创始成员,四家公司皆于 2019 年 10 月离开 Libra 协会。

Banga 指出,合规问题是做出退出 Libra 协会决定的主要原因。特别是,Banga 指出了反洗钱、KYC 和数据管理法规方面的隐患。

另一个问题是 Libra 的商业模式,Libra 协会并未说明将如何赚钱。而 Banga 指出,“当你不了解赚钱的方式时,钱会以你不喜欢的方式赚到”。

最后,Banga 注意到 Libra 的介绍中存在一些不一致之处。尽管它将自己定位为金融普惠工具,但使用专有钱包 Calibra 这一点“听起来不太对劲”。Banga 说,为实现金融普惠,政府必须用这种货币给人们付钱,人们需要理解这一工具、接受这一工具,并且能够用它来购买维持日常生活开销。“如果你得到了存入 Calibra 中的 Libra,然后又以英镑为单位购买大米,我不知道这是如何实现的。”

Banga 对于国家支付系统这一概念也提出了批评,并直言“在一个人们能够全球旅行的世界中,建立孤立的(支付)系统的经济成本是愚蠢的”。尽管国有化支付网络的概念已经存在,最近以中央银行数字货币(CBDC)的名义重新获得了关注,但 Banga 解释道,“这种寻找对某些类型的付款进行国家控制的方法的想法并不新鲜——这是一个已经持续了很长时间的幻想。”除了成本问题,他也批评破碎化的数据会阻碍诈骗与犯罪的追踪。

43 Mastercard 中国区总裁如何解释退出 Libra 协会的原因？

Mastercard 中国区总裁常青在 2019 年 11 月 7 ~ 10 日举行的 2019 年第十届财新峰会（北京）上对 Mastercard 为何退出 Libra 协会作出了回应。他表示，Mastercard 退出 Libra 协会是因为与最初加入协会时所设定的三个底线原则产生了冲突。

自 2019 年 10 月以来，Visa、Mastercard、PayPal 等多家公司相继宣布退出 Libra 协会，协会成员由 28 名减少到了 21 名。

常青表示，Mastercard 在区块链领域有很多实践及相关准备，因此在 Facebook 筹备 Libra 项目、成立 Libra 协会时，Mastercard 第一时间就参与其中，成为创始会员。“但是后来发展的情况大家也比较了解，从它（Libra 项目）整个业务的规划到大家比较关注的问题，我们没有看到发起方令人满意的回答，特别是跟我们当时参与协会时设定的三个带有底线性质的原则产生了冲突。”常青表示。

常青进一步表示，Mastercard 参与区块链技术合作有三项原则：第一，合作必须在全球任何一个本地市场符合当地监管的要求；第二，必须确保客户特别是消费者的隐私和信息安全能够得到充分的保障；第三，所有参与方必须在有公平规则的环境下提供服务，避免出现横向垄断、赢家通吃、流量或客户基数大的参与方挤占其他参与方利益的情形。

常青强调，在上述三个原则中，第一个是要能做到监管合规，第二个是信息隐私保障，第三个是所有参与方要有一个公平的竞争环境。“我觉得这是我们对这个事情的看法。为什么‘退群’？因为‘退群’确实是跟这些底线发生了冲突。”

44 Facebook Pay 是否是 Libra 的精简版？

Facebook Pay 与 Libra 项目有本质区别，Facebook Pay 可能是 Facebook 在 Libra 项目遭遇严重受阻后进入支付领域的另一种尝试。

2019 年 11 月 12 日，Facebook 推出了名为“Facebook Pay”的新支付系统，目标是“为人们提供跨 Facebook、Messenger、Instagram 和 WhatsApp 的便捷、安全和一致的支付体验”。新支付系统支持筹款活动、游戏购买、活动门票购买、Messenger 上的个人对个人付款以及在 Facebook Marketplace 上从特定页面购买企业产品。

在 Facebook Pay 推出之际，由 Facebook 发起的基于区块链的金融基础设施项目 Libra 正面临严峻的全球监管压力，Libra 协会创始会员中的美国支付业企业也纷纷退出，其中包括 PayPal、Matercard、Visa、eBay、Stripe 和 Mercado Pago。

据 Libra 白皮书所述，Libra 的愿景是让人们能够发送、接收和使用自己的资金以及确保资金安全，从而建立起更具金融包容性的全球生态系统。那么，推出的 Facebook Pay 是否满足 Libra 所要解决的需求？Facebook Pay 和 Libra 的相同点和不同点分别是什么？

两者的相同点在于提供了类似的支付体验，即提供个人对个人的直接转账体验，人们能够像使用短信一样发送、接收和使用资金。在这一点上与美国 Paypal 的 Venmo 服务和国内的支付宝、微信的转账服务相似。

两者的不同点在于基础设施和面向对象。一是基础设施上的不同。Facebook Pay 建立在现有的金融基础架构之上，依赖于现有的银行账户体系，与将在 Libra 区块链网络上运行的 Calibra 钱包分隔。Facebook Pay 目前支持大多数主要的信用卡和借记卡以及 PayPal，并与 PayPal、Stripe 和其他公司合作处理付款业务。而 Libra 项目依赖于 Libra 项目自建的区块链金融基础设施，转账、支付、清算等业务与现有金融基础架构平行。二是面向对象的不同。Facebook Pay 目前仅面向美国用户，而 Libra 面向全球用户。虽然 Facebook Pay 宣称之后将推广到其他国家和地区，但由于基础设施不同，Facebook Pay 与 Libra 所宣称的“更低成本、更易进入、联系更紧密”的全球支付网络差距很远。

45 PayPal CEO 如何解释退出 Libra 的原因？

2019 年 10 月，PayPal 成为第一家在没有提及具体原因的情况下退出 Libra 协会的公司。2019 年 11 月 20 日，PayPal 首席执行官 Dan Schulman 接受了财富杂志的采访，谈到退出 Libra 协会的原因。

Dan Schulman 解释：“当 Marcus 最初与我们谈论 Libra 时，他在 Libra 中构架了普惠金融，而这正是吸引我们的地方。我们一直在探索下一代技术，例如探索区块链基础设施如何更高效帮助业务。我们想进一步了解这些技术，所有人都有兴趣学习更多知识。当更加了解 Libra 后，我们发现还有许多事情要做，还有很多在 Libra 路线图外的事情必须去做，所以我们认为，与其将所有资源集中到 Libra，不如专注于自己的路线图，那样我们能够更快地推进普惠金融。”

Dan Schulman 还表示，这不是一件类似决裂的事情，只是他们将开始沿着公司感兴趣的方向前进，也许以后，PayPal 仍可能通过某些方式与 Libra 进行合作，也祝 Libra 项目一切顺利。

被问及 PayPal 是否因为对监管审查感到恐惧而退出，Dan Schulman 表示：“对公司而言，监管和合规是基础性的事务。公司与所有的监管机构都拥有极为牢固的关系，我们对此深信不疑，但监管的确不是让我们退出的原因。”

46 欧盟理事会和委员会关于稳定币的联合声明说了什么?

2019 年 12 月 5 日,欧盟理事会和委员会发布了关于稳定币的联合声明。该声明表示,禁止在欧盟地区推出所谓的全球“稳定币”,直到拥有可以减轻该技术带来的风险的通用监管方法为止。

联合声明中写道:“在充分了解并解决法律、监管和监督方面的挑战和风险之前,全球范围内的稳定币计划不得在欧盟内开展业务。”

该声明认可了加密技术的潜在好处,例如让跨境支付变得更便宜和更快捷,但是稳定币带来“多方面的挑战和风险,例如消费者保护、隐私、税收、网络安全和运营弹性、洗钱、恐怖主义融资、市场诚信、治理和法律确定性”。同时,“当稳定币计划达到全球规模时,这些担忧可能会加剧,并且可能对货币主权、货币政策、支付系统的安全性和效率、金融稳定以及公平竞争产生新的潜在风险。”

声明说,所有选择都需要确保有效的监管,应包括防止某些全球“稳定币”造成不可控制风险的任何措施。委员会副主席 Valdis Dombrovskis 在新闻发布会上的讲话中说:“今天,欧洲经济与金融事务理事会(ECOFIN)批准了委员会关于稳定币的联合声明,这是更广泛的加密资产领域的一部分。如果我们能够正确应对风险,那么围绕加密资产的创新就有可能对投资者、消费者和金融体系效率发挥积极作用。”

“许多成员国,例如法国、德国或马耳他出台了国家层面的加密资产法,但是大多数人都同意欧洲监管机构的建议,即加密市场超越了国界,因此需要共同的欧洲框架。”

“我们现在将执行该建议,在今年年底之前启动公众咨询。”

联合声明还指出，围绕该领域的部分重大全球项目缺乏法律上的明确性，虽然没有任何项目名称出现，但这似乎指的是 Facebook 的 Libra 项目。

“最近一些具有全球规模的项目没有提供足够的信息来说明他们计划如何精确地管理风险和经营业务。缺乏足够的信息使得很难根据目前的欧盟监管框架判断是否适用法律法规，以及对如何适用给出明确的结论。”声明警告称，计划在欧盟发行稳定币或进行其他涉及稳定币的活动的实体应立即提供充分信息，以便监管机构根据适用规则进行评估。

47 为什么在线旅游平台 Booking Holdings 也退出了 Libra 协会？

据彭博社 10 月 14 日报道，在 Libra 协会决定在日内瓦召开会议之前不久，在线旅游平台 Booking Holdings 宣布退出了 Libra 协会。

根据报道，Booking Holdings 的决定是在其他创始成员 Mastercard、Visa、PayPal、eBay 和 Stripe 离开之后做出的。

一位知情人士说，这家总部位于康涅狄格州的在线旅游公司在 2018 年实现了 92 亿美元的收入，拥有全球最大的酒店住宿销售业务，该公司希望避免围绕 Libra 发展的争议。但他也表示 Booking Holdings 并不排除将来再加入 Libra 协会。

在最初加入 Libra 协会的声明中，Booking Holdings 表示希望通过将新的支付方法整合到平台中来，获得在新兴市场中的份额增长机会。在 9 月召开的一个论坛上，Booking Holdings 的首席执行官 Glenn Fogel 表示他不会给 Libra 贴上加密货币的标签，而是“另一种支付方式”。如果有一种更便宜、更快、更好的支付方式，Booking Holdings 就想参与其中。但 Fogel 也表示，前提是这种支付方式是安全的，并且有足够的隐私保护。

显然,立法者和监管机构的质疑为 Libra 项目的预期落地带来阻碍,尤其是关于金融稳定、消费者保护、隐私等方面的质疑让 Libra 项目不能被简单的定义为“支付方式”。Booking Holdings 可能不希望与这样一个有争议的项目惹上麻烦,尤其是其他支付平台都退出了协会的情况下。

48 为什么 Libra 协会修改了一次白皮书?

根据原始的 Libra 白皮书,Libra 理事机构和协会成员将从储备金中的资产产生的利润中获得股息。这激励了决策者投资于风险资产以获得更高的回报,但代价是 Libra 持有者的潜在损失风险。

乔治城大学法学院教授克里斯·布鲁默(Chris Brummer)阅读 Libra 的白皮书后,注意到该白皮书与 6 月首次发布的文档相比有一些细微的变化。他认为,真正有趣的变化涉及储备金本身的运作。Libra 白皮书的原始版本中的记载为:“储备资产的利息将用于支付系统成本,确保较低的交易费用,向提供资金以启动生态系统的投资者支付股息(请参阅‘Libra 协会’),并支持进一步的增长和使用。分配储备金利息的规则将事先确定,并由 Libra 协会监督。Libra 的使用者不会从储备金中获得回报。”

但现在,该内容为:“储备资产的利息将用于支付系统的费用,确保较低的交易费用,并支持进一步的增长和使用。分配储备金利息的规则将事先确定,并由 Libra 协会监督。Libra 的使用者不会从储备金中获得回报。”

这里关键的变化是,修改后的白皮书删除了“从储备资产中获得的利息将不会用于向投资者支付股息”的内容。这与首次提出的计划有很大的出入。在 Libra 网站上,已经看不到任何明显提及关于股息的内容,也没有提及要提供给早期投资者的 Libra 投资代币。

克里斯·布鲁默教授想象了几种理论来解释这种特殊的变化。一种理论认为,这是试图使 Libra 代币被视为证券的风险最小化。美国最高法院通过的 Howey test 表明哪些金融产品可能是证券。该检验表明,如果购买金融产品不是出于利润目的,那么该金融产品就不是证券。在此,通过删除对股息的引用,交易中任何参与者的任何明确的利润动机都将被删除。

这一理论有其局限性。最明显的是,Libra 的投资代币是打算作为证券使用的。由于投资代币可能不再是交易的一部分,因此,删除股息有关的内容几乎不会带来影响。

同时,删除股息相关的内容对 Libra 代币的法律地位影响不大。因为 Libra 代币是稳定币,而不是旨在增加价值,所以 Facebook 一直声称 Libra 代币从来都不是证券。如果这一论点是正确的,那么股息政策的改变将几乎没有影响。

因此,克里斯・布鲁默教授认为,更好的理论是取消股息政策消除了原始白皮书中的一个更大的问题:持有 Libra 投资代币的协会成员与 Libra 代币持有者之间存在利益冲突。

Libra 代币原本是稳定的价值存储。但是,正如白皮书列出了这一愿景一样,它也引入了存在实际问题的融资计划。Libra 生态系统的主要决策者将获得红利。这些股息将至少部分地由支持 Libra 币的资产所进行的投资而产生的利息支付。

这将促使人们拿储备金的一篮子资产进行投资,以最大化投资者的回报。它还引入了其他问题的可能性,包括 Libra 协会可能开始利用储备金或向储备金提供贷款,为会员赚取利润/股息。这些都将产生风险。

这个核心结构性问题远远超出了什么是证券的法律问题。它涉及信任的存在性问题。如果有动机使储备资产具有风险,则持有人对 Libra 代币的信任会减少,因为它们可能会失去价值。没有信任,Libra 代币的购买者就会减少,也会降低参与 Libra 生态系统的动机。

因此,克里斯・布鲁默教授认为这一次白皮书的修改实际上是一个积极的进展。它消除了对 Libra 持有人构成严重风险的实际结构性问题。

49 英国电信巨头 Vodafone Group 为何退出 Libra 协会?

2020年1月21日,英国电信运营商沃达丰(Vodafone)表示已经退出了Facebook Libra 协会。这是继 PayPal、Mastercard、Visa、Mercado Pago、eBay、Stripe 和 Booking Holdings 之后第八家退出 Libra 协会的公司,也是自 Libra 协会在2019年10月正式成立后首家退出的公司。

沃达丰表示,"我们将继续留意 Libra 协会的发展,不排除将来再次合作的可能性。"与之前 PayPal、Mastercard、Visa、Mercado Pago、eBay、Stripe 和 Booking Holdings 由于监管问题的退出原因不同,沃达丰此次退出的原因是想把此前用于 Libra 的资源专用于其数字支付服务 M-Pesa,该公司计划将该服务从目前的六个非洲国家扩展到更多地区。"我们从一开始就已经说明,沃达丰的主要目标是为金融普惠做出真正贡献,并且我们全心全意向此目标努力。"但是,也有人士指出,Libra 项目的进展频频面临来自政府与监管机构的质疑,这也可能是致使沃达丰做出这一决定的潜在影响因素之一。

对此,Libra 协会政策和沟通主管 Dante Disparte 在一份声明中说,"尽管 Libra 协会成员的组成可能会随着时间的推移而改变,但 Libra 的治理和技术确保了 Libra 支付系统将拥有很强的弹性。Libra 协会正在继续努力,以望部署一个安全、透明和对消费者友好的 Libra 支付系统。"

M-Pesa 由沃达丰旗下在非洲运营的运营商 Safaricom 于2007年推出,是非洲领先的移动支付服务,主要面向当地没有银行账户的人群提供金融服务。M-Pesa 的基础业务包括存取款、转账、话费充值、支付水电费/电视费、少额存贷(M-Pawa)等。目前,M-Pesa 在刚果民主共和国、埃及、加纳、肯尼亚、莱索托、莫桑比克和坦桑尼亚 7 个国家和地区拥有超过 3700 万活跃客户和近 40 万活跃代理商。

50 电子商务平台 Shopify 为什么宣布加入 Libra 协会?

在 eBay、Visa、Stripe、MasterCard 等合作伙伴相继离开 Facebook 的 Libra 协会后,2 月 22 日,加拿大电子商务公司 Shopify 宣布将加入 Libra 协会。

Shopify 是目前流行的网络购物平台之一,中小型零售商可以在其平台上构建自己的在线店铺。如果 Libra 能够设法缓解目前来自国际监管机构的担忧,成功建立支付网络,那么 Shopify 能获得处理交易的新方式。利用 Libra 能够以近乎零费用流通的属性, Shopify 和在其平台上经营的约 100 万家店铺的成本将大幅降低。

除了帮助商家降低成本之外,Shopify 表示,愿为发展中国家带来商机。在没有传统银行账户的情况下,运营电子商铺将会十分困难,甚至是不可能实现的,而对于某些发展中国家而言,获得传统的银行账户又尤为困难。Libra 可以允许商家使用 Libra 钱包,无须支付高额的信用卡费用就可以立即收付款,并且理论上,可以在当地以 Libra 兑现当地法定货币。Shopify 表示,"世界上许多金融基础设施建设并未满足互联网商务的规模和需求。"

Shopify 在声明中进一步指出,"我们的使命是使商业能够更好地服务于每一个人,为此,我们花费了大量时间思考如何让世界上某些地区的商业更加完善,因为那里的货币和银行业务可以得以改进……作为 Libra 协会的成员,我们将共同努力构建一个支付网络,使金融业务更容易获得,并为各地的商家和消费者提供支持……我们的使命始终是支持我们平台上的超过 100 万商家的创业之旅。这意味着提倡透明的收费和易于获得的融资渠道,并确保我们商家的客户数据的安全性和隐私性。我们希望创建一个基础架构,让全球更多企业家得到力量”。

随着多家协会成员离开 Libra 协会，Libra 面临着是否能够找到合适的合作伙伴来推广其加密货币的问题。Shopify CEO Tobi Lutke 在推特上说，“Shopify 花了很多时间思考如何在世界上可以改善货币和银行业务的地区改善贸易。因此，我们决定加入 Libra 协会”。

Libra 协会政策与传播负责人 Dante Disparte 对新成员的加入回应道，“我们很荣幸地欢迎 Shopify 加入 Libra 协会。作为在大约 175 个国家/地区拥有超过 100 万家企业的跨国商务平台，Shopify 为 Libra 项目带来了丰富的知识和专业背景。Shopify 加入了一个活跃的 Libra 协会成员小组，致力于实现安全、透明和对消费者友好的全球支付系统，以打破数十亿人的金融障碍”。

51 Libra 协会新成员 Tagomi 是做什么的？

据 TechCrunch 报道，在 Shopify 加入 Libra 协会几天后，加密货币初创服务商 Tagomi 将加入 Libra 协会成为其会员，并计划下周正式对外公布。

“我们很高兴欢迎 Tagomi 加入 Libra 协会。Tagomi 加入了越来越多的 Libra 协会成员，致力于实现安全，透明和对消费者友好的全球支付系统的实施，从而打破了数十亿人的财务障碍。”Libra 政策与沟通负责人 Dante Disparte 说。

Tagomi 由格雷格 · 图萨（Greg Tusar）、珍妮弗 · 坎贝尔（Jennifer Campbell）、凯文 · 约翰逊（Kevin Johnson）、马克 · 巴尔加瓦（Marc Bhargava）共同于 2018 年创立。Campbell 曾就职于联合广场风投（Union Square Ventures）的投资团队，该投资机构同样也是 Libra 协会的会员。

Tagomi 是用于大规模交易加密资产的机构级聚合平台。Tagomi 在多个流动性场所执行交易，包括交易所和场外交易柜台，以便为客户实现更好的价格执行。

Tagomi 可以帮助那些寻求价格更好的加密货币交易执行，并且具有很高的合规能力。Tagomi 帮助那些规模较高的机构投资者来处理运营风险、披露风险、激励错配以及技术不足问题。通过将多个交易所、银行、托管服务提供商、会计工具和平台集成在一起，构建高可用性的组合交易解决方案。

目前，Tagomi 支持至少 27 种加密货币的兑换交易。

Tagomi 提供了一个平台解决方案，可帮助大型交易者和资金进入加密货币市场。Tagomi 目前共有 5 个办事处，25 名员工。该公司目前已通过两轮融资成功筹资 2800 万美元。首轮融资共 1600 万美元，由该轮主要投资机构——知名投资人彼得·蒂尔的 Founders Fund 于 2018 年 5 月首次宣布，此后陆续披露的信息显示，该轮融资的其他参投方还包括 Collaborative Fund、SV Angel、Joe Lonsdale、Brainchild、Digital Currency Group、ZhenFund、Box Group、Elad Gil、Charlie Noyes 等；第二轮融资共 1200 万美元，于去年 3 月正式宣布，由 Paradigm 领投，Pantera Capital、Four Arrows 和 Multicoin Capital 等参投。

Campbell 说，公司的法律专业人士使得该公司成为纽约首家获得许可的虚拟货币代理经纪人，这可能对 Libra 协会特别有帮助。当被问及该公司如何使 Libra 获得批准时，坎贝尔告诉我："与每个监管机构合作只是一种磨难……我认为，这需要花一些时间来帮助大家了解任务是什么，我们的战略和技术是什么样子以及我们将为 KYC（了解您的客户）和 AML（反洗钱）采取哪些保障措施。"

Campbell 相信 Libra 最终会获得批准："我们对最终的解决方案充满信心，这给监管部门带来了信心，使我们能够在以非常安全和受监管的方式建立此支付系统。"

52 Libra 协会新成员 Checkout. com 是什么公司？

2020 年 4 月 28 日，英国支付行业初创公司 Checkout. com 宣布加入 Libra 协会。这是 Libra 协会的第 24 位会员，也是自去年 10 月支付业巨头 Visa、MasterCard 和 Stripe 退出 Libra 协会以来第一家加入 Libra 协会的支付平台。

Checkout. com 成立于 2012 年，总部位于英国伦敦，专注于提供跨境支付解决方案，其国际支付业务客户包括三星、Easygroup、Getty Images、Deliveroo、Transferwise、Adidas 和 Pizza Hut 等。2019 年，Checkout. com 获得来自 Insight Partners、DST Global、新加坡主权财富基金 GIC、Blossom Capital 和 Endeavor Catalyst 等投资者的融资，筹集资金约 2.3 亿美元。

Checkout. com 创始人兼首席执行官 Guillaume Pousaz 在 4 月 28 日发布的声明中指出了 Checkout. com 的目标与理念，“自 Checkout. com 成立以来，我们一直致力于改善企业与金融服务互动的方式。我们所做的一切都是通过帮助优化商家的支付功能和提高运营效率来改善商家的业务。这使他们能够在更多地区为更多客户提供服务，从而从交易中获得最大价值。”

Pousaz 同时指出，“Libra 项目有望增加对数十亿无银行账户的金融包容性，使他们能够参与数字经济，并缩小差距。对于我和 Checkout. com 团队而言，很明显，我们希望成为这项工作的一部分，并可以通过引入我们无与伦比的支付领域的工程专业知识来为这一努力作出贡献。在 Libra 协会中，我们发现了一群分享这一理念的同行，他们展示了一种深思熟虑的、并且现实的方法来利用区块链来实现更大的利益”。

Pousaz 表示，他们一直对区块链及其可能为全球交易处理带来的潜在利益着迷。但与此同时，“监管应是任何最终框架的组成部分，因为其具有保护生态系统免受系统性滥用的独特能力"。他指出，仅靠技术进步将无法提供推动安全和稳定的支付基础设施的大规模使用，从而阻碍其发展。

Libra 协会政策与传播主管 Dante Disparte 对 Checkout. com 加入 Libra 协会表示欢迎。"该组织（Checkout. com）加入了充满活力且不断壮大的 Libra 协会成员组织，致力于实现安全、透明和对消费者友好的全球支付系统实施方案，以打破数十亿人的金融障碍。"

53 Libra 协会新成员 Heifer International 是什么机构？

4 月 20 日，也就是 Libra 白皮书更新后不久，Libra 协会宣布 Heifer International 加入，成为协会的第 23 位成员。Heifer International 是一家全球非营利组织，致力于通过可持续的、基于价值的社区发展来消除贫困和饥饿。Heifer International 成立于 1944 年，是一个致力于消除饥饿和贫穷、保护地球的可持续发展组织。该组织通过对贫困地区的人民进行畜牧业或农业的种子投资，并指导、帮助其建立业务，最终获得进入供应链和市场的机会。

该组织在博客上说明了加入 Libra 协会的原因，即通过 Libra 项目为贫困地区的人民提供可获得的低息贷款。贫困农业人口的贷款问题一直是该项目面临的重大挑战之一。据联合国粮农组织估计，只有不到 10% 的小规模农户能够获得信贷。在全球范围内，约有 17 亿成年人仍然没有银行存款，既没有金融机构的账户，也没有电子货币提供商的账户。他们面临的最大障碍之一是账户本身的成本和随之而来的交易费用。因此，许多人依赖于当地的放贷机构，导致贷款成本高昂。

Heifer International 在最后写道："我们相信 Libra 项目有潜力提供一个成本更低、更容易访问和更紧密联系的全球金融体系。使目前无法进入金融系统的人能够连接到一个更可靠、更具成本效益的平台。"

目前该组织一共运营三个项目：东非每日发展计划，覆盖肯尼亚、卢旺达、坦桑尼亚和乌干达地区，旨在通过帮助 23 万多奶农扩大业务规模；孵化希望计划，覆盖印度、肯尼亚和墨西哥地区，旨在为农民提供开办和发展家禽业所需的工具和专业知识，扩大规模和连接市场；东非青年包容计划，旨在帮助乌干达和坦桑尼亚的青年进行金融和技术方面的培训以进入企业和市场。

Heifer International 也是 Libra 协会的第五个非营利组织，此外还包括 Mercy Corps，Women's World Banking，Creative Destruction Lab 和 Kiva。除 Creative Destruction Lab 是面向早期科技公司外，其他组织都致力于提高贫困群体的金融包容性。

截至 2020 年 5 月 7 日，Libra 协会成员一共 24 家：

支付业：PayU（Naspers' fintech arm），Checkout. com

技术和交易平台：Facebook/Calibra，Farfetch，Lyft，SpotifyAB，Uber Technologies，Inc.，Shopify

电信业：Iliad

区块链业：Anchorage，Bison Trails，Coinbase，Inc.，Xapo Holdings Limited，Tagomi

风险投资业：Andreessen Horowitz，Breakthrough Initiatives，Ribbit Capital，Thrive Capital，Union Square Ventures

非营利组织、多边组织和学术机构：Creative Destruction Lab，Kiva，Mercy Corps，Women's WorldBanking，Heifer International

54 Libra 新发布的白皮书“2.0”主要作出了哪些修改？

2020 年 4 月 16 日，Libra 发布了白皮书 2.0 版，这是 Libra 自 2019 年 6 月 18 日发布白皮书之后的一次重大更新。此次新发布的白皮书中，主要围绕四

项内容作出关键更改:

1. 除了多币种稳定币外,还将提供单币种稳定币

Libra 新发布的白皮书中表示,尽管 Libra 协会一直希望 Libra 网络能够成为法币的补充,而非与法币相竞争,但是多国考虑的一个关键问题在于,当 Libra 网络规模庞大,并且大量境内支付交易都使用 Libra 完成时,多币种 Libra 稳定币(≈LBR)(multi – currency Libra Coin)可能会干扰货币主权和货币政策。因此,Libra 项目加入了单币种稳定币(single – currency stablecoin)来扩展 Libra 网络,这一扩展将从 LBR 的货币篮子中的某些货币开始,例如,单一美元锚定 Libra:LibraUSD(≈USD)、单一欧元锚定 Libra:LibraEUR(≈EUR)、单一英镑锚定 Libra:LibraGBP(≈GBP)、单一新加坡元锚定的 Libra:LibraSGD(≈SGD)等。对于那些在 Libra 网络上持有单币种稳定币的地区中的个人和企业而言,他们能直接使用本国货币访问相应的、与该国法币锚定的 Libra 稳定币。每个单币种稳定币将得到储备金的完全支持。储备金包括现金或现金等价物、以及以该货币计价的非常短期的政府证券。

白皮书中还表示,希望与世界各地的监管机构、中央银行和金融机构合作,扩展 Libra 网络上可用的单币种稳定币的数量。Libra 稳定币(≈LBR)将成为 Libra 网络中可用的一些单币种稳定币的数字复合物(digital composite),并将以固定的名义权重来定义,类似于国际货币基金组织(IMF)的特别提款权(SDR)。对于在网络上还没有发行单一货币稳定币的国家/地区,Libra(≈LBR)可以用作有效的跨境结算币,同时也是一种中性的、低波动性的货币选择。这种方法的额外好处是允许 Libra 网络支持范围更广的国内用例,并提供一条清晰的路径,以便在所需时无缝集成中央银行数字货币(CBDC)。

2. 以稳健的合规框架增强 Libra 支付系统的安全性

新发布的白皮书中指出,Libra 目标是开发一个能够确保遵守适用的法律法规的系统,并同时支持开放性和金融包容性目标。这些综合保障措施使个人和企业可以信任 Libra 支付系统的安全性和完整性。Libra 协会已经吸取了监管机构的反馈意见,并继续为金融合规性和全网范围的风险管理、以及反洗钱

(AML)、打击资助恐怖主义(CFT)、制裁合规以及防止非法活动的严格标准制定全面框架。这包括建立金融情报功能(Financial Intelligence Function, FIU),以帮助支持和维护网络参与者的运营标准。

Libra 网络将参与者分为四类:

(1)指定经销商;

(2)在金融行动特别工作组(FATF)成员司法管辖区中注册或许可的虚拟资产服务提供商(Virtual Asset Service Provider,VASP,包括交易所和托管钱包),或在 FATF 成员司法管辖区中注册或许可并被允许根据此类许可或注册执行 VASP 活动的 VASP(受管制的 VASP);

(3)已完成由 Libra 协会批准的认证程序的 VASP(认证的 VASP);

(4)寻求通过 Libra 网络进行交易或提供服务的所有其他个人和实体(无托管钱包)。无托管钱包可以实现金融普惠、提供广泛的竞争性和负责任的创新性。由于其活动可能会带来更大的风险,因此将受到余额和交易限额的限制。

最初,只有指定经销商和受管制的 VASP 才能访问该网络,而 Libra 协会则根据从监管机构收到的反馈意见,继续推出其他 VASP 的认证流程以及针对无托管钱包的合规框架。Libra 协会打算在相关合规框架最终确定之后,允许经认证的 VASP 和无托管钱包访问该网络。

3. 保持主要经济属性的同时,放弃将来向无许可系统的过渡计划

新发布的白皮书中表示,鉴于监管机构对 Libra 网络的控制范围提出的问题,尤其是需要防止未知参与者控制系统并删除关键的合规性规定方面的问题,可以通过开放、透明和竞争激烈的网络服务市场和治理来复制无许可系统中的关键经济属性,同时兼顾对许可系统固有的对成员和验证者的尽职调查职责。

4. 在 Libra 储备的设计中搭建更强的保护措施

新发布的白皮书强调,Libra 已与监管机构就如何应对极端情况进行了有建设意义的讨论,尤其是储备金将如何在压力较大的场景下发挥作用,以及为 Libra 持有者提供了哪些权利和保护措施。白皮书指出,Libra 项目已在储备金

的设计和结构中纳入了基于其他系统方法的策略。储备金将持有非常短期、低信用风险和高流动性的资产,并将维持资本缓冲。

在新发布的白皮书中,Libra 表示,希望其他人能够利用 Libra 的努力来构建服务于所有人的创新、安全、合规的金融应用,并指出他们已经基于来自多国监管者的意见,将可行的改进措施整合到 Libra 支付系统的设计中,并将分阶段推出。当天,Libra 的共同创建者和董事会成员 David Marcus 也在推特上发表一系列推文,阐述了以上新白皮书中的重点内容,并再次重申 Libra 的目标:“我们将继续共同努力,使得人们和企业能够在全球范围内像发送短信一样轻松便捷地以较低成本发送和接收资金。”

55 Libra 白皮书“2.0”修改了哪些细节?

相较于 1.0 版,项目推出了单币种稳定币,在储备机制、合规设计和治理结构上都做了修改。目前市场焦点多关注于项目整体的调整,但我们认为,关注白皮书的细节修改能让我们审视 Libra 项目在内外部影响下的每一项变化。为回应监管和立法者的质疑,Libra2.0 白皮书删除了不少内容,替换了原有的一些概念,并拓展了更多的细节。具体对比见本书附录。

56 Facebook 收购印度电信巨头 Reliance Jio 能为 Libra 带来什么新契机?

2020 年 4 月 22 日, Facebook 宣布投资 57 亿美元收购印度移动运营商

Reliance Jio 9.9% 的股份。Reliance Jio 是印度最大的公司 Reliance Industries 的全资子公司，在印度拥有约 3.88 亿用户，是印度最大的电信运营商。Reliance Jio 表示，此次合作的目标旨在帮助小型企业实现数字化。这是 Facebook 在 2014 年收购 WhatsApp 后最大的一笔单笔投资，也是印度的 IT 业中规模最大的一笔国外直接投资。借助于此次机会，Reliance Jio 和 Facebook 都可以在印度互联网领域打开新局面。

➢ WhatsApp Pay 将在印度推出

印度已经是 Facebook 和 Facebook 所拥有的 WhatsApp 的最大市场。Facebook 在印度拥有超过 2.6 亿用户，而 WhatsApp 拥有超过 4 亿的月度活跃用户。扎克伯格在一份声明中表示，"中小企业是经济体的核心，需要我们的支持。印度拥有超过 6000 万家小型企业，数以百万人民的工作依靠于它们。该国正处于重大的数字化转型中，Jio 在提供印度人民和小型企业网络方面发挥了重要作用。我们正在与 Jio 合作，以帮助印度的人们和企业创造新的机会。"

除了与电信运营商 Reliance Jio 的交易案之外，Jio Platforms、Reliance Retail 和 WhatsApp 已达成商业合作协议，Reliance Retail 能够使用 WhatsApp 将更多的客户吸引到其零售平台 JioMart。

WhatsApp Pay 也即将在印度推出，它是与 Calibra 钱包无关的解决方案，利用了印度统一支付接口（Unified Payment Interface, UPI）的银行对银行即时付款系统实现。2018 年，WhatsApp Pay 在印度进行了 100 万用户 Beta 测试，虽然之后其被印度国家支付公司（National Payments Corporation of India, NPCI）禁止，但这一情况在今年 2 月发生了转变。

➢ Libra 的潜在发展机会

Facebook 对 Jio 的投资除了可以为在印度的 WhatsApp 支付服务提供跳板，还可以为 Libra 的发展提供若干潜在好处。区块链银行项目 Bank of Hodlers 首席执行官 Darshan Bathija 表示，建立 Libra 和 UPI 之间的互操作性是

Facebook 将服务引入印度的一种方式，并且从长远来看，Jio 带来的庞大用户群体，再加上 WhatsApp 在印度的现有渗透，将有可能使 Libra 成为印度支付行业的赢家。

1. 目标一致

Libra 的目标之一是提供金融普惠，并使用稳定币和低成本的支付手段来帮助小型企业发展。这与 Jio 帮助小型企业实现数字化的目标相一致。

2. 跨境业务拓展

根据世界银行的数据，印度是世界上最大的入境汇款市场，占 831 亿美元，这一数字是 2019 年全球汇款的 12%。Libra 的无摩擦支付的目标将有助于进一步推动印度庞大的跨境支付业务。

3. 广泛的接受度

上个月，市场研究公司 Ipsos MORI 与国际货币金融机构官方论坛（Official Monetary and Financial Institutions Forum，OMFIF）的一项调查发现，印度表示出对大多数数字货币的强烈偏好，无论其是由中央银行发行的 CBDC 还是由大型科技公司发行的私有数字货币。

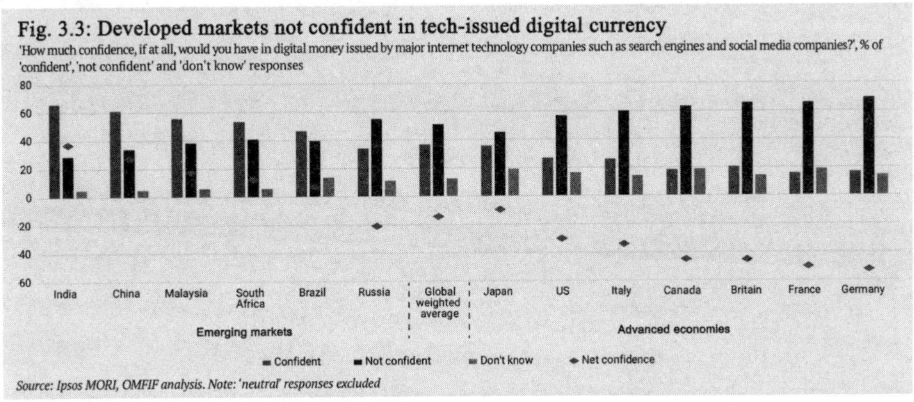

图 7　成熟市场对数字货币不感兴趣

印度加密货币群体对此交易案持乐观态度。印度媒体指出，随着越来越多印度用户开始尝试数字资产，Reliance Jio 和 Facebook 之间的伙伴关系将对加密货币产生溢出效应，带动各方面的经济发展。印度加密货币交易所 WazirX

创始人兼首席执行官 Nischal Shetty 在推特上写道,“有明显迹象表明,加密货币正在印度成为一项流行技术。Facebook 向 Jio 投资 57 亿美元,对印度加密生态系统来说是个好消息。Facebook 有 Libra 项目,Jio 一直在研究区块链加密货币技术,Libra 可能在印度成为现实”。

第四章　监管与行业发声

监管声音

57 Libra 协会及相关从业者如何回应稳定币属于证券的立法建议？

2019 年 11 月 21 日，国会议员西尔维亚·加西亚（D-TX）和国会议员兰斯·古登（R-TX）共同发起了一项新立法提案，名为《受控制的稳定币是证券 2019 年法案》（Managed Stablecoins are Securities Act of 2019）。若该新法案通过，Libra 等受控制的稳定币将被归类为证券。

对此，区块链媒体 Cointelegraph 致信 Libra 协会和相关从业人员，询问他们关于该法案的意见。

Libra 协会政策和沟通负责人 Dante Disparte 在邮件里回复到："我们坚持认为，负责任的金融服务创新和监管监督没有竞争。Libra 支付系统是从头开始设计的，可以作为一种支付基础架构，可以让当今处于网络边缘的数十亿人受益。Libra 只是一个具有低摩擦和高信任度特性的即时支付系统。"

如果获得通过，该法案有可能成为 Libra 项目在美国发展的另一个监管障碍。在给 Cointelegraph 的电子邮件中，加密和区块链法律专家 Max Ambrose 表示，这将要求 Libra 遵守 SEC 的实质性监管要求，而这正是 Libra 希望避免的。这些监管要求把 Libra 牵扯到许多与投资有关的问题上，要求 Libra 在 SEC 和立法者可以解决的特定范围内运作，增加了合规成本。加密货币和区块链对冲基金公司 BitBull Capital 的首席执行官 Joe DiPasquale 也回应了类似的观点，将 Libra 归类为证券将限制该项目在美国运营的灵活性。

无独有偶，2019 年 11 月，国际证券委员会组织（IOSCO）宣布某些稳定币可能是证券。IOSCO 董事会主席 Ashley Alder 表示，一些稳定币特征使其可以被作为证券监管。但是，针对IOSCO的公告，Libra协会表示，尽管监管机构和立法者必须考虑消费者保护，但他们采取的行动不应抑制数字资产行业的增长。Libra回应："我们看到，稳定币是一种新兴技术，政策制定者必须仔细考虑制定适应其金融体系的政策。但是，我们认为，重要的是规范行为而不是技术，才能使负责任的创新蓬勃发展。"

58 Libra为何有信心在2020年获得欧洲监管机构的批准？

Libra项目副主席兼政策负责人Dante Disparte于2019年12月5日告诉EURACTIV. com网站，尽管欧盟的多位财政部部长提出担忧，但Libra决心在明年获得欧洲监管机构的批准。

Dante Disparte说："在许多方面，对Libra项目的政治情绪完全没有根据。"

Dante Disparte于2019年12月5日在布鲁塞尔会见欧盟官员，并参加了欧洲议会的活动。Libra自6月推出后，全世界的监管机构和决策者都警告该项目对金融稳定构成了严重威胁，威胁各国的货币主权。在此背景下，欧盟财长们于12月5日达成一致表示，"所有选择都应摆在桌面上，包括采取措施防止某些全球'稳定币'造成无法控制的风险"。

但Dante Disparte确认，Libra协会决心明年获得欧盟监管机构授权。他说："我们的计划仍然存在，将重点放在2020年。"但Dante Disparte表示，虽然不能保证Libra在全球所有地区都能推行，但欧洲无疑是目标地区。"从一开始，我们就一直说该项目将寻求监管，包括有关运营、合规和治理的监管规则。"他认为这种参与"非常积极"。Libra协会把总部设定在瑞士，并向欧洲传达的信息是很明确的："不要将任何规模的金融科技创新剥离欧洲市场，因为从长远来看，剥离金融科技创新将不利于地区的经济竞争力"。Libra协会要求监管机构在欧洲捍卫“相同风险、相同规则”的原则。Dante Disparte 对此争辩说:“如果我们正在建立 21 世纪的支付网络,则应与其他支付网络以相同的方式进行监管。”

最近,欧盟委员会发送了两组调查表,以了解有关该项目的更多细节。同时,大约有 1/4 的初始成员退出该项目,其中包括 PayPal、Visa 和 Mastercard。一些公司解释说,发起人未能澄清关键信息,包括如何处理数据。“恐惧是可以理解的。”Dante Disparte 对此回应。他认为,Libra 的处理方式不应当区别对待,因为覆盖数百万用户的支付网络同样没有威胁市场稳定。“我无法改变人们可能不喜欢 Libra 的事实,”对于批评项目的声音,Dante Disparte 表示,“我们收到的那些问题,你可以问任何一家初创公司,看他们的回答是否能让人满意。”他补充到:“就我们的立场以及我们是否成功而言,我会说,请以 1 年后的成果来判断。”

Dante Disparte 表示在接下来的 6 ~ 9 个月中,该项目将在 3 个方面推动进展:治理、技术和监管批准。该组织目前有 21 名成员,但他们希望签署总计 100 家公司。每个协会成员都将拥有完全相同的权力。“ Facebook 与非营利组织或该项目的任何其他成员处于同一地位”。涉及项目内容的重要变更,例如一篮子货币有关的变化、修改组织的代码或改进技术,应由理事会决定,需要有 2/3 的成员通过表决决定。由 5 名成员组成的执行委员会将负责日常业务和运营活动,协调各协会成员。

Dante Disparte 说,世界在普惠金融方面做得还不够,因为“我们正在使用 50 年前设计的工具来为 21 世纪的人们服务”。目前,大约有 17 亿人没有银行账户,有 13 亿人没有得到金融机构的服务,但其中有 10 亿人拥有可上网的手机。“如果考虑到这个市场规模,Libra 代表着市场拓展的机会,吸引更多的人使用基本服务,而手机将成为支付的终端。”其中明显能改变的是汇款业务,每年的交易额能达到 7000 亿美元,而平均费用约为 7% 。Dante Disparte 说:“我们认为 Libra 的收费可以大大低于 3% 的目标”,这与联合国的发展目标一致。

59 Libra推出后，中国人民银行官员是如何回应的？

Libra推出后受到了各方关注，在国内引发了广泛讨论，大家一直在等待来自中国人民银行的声音。2019年7月8日，中国人民银行研究局局长王信在“数字金融开放研究计划启动仪式暨首届学术研讨会”上对Libra发表看法；[1]2019年7月9日中国人民银行前行长、中国金融学会会长周小川在“中国外汇管理改革与发展”研讨会上探讨Libra可能带来的影响，以及人民币需要做出的应对；[2]2019年7月9日，中国人民银行支付司副司长穆长春于彭博发表英文评论文章谈到Libra可能带来的影响。[3] 我们从Libra可能带来的影响、Libra对加密货币的优化以及中国应对Libra的策略等3个方面总结了相关信息。

1. Libra可能带来的影响

周小川表示，Libra提出了一个想法，对传统跨境业务、支付系统都产生了冲击。Libra要锚定一篮子货币，这就跟eSDR、dSDR联系在一起。未来有可能出现一个更加国际化的强势货币，有可能与目前主要的主权货币产生兑换关系，甚至成为全球主要流通货币。虽然未来Libra成功与否还不知道，还有可能被更好的想法或更严格、更稳定、效率更高的电子货币取代，但我们相信，从最近几年趋势来看，有不少机构正试图建立这种更全球化的货币，届时就会出

〔1〕 参见《央行王信：国务院已批准央行数字货币的研发（全文）》，载https://finance.sina.com.cn/blockchain/roll/2019-07-09/doc-ihytcitm0707824.shtml。

〔2〕 参见《周小川：Libra对外汇研究提出新的挑战和新的议题》，载https://www.yicai.com/news/100255120.html。

〔3〕 参见《PBOC Says Facebook's Libra Must Be Under Central Bank Oversight》，载https://www.bloomberg.com/news/articles/2019-07-08/pboc-says-facebook-s-libra-must-be-under-central-bank-oversight。

现强币侵蚀弱币的问题。这对我们的人民币和外汇管理都是一个挑战。

同时,货币强弱还直接关系到资本流动的问题。目前的强势货币是美元,所以强币侵蚀弱币的意思是美元侵蚀其他货币。未来零售购物、资产交易都可以直接用美元,也会导致资本流动。资本流动不仅取决于投资机会、利差,还会因为寻找安全感而出现资本由弱货国流向强币国的情况,特别是在危机和市场波动的时候。过去很多年,全球出现的美元化进程,就是美元对弱势货币国的侵蚀。

从弱币国来看,因为国家的宏观调控搞得不好,导致通货膨胀太高,就容易出现美元化。最典型的例子就是津巴布韦,津巴布韦废除了本币,最后全部采用美元和其他货币。从计划经济向市场经济转轨过程中很多国家也存在非常显著的美元化现象。我们与中黑巴(中亚、黑海、巴尔干地区)交流,包括俄罗斯、土耳其、以色列等国,美元化是一个重要议题。把美元资产、美元存款、美元交易这几个指标在本国占的比重综合起来看,中东欧很多国家美元化比较厉害,特别是巴尔干地区和中亚。有些中亚国家看起来挺好,实际上美元化程度达到了40% ~50%。资本外流和汇率不稳定历来是弱币国家头疼的事。

王信表示,如果虚拟货币对传统货币的替代程度越来越大,而中央银行又主要使用传统货币,那央行货币政策的有效性肯定会降低。如果虚拟货币能依靠自身取得市场信任,将会导致越来越多地被用作价值存储,甚至用于信贷,那虚拟货币就可能具备货币的功能,对货币政策的影响就会更大。这是一个很有争议的问题。

货币的背后是利益、权力、政治、国际政治、外交。所以,如果一种支付工具在一定程度上还发挥着货币职能,那它必然会冲击法定货币,从而对国际货币调控、金融调控,乃至各方面都会带来直接影响。随着科技的发展,过去地域和行业的限制,在数字时代可能都不存在。从网络的外部性来看,支付的工具或货币种类也是越少越好,这样才方便,这是市场本身的内在需求。

但我们现在还是处在一个主权国家的大格局下,而且现在到未来的一段时间,大家都会看到全球化出现某种停滞,甚至一些方面出现某种逆转,人们采取内部、封闭政策等。是不是在货币这个涉及权力、国家主权的最重要的金融领域，它就可以敞开胸怀迎接所谓的国际货币或超主权货币？这需要打一个很大的问号。可能技术、市场还有国家主权的某种冲突会在未来相当长的时间内一直存在。

穆长春总结了 Libra 对货币乘数、汇率、第三方做市风险和金融机构产生的可能影响。

在货币乘数方面，如果 Libra 广泛应用，就会有交易采用 Libra 定价，相关赊销、贸易融资、消费信贷也会使用 Libra。一旦 Libra 有了信贷，就必然出现派生存款和货币乘数，只用 M0 作等值储备就无法满足 100% 的货币兑换保证和币值稳定。

在汇率方面，Libra 和一篮子货币挂钩，就需要 IMF 或者类似的国际组织来控制 Libra 的发行量以及建立不同货币之间的汇率关系，否则会出现汇率套利行为。如果 Libra 比某个经济体的本币更稳定就会引发本币 Libra 化，从而导致本币贬值，经济体经济环境恶化，引发汇率风险。

在第三方做市风险方面，Libra 的主要运营机构在美国，存在监管套利的可能性，同样，Libra 投票权的归属在确定之前，协会治理是否公平公正是存疑的。非授权的银行经销商存在套利可能，在流动性吃紧的情况下，做市商可能不会承担平滑市场流动性的责任。

对于金融机构而言，Libra 的储备计划可能需要把资产交给央行或者有牌照的机构托管，前者一般是无息或者低息，因此很可能是交给金融机构托管，但采取主动策略进行资产管理的方式要实现盈利并不容易，因此可能导致币值不稳定。同时，Libra 对于 AML 和 KYC 方面还没有具体的说明，将责任甩给了用户和机构。

2. Libra 相对于加密货币的优化

周小川表示 Libra 在加密货币基础上做了两方面的改进。一方面是类似中国人民银行在 3 年前就提到的，搞加密货币应参考香港经验，具体发钞模式既可以由中央银行发钞，又可以由商业机构发钞。香港的发钞行过去是汇丰和渣打两家，香港回归前增加了中银香港。三家发钞行明确每发行 7.8 港元必须有 1 美元的备付准备，相当于 100% 备付准备金。Libra 项目也强调 100% 备付准备。但 Libra 没有说清楚备付金怎么计算以及由谁来托管的问题。

另一方面是 Libra 瞄准了跨境业务。从发达国家来看,由于他们的支付总体已经比较便利,所以新科技降低成本的优势对发达国家的作用没有发展中国家大。对有 Swift 系统的发达国家而言,现有的支付方式效率差异不大,小经济体、发展中国家有大量的移民、半移民式劳工,产生大量的汇款,但跨境交易特别是汇款效率不高。Libra 就是抓住了其跨境交易成本比较高、时间拖得比较长、效率差、用户不满意的痛点。我们研究发现,现有的电子化水平不至于使汇款效率那么低,这主要还是政策原因导致的。发达国家担忧资金汇出,包括资金用途和移民问题,而发展中国家对汇款是欢迎的,但内部也有外汇管制问题、汇率风险问题和"三反"(反洗钱、反恐怖融资、反逃税)问题。

3. 中国如何应对 Libra?

周小川表示,在科技发展全球化的趋势下,并不是说 Libra 或未来的货币一定会侵蚀人民币,也不是说现在还没有侵蚀那么以后也不会侵蚀,所以我们需要提前做好准备,使人民币成为一种强势货币。从本外币一体化角度,使人民币在未来国际化、全球化竞争中处于有利的地位,为我国经济发展和"一带一路"服务,同时保持经济稳定、防止经济危机。

经济金融危机不可避免,提前开展前瞻性研究,有利于我们提早准备,当经济危机发生时,软肋少一些,问题少发生一些,这样就能在经济全球的竞争格局中取得优势。

王信提出了 5 点:第一,发行数字化货币,例如加快央行数字货币的推出,各国支持发行属于本国的类 Libra 项目,这些都是值得考虑的事情;第二,探索数字金融如何更好地支持实体经济发展,在普惠金融数字化方面,在拥有较好基础的情况下,怎样强化优势、应对外部各种挑战;第三,从监管部门来看,怎样完善金融科技监管制度框架,发展监管科技,里面也有大量现实问题需要研究;第四,加强数字金融基础设施的建设,涉及大量技术问题,比如隐私保护、金融安全等一系列问题;第五,加强数字金融领域的国际协调和合作,这一点非常重要。

穆长春表示,Libra 从货币政策的执行和宏观审慎管理的角度都离不开中央银行的支持和监管,必须纳入央行的监管框架。如果人民币不可兑换 Libra,可能跟其他弱势货币一样受到 Libra 的侵蚀。唯一有效的应对就是让人民币实现可兑换。

60 美联储主席如何看待 Libra 与 BitCoin 带来的冲击?

2019 年 7 月 10 日,在众议院金融服务委员会听证会第一天,美联储主席 Jerome Powell 表示:“我认为 Facebook 已经跟全球监管部门等相关人士进行了相当广泛的讨论,包括美联储。”

对于 Libra 可能带来的问题,Jerome Powell 表示:“Facebook 应彻底谨慎地解决反洗钱、数据保护及消费者隐私等问题。Facebook 拥有的数十亿用户规模会对金融稳定及消费者保护产生严重问题。如果 Facebook 不能打消人们对其加密货币 Libra 项目的顾虑,该项目就不能继续进行。Libra 引发人们对其产生一系列担忧,包括隐私、洗钱、消费者保护和金融稳定,这些都应该彻底公开解决。”

此外,Jerome Powell 表示,美联储已成立一个追踪加密货币发展的工作组,并正在与其他国家的中央银行进行合作。2010 年成立的美国金融稳定监督委员会(US Financial Stability Oversight Council)也将在美国财政部的支持下开展工作关注此项目。

2019 年 7 月 11 日,在第二天的美国众议院金融服务委员会听证会上,美国议员们重申了对于 Libra 的担忧,会上参议院银行、住房和城市事务委员会主席 Mike Crapo 向美联储主席 Jerome Powell 进行了提问式交流。

Mike Crapo 问:通过与其他国家的央行以及美国的其他监管机构交流,是否有发现其他如同 Libra 的加密货币正在被开发?

Jerome Powell 答:没有很多,有一些公司正在研究内部稳定币,这些稳定币的使用对象是公司客户,但如果考虑这些公司所拥有的客户规模,我没有发现有潜力进行快速规模化的数字货币。

Mike Crapo 问:美国受益于美元作为世界的储备货币,如果一个加密货币的系统在世界上被广泛使用,是否会减少世界对美元的储备需求?

Jerome Powell 答:这是可能的,但是我们还没有看到这样的货币出现。他以比特币举例表示,比特币更像黄金,但是基本上没什么人用比特币来支付,而是把它当作类似于黄金替代物的投机性物品。当然,这不是说你说的情况不会发生,就像美国的多种货币时代,或者说全国银行业的时代。

将美元作为世界储备货币既带来了收益,也产生了成本。要取代美元作为世界储备货币,发行国必须拥有法治和高度发达的金融体系。

61 美国如何看待 Libra 对货币政策的潜在影响?

目前,美国各方关于 Libra 对货币政策所带来的潜在影响观点有所差异。我们对美国几次重要的表态进行了整理。

时间:2019 年 6 月 19 日

人物:美联储主席 Jerome Powell

内容:Jerome Powell 在美联储决定维持利率不变后的新闻发布会上首先对 Libra 表达肯定态度,表示数字货币正处于起步阶段,不太担心美联储行会因数字货币或加密货币而无法执行货币政策。同时,美联储不会将监管 Facebook 的 Libra 纳入议程,因为美联储不具备此类权力。只有当其涉及消费者保护和洗钱时,才会进入管辖范围。如果 Facebook 决定继续推进项目,美联储将从安全性、稳健性等监管角度出发进行研究,并对 Libra 抱有很高的期望。

时间:2019 年 7 月 2 日

人物:美国众议院金融服务委员会主席 Maxine Waters 及 4 名议员

内容:Maxine Waters 联合 4 名议员呼吁暂停 Libra 项目的开发。其理由是这些产品可能会帮助瑞士成为新的全球性金融中心,并将挑战美国货币政策。这一情况会导致严重的隐私、交易、国家安全和货币政策等问题,不仅 Facebook 的 20 多亿用户会感到担忧,投资者、消费者也对 Libra 和其对全球经济的影响感到担忧。

时间:2019 年 7 月 16 日

人物:美国参议院、Calibra 首席执行官 Marcus

内容:美国参议院就 Libra 项目举办了听证会,Marcus 在听证会上表示,Libra 无意与任何主权货币竞争,一篮子货币中的每种法币都会遵守各国政府的货币政策,未来会与美联储以及其他央行协作管理 Libra。另外,Marcus 表示货币政策是央行所负责的内容。Marcus 这一表态与 Libra 白皮书中内容一致,都表明了 Libra 不会涉及货币政策,但是,根据白皮书内容,Libra 可能推出抵押业务,如果大范围使用,必将对各种法定货币造成一定的替代影响。

时间:2019 年 7 月 17 日

人物:美国众议院、Calibra 首席执行官 Marcus

内容:众议院金融服务委员会主席 Maxine Waters 在第二场听证会上再次要求 Facebook 停止推进 Libra 项目,直到和监管部门达成一致。她还引入《禁止大型科技公司开展金融业务法案》(Keep Big Tech Out Of Finance Act),其内容是禁止大型科技公司提供金融服务或者发行加密货币。Waters 表示:“我对 Facebook 的计划表示严重担忧。”并补充道,“如果 Facebook 的计划取得成功,该公司及其合作伙伴将拥有可能破坏货币和政府稳定的巨大经济实力。”议员 Carolyn Maloney 也要求 Libra 应该在美联储和美国证券交易委员会的监管下先开展一个覆盖 100 万用户的试点项目。

在听证会上,就 Libra 是否会威胁美国的金融支配地位,Marcus 回应,Libra 储备将“主要”由美元支持,将包括 50% 的美元。对于其他货币的储备占比,Facebook 还会和七国集团(G7)等组织对话协商。

62 Libra 对合规要求带来什么挑战?

一是反洗钱和反恐怖融资:Libra 需要遵守各国关于反洗钱和反恐怖融资的要求,这也是各国监管机构最担心的部分。根据 Libra 负责人发送给美国参议院的信件内容,Libra 实际上是将合规要求转移给了在 Libra 区块链上开发钱包功能的第三方服务提供商,如 Calibra 和其他钱包提供商,由他们履行 KYC 和 AML 等法规和标准。监管机构可以要求 Calibra 和其他数字钱包服务提供商收集相关用户的身份和信息,并提供给执法和监管部门。但 Libra 的业务包含跨境转账,将反洗钱责任交给数字钱包服务提供商和当地的监管部门可能还不够,有必要由 Libra 协会或者监管方主导跨国合作。

二是交易数据的隐私保护:Libra 系统会产生大量用户数据和交易数据,Facebook 侵犯用户隐私获取广告收入以及违法使用数据等行为的曝光使得监管部门更有理由担心 Libra 的数据隐私保护问题。

三是对 Libra 背后的法币储备托管机构的要求:Libra 的法币储备问题尚未在白皮书中披露具体细节,监管部门担心的是 Libra 是否会成为影子银行,在拥有大量法币储备的情况下开展类银行业务,缺乏相应的监管措施。

四是资产和数字货币兑换之间的赎回条件:Libra 包含货币和低风险债券,所以其资产池类似于货币基金,但目前市场上的货币基金因为流动性问题,往往价格小于一单位当地法币,或者因为基金规模过大可能造成市场性风险,导致被限制散户的购买规模。如果 Libra 的储备规模大到一定程度,可能被监管加上规模限制或赎回条件的限制,一旦 Libra 的赎回因为合规要求而受到限制,将会影响其潜在的使用。

63 英国信息专员办公室对Libra项目的隐私保护提出了哪些质疑？

2019年8月5日，英国信息专员办公室（Information Commissioner's Office）针对Facebook及Libra项目背后的28家公司发布了《关于Libra协会全球隐私保护的联合声明》，要求上述公司提供有关如何根据数据保护法处理客户个人数据的详细信息。

该声明由英国、澳大利亚、美国、加拿大、布基纳法索和阿尔巴尼亚的信息专员、以及欧盟的欧洲数据保护主管等监管机构人士签署。该声明阐述了他们对Libra项目隐私风险的担忧，要求确保这些公司尽可能仅收集所需的数据，并确保服务透明，以及详细说明如何在Libra协会成员之间共享数据。

该声明表示，在当今数字时代，各组织必须对个人信息的处理负责。良好的隐私治理和隐私设计是创新和数据保护的关键推动因素。虽然Facebook和Calibra已就隐私保护进行了公开声明，但它们未能说明对保护个人信息而采用的信息处理方法。

此外，该声明担心，相较于Libra和Calibra的快速发展，保护个人信息的信息处理措施相关的细节太少。Facebook作为Libra协会的创始成员，有可能会迅速推动全球消费者使用Libra，其中可能包括尚未制定数据保护法的国家。届时，Facebook拥有的庞大个人信息数据与财务信息数据将与加密货币结合，从而放大对于Libra协会的隐私设计和数据共享安排的担忧。

该声明中特别指明，希望Libra协会能够解决以下问题：

1. 全球数据保护和隐私执法机构如何能够确信Libra协会具有强大措施来保护网络用户的个人信息？特别是，Libra协会将如何确保其参与者：

1）提供有关如何使用个人信息的明确细节（包括对个人信息和算法的使

用，以及和其他第三方共享个人信息），以便让用户在适当情况下知情和同意；

2）创建隐私保护默认设置，不使用“助推技术”或“黑暗模式”[助推技术（nudge technique）是指通过积极强化和间接建议的方式影响群体或个人行为决策；黑暗模式（dark pattern）是指网站或 APP 中的用户界面经过精心设计，诱骗用户进行操作]鼓励人们与第三方共享个人数据或削弱其隐私保护；

3）确保隐私控制的设置易于查找且易于使用；

4）仅收集和处理为实现产品或服务目的所需的最少量的个人信息，并确保处理的合法性；

5）确保所有个人数据得到充分保护；

6）为人们提供简单的程序以行使隐私权，包括注销账户，并且及时履行用户要求等。

2. Libra 协会将如何通过设计原则在基础设施的开发过程中考虑隐私性？

3. Libra 协会将如何确保 Libra 协会内的所有数据处理方能够认识到并遵循各自的数据保护义务？

4. Libra 协会计划如何进行数据保护评估，以及如何确保持续进行这项工作？

5. Libra 协会如何确保其数据保护和隐私政策、标准在所有司法管辖区的实施始终如一？

6. 有关 Libra 协会成员共享数据的安排：

1）将涉及哪些数据类别？

2）将在多大程度上进行反识别（de-identified），以及将使用什么方法实现反识别？

3）Libra 协会将如何确保不重新识别数据，包括是否和进行数据共享的人员签署可执行的合同？

英国信息专员 Elizabeth Denham 称，“Libra 项目的愿景有可能改变在线支付领域，并为消费者带来福利。但这种愿景必须与人们对隐私的期望相匹配”，并指出“希望这一声明能够促进双方开展建设性对话，以确保数据保护成为项目设计过程中的关键部分，并且使数据保护相关的监管机构成为 Libra 项目发展过程中的关键咨询小组”。

64 在国际货币基金组织（IMF）提出的货币分类体系中，Libra 属于哪类货币？

IMF 于 2019 年 7 月 15 日发布了其金融科技观察（Fintech Notes）系列报告的第一篇《数字货币的崛起（The Rise of Digital Money）》。金融科技观察系列是由在国际货币基金组织多年的工作人员撰写的，旨在探索数字经济中的紧迫议题，深入了解技术与全球经济的交叉点。

这篇文章分析了科技公司与大型银行、信用卡公司之间的竞争加剧的原因。文章指出新型货币及支付方式的优点和风险，强调了稳定币被广泛使用可能引发的监管问题。文章还强调了与电子货币相关的风险，如可能创造新的垄断、对弱势货币的威胁、消费者保护和金融稳定以及引发非法活动的风险等。

文章给出了一种货币（money）的分类框架，即货币分类树（The Money Tree）。该分类框架强调关注货币的四种不同属性，包括类型（type）、价值（value）、最后担保（backstop）、技术架构（technology）。依次考虑四种属性，按树形结构对货币进行分类。

根据货币本身的类型，可以分为是一种权利（claim），还是一样物品（object）；也可根据货币的价值分类，如对于债权而言，价值属性可以根据其赎回时价格是否可变分为固定价值的债权和可变价值的债权，而对于物品而言，由于没有赎回概念，因此可以分为银行账户单位或其他计量单位；根据担保人的性质分类，可以分为政府背书类、私人发行类；根据技术架构的中心化程度分类，可以分为中心化类和去中心化类。此处，借用文章中的图来说明 IMF 对各类货币的分类情况：

Figure 1.Money Trees

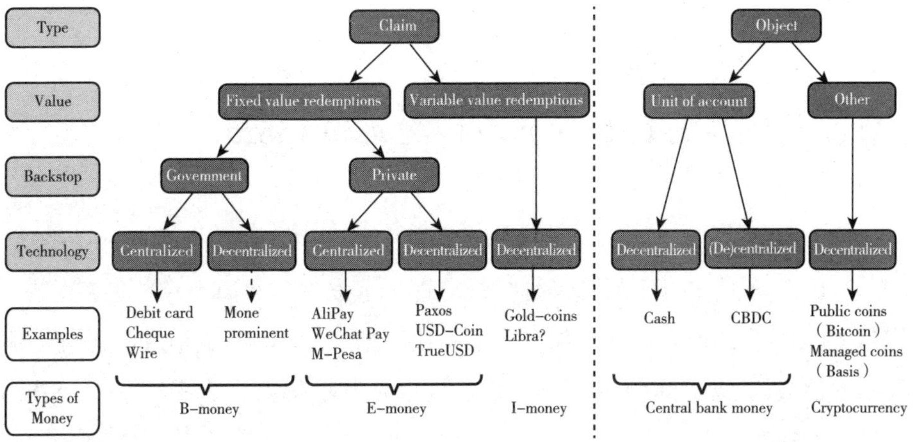

Note:CBDC=central bank digital currency.

图片来源：IMF《The Rise of Digital Money》。

图 8 IMF 的货币之树分类

从图 8 中可以看出，IMF 定义了五种类型的货币，分别是中央银行货币（central bank money）、加密货币（cryptocurrency）、B-money、E-money 和 I-money。中央银行货币本质上属于一样物品（object），以法定账户单位计量，形式包括现金、央行数字货币（CBDC）等；加密货币（cryptocurrency）本质上属于一样物品（object），采用其他计量单位，技术上多为去中心化技术架构，包括管理型加密货币和公开型加密货币，典型例子包括 Bitcoin、Basis 等；B-money 代表价值固定的由政府作为最后担保人的权利类货币，包括贷记卡、支票和电汇等；E-money 代表价值固定的由私人或企业作为最后担保人的权利类货币，既包括中心化方式运营的如支付宝、微信支付和 M-Pesa，也包括去中心化抵押类稳定币如 Paxos、USDCoin、TrueUSD 等；I-money，I 是投资（invest）的首字母，可以译为投资性货币，通常该类货币属于可变价格的权利类货币，其价格随着赎回时的背后资产的实际价格而变化。典型例子是黄金支持的 DSG、Novem 等代币。

Libra 协会致力于打造的新型稳定币 Libra，因其价值锚定背后一篮子资产，也具有可变价格的权利类货币特点，因此被 IMF 归类为 I-money。

65 英国央行行长如何看待美元和 Libra?

2019 年 8 月 23 日,英国央行行长马克·卡尼(Mark Carney)在杰克逊·霍尔(Jackson Hole)央行年会上发表演讲,他就当前国际货币和金融体系下面临的挑战、美元的问题、对 Libra 的态度以及其设想新合成霸权货币(SHC)发表了看法。

➢ 美元是一切问题的核心

Mark Carney 认为,当前国际金融货币体系下货币政策面临的挑战是,几十年来,主流观点认为,各国可以通过采用灵活的通胀目标和浮动汇率来实现价格稳定并最大限度地减少过度的产出变化。人们认为政策协调的效果是有限的,各国只要管好自己的经济就可以了,但随着全球化的发展,这种共识越来越难以持续。最根本的是一种破坏稳定的不对称性正在增加,而美元仍然保持着稳定的地位。

这意味着美国的发展对各国贸易、金融和财务状况有着重大的溢出效应,并增加了全球流动性陷阱的风险。在全球相对扩张时,这种效应有限,但是在美国经济疲软时,金融体系的压力就变得明显起来。在至少一半的国际贸易计价中,美元是首选货币。

巨大的网络效应意味着美元在国际货币和金融体系(IMFS)中仍占据主导地位,美元不仅是国际贸易开发票和结算的主要货币,而且是美元证券发行和持有的首选货币,以及官方部门的储备。美元在贸易发票中的广泛使用及其在全球银行业中日益突出的地位金融是相辅相成的。全球金融周期是一个美元周期。

➢ 需要建立一种多级体系

如何应对上述挑战？Mark 认为，在短期，央行行长必须尽可能地发挥他们已经打出的牌。这意味着在灵活的通胀目标中使用充分的灵活性。从中期来看，政策制定者需要重新洗牌。这意味着要改进当前国际货币和金融体系的结构。

长期来看，Mark Carney 认为需要改变游戏，需要一个新的国际货币和金融体系来实现多极化的全球经济潜力。他认为人民币作为最有可能的储备货币还有很长的路要走，而建立一个多极国际货币和金融体系是有必要的，其主要优点是多样化。多种储备货币会增加安全资产的提供、缓解全球均衡利率的下行压力并且可以让非对称系统发挥作用。

➢ Libra 或 SHC?

Mark Carney 认为，技术有可能破坏阻碍现有全球储备的网络外部性。Mark Carney 将 Libra 视为一种基于国际的新支付基础设施的稳定币，但在使用之前，Libra 必须解决许多基本问题，从隐私到 AML/CFT 和运营弹性。英格兰银行和其他监管机构已经明确表示，不同于社交媒体的监管是等数十亿人开始使用后再制定法规，任何新的系统性私人支付系统的条款必须在使用前生效。

因此，他认为这种新的合成霸权货币（SHC）是否最好由公共部门提供，或者通过中央银行数字货币网络提供是一个悬而未决的问题。

但 SHC 的效果是可以期待的，它可能会抑制美元对全球贸易的强势影响，围绕 SHC 建立的一套金融架构，如果可以取代美元在信贷市场上的主导地位，美元对全球金融状况的影响也会同样下降。SHC 在国际贸易和金融中的广泛使用意味着其篮子里的货币也可以逐渐被视为可靠的储备资产，鼓励新兴市场经济体将其持有的资产多样化，减少其对美元的依赖。这将减轻均衡利率的下行压力并帮助缓解全球流动性陷阱。

66 欧洲央行官员为什么认为 Libra 是一种“卡特尔”?

2019 年 9 月 2 日,欧洲央行(ECB)执行委员会成员伊夫默施(Yves Mersch)警告称 Libra 的中心化可能会带来风险,降低央行货币政策的实施能力,呼吁欧洲需要抵抗住 Libra 带来的“奸诈承诺的诱惑”。他认为,Libra 和很多私人货币没有太大的区别,但最令人担忧的是 Libra 不仅复杂,实际上更像是一种卡特尔[注:卡特尔(Cartel)由一系列生产类似产品的独立企业所构成的组织,是垄断组织的形式之一]。

Yves Mersch 表示,Libra 是由 Libra 协会发行,Libra 协会是一组由支付、技术、电商和通讯领域的全球化公司组成。Libra 协会将会控制 Libra 区块链并且得到相当于数字货币铸币税的收入,并且在 Libra 网络的治理和 Libra 储备资产的管理上做决策。此外,Libra 的支付服务将会由 Facebook 的子公司 Calibra 管理。最后,Libra 将会通过授权经销商分发,这也是一种对公众获取 Libra 的集中控制。因此,Libra 的结构和治理方式使得其很难实现与加密货币和其他数字货币相关的“去中心化”和“去中介化”的基本承诺。Libra 实际上将高度集中,Facebook 及其合作伙伴实际上充当了货币的准主权发行人。

Yves Mersch 担心 Libra 协会成员的有限责任引发了信任问题,协会的承诺不被视为公众信任的来源,在流动性危机情况下谁将支持协会仍然是未知数,Libra 也没有相当于存款保险的计划来保护其持有人在危机时的利益。

他认为,考虑 Libra 受欢迎的程度以及欧元在其资产储备中所占的比例,Libra 可能会削弱欧洲央行对欧元的掌控力,通过影响欧洲地区银行的流动性状况,从而影响货币政策传导机制,并弱化单一货币的国际地位,例如降低货币的需求。

67 欧洲央行如何看待 Libra 的法律本质?

2019 年 9 月 2 日,欧洲央行(ECB)执行委员会成员伊夫默施在法兰克福 ECB 法律会议上发言谈及 Libra,在表明其对 Libra 高度集中化的担忧后,他谈及了 Libra 可能会面临的法律和监管上的挑战。

他认为,Libra 面临的一个挑战是其法律本质问题。立法者和监管方面临的选择是将 Libra 视为一种电子货币(e-money)、金融工具还是虚拟货币。他认为,Libra 似乎没有资格成为电子货币,因为它没有体现其持有人对 Libra 协会的一种权利。如果 Libra 被视为一种可转让的债券或者是不同种类的金融工具,那么 Libra 协会和任何参与提供 Libra 代币投资服务的其他实体都属于金融工具市场指令(MIFID II)的职权范围。或者,如果 Libra 有资格成为虚拟货币,那么根据第四次反洗钱指令,Calibra 及其授权经销商都将受到该指令的反洗钱和反恐融资义务以及注册要求的约束。鉴于 Libra 不同的法律特征的监管影响,监管干预至关重要,既可以确定 Libra 在现有法律和监管框架下的分类,也可以根据其特点制定专门的监管机制。

68 欧洲央行对于 Libra 等金融创新持什么立场?

2019 年 9 月 2 日,欧洲央行(ECB)执行委员会成员伊夫默施在法兰克福举行的 ECB 法律会议上发言谈到欧洲央行对于 Libra 等金融创新的一般立场。

Yves Mersch 认为,欧洲央行的基本任务包括确定和实施单一货币政策,并促进支付系统的顺利运作。在货币政策方面,欧洲央行对可能直接或间接影响欧洲体系对欧元的控制,以及将部分货币政策转向第三方的市场创新产生浓厚的兴趣。Libra 可能会降低欧洲央行对欧元的控制,这取决于 Libra 的接受程度以及欧元在其储备篮中的比例。这种控制体现在通过影响欧元区银行的流动性状况来削弱货币政策传导机制,并破坏欧元区的国际货币角色,例如减少对欧元的需求。

为了欧元支付系统平稳运行,欧洲央行对于寻求用其他结算货币取代欧元或者创建新的支付渠道的市场创新密切关注。虽然 Libra 的一些目标是合法的,但通过欧元目前既定的即时支付解决方案,也可以减少跨境资金转移成本和提升其他效率。例如欧元体系最近推出了即时支付结算服务(TARGET),或即时付款(TIPS)的全天候结算服务。通过在中央银行资金运营,并通过嵌入 TARGET、TIPS 提供高性能的支付解决方案,这种服务可以比有疑问的基于市场的零售支付创新更安全、更经济。

69 美联储主席 Jerome Powell 又谈及了 Libra 的哪些信息?

2019 年 9 月 6 日,美联储主席 Jerome Powell 在瑞士苏黎世大学、瑞士研究所主办的举办的“经济展望和货币政策”会议上,再次谈及了他对 Libra 的看法。

他表示,如同之前他所说的,在 Facebook 拥有几十亿人的庞大网络前提下,稳定币一旦被广泛使用,将很快具有系统级的重要性,但这不是一个定局。因此,Libra 需要以最高的标准对待。它可以具有系统重要性,但是在现在的监管系统下,我们很难判断它将如何发展到这种重要程度。所以,Libra 的推出应该是谨慎的,而不能是一种“短时间的冲刺”。如何保护公众不受到网络安全风险和系统性风险的影响,需要各方通过仔细的,深思熟虑的沟通来实现。

除 Libra 外,Jerome Powell 也谈了下他对于央行数字货币的看法。他表示美联储一贯对数字货币的相关问题高度关注,但是就目前而言还没有在考虑央行数字货币,在此之前,还有很多重要的问题需要解决,例如网络安全问题。此外,用户现在有很多的支付选择方案,对于央行数字货币的需求并不强烈。最后,如果用户将钱换成了加密货币而不是放在银行里,会对银行的存款和贷款以及中介传导产生什么影响也未知。

他表示,美联储赞成金融创新,也在仔细研究这些事情,但近期内不会看到央行数字货币的诞生。

70 美国财政部对于 Libra 的反洗钱监管持什么态度?

美国财政部负责反恐和金融情报的副部长西格尔·曼德尔克(Sigal Mandelker),在瑞士日内瓦参加了包括瑞士政府、国际清算银行和其他国际金融组织的加密货币会议,在日内瓦注册成立的 Libra 管理协会也在其中。Sigal Mandelker 会后评论表示,Facebook 的 Libra 必须在推出之前达到美国监管合规的最高标准。在全美或部分地区运营的 Libra 等加密货币需要遵守旨在防止金融犯罪的法律法规。

在路透社的报道中,Sigal Mandelker 说:"无论是比特币、以太坊、Libra,财政部对所有这类公司的要求都是一样的:必须从一开始就将 AML/CFT 融入设计中。"Sigal Mandelker 计划与瑞士金融监管机构 FINMA 会面。

据路透社报道,此次会面将优先考虑讨论实施反洗钱保障措施,以及针对不遵守规则的项目采取可能的执法行动。Sigal Mandelker 认为,数字资产行业太过于注重建设基础设施,而在阻止恐怖分子和其他犯罪分子使用其网络转移资金的方面,考虑不足。

美国是目前世界上对反洗钱监管最严厉、开具罚单金额最多的国家,以财政部为反洗钱主管部门,下设货币监理署(OCC)、海外资产控制办公室(OFAC)、金融犯罪执法网络(FinCEN),协调其他反洗钱监管机构如联邦调查局、司法部等,形成多元监管体制。FinCEN作为金融情报中心,收集和提供设计数字资产的可疑信息,包括现金交易报告(CTR)、国际现金与货币工具运输报告(CMIR)、赌场可疑行为交易报告(SARC)、可疑行为交易报告(SAR)、外国现金与金融账户报告(FBAR)等。

2013年3月18日,FinCEN发布针对虚拟货币和监管职责的解释性指南FIN-2013-G001,即"针对分发、兑换或使用虚拟货币的个体的FinCEN规定应用指南"。针对虚拟货币相关业务给出明确的"资金传达人"(money transmitters)定义的使用范围和监管要求,包括客户尽职调查、记录保管和可疑交易申报等。

2019年5月9日,FinCEN正式发布"涉及可兑换虚拟货币的商业模式的FinCEN法规应用指南",整合了自2011年以来发布的相关行政裁决和指导,向相关机构阐释对于涉及CVC交易的几种常见业务模式如何应用指南,防范金融犯罪,如收集保存虚拟货币钱包地址、账户信息、交易细节(包括交易哈希、发送方和接收方信息等)、交易历史、登录信息(如IP地址)、移动设备信息(如IMEI码),以及分析用户的网上公开信息。

71 提出"全面的区块链战略"的德国政府为什么拒绝Libra?

德国财政部部长奥拉夫·舒尔茨(Olaf Scholz)周二在柏林联邦财政部的"门户开放日"的小组讨论中表示,政策制定者无法接受Facebook计划的Libra等并行货币的出现,并补充说德国将拒绝任何此类计划。

同时，在法国和德国周五发表的联合声明中，德国联邦财政部部长 Olaf Scholz 和法国财政部部长布鲁诺 · 勒 · 梅尔（Bruno Le Maire）也表示反对 Facebook 的数字货币，Facebook 的 Libra 货币对金融业构成风险，包括金融安全、投资者保护、防范洗钱和恐怖主义融资、数据保护以及金融和货币主权。同时认为，任何私营实体都不能拥有货币权力，这是国家主权所固有的。

另外，德国内阁预计将在本周三采纳“全面的区块链战略”。该战略旨在促进德国经济的数字化转型，同时应对新技术带来的风险。

据路透社报道，在其即将公布的“全面的区块链战略”中，德国联邦政府将与其欧洲和国际盟友保持密切联系，以防止稳定币成为法定货币的替代货币。政府将加强与德国中央银行就中央银行数字货币进行对话，以探讨当前的发展状况并解决潜在的风险。德国政府还计划在今年提出立法，在区块链/分布式分类账技术（DLT）上发行电子证券，最初仅限于电子债券，暂不引入电子股票。

欧洲央行也表示正在制定一项公共数字货币的长期计划，这可能会使得像 Libra 这样的项目变得多余。

➢ 德国“全面的区块链战略”是什么?

在 2018 年 3 月的联盟协议中，德国联邦政府为自己制定了在本次立法期间确定“全面的区块链战略”的目标。推广分布式账本和区块链技术作为计划的一部分，德国政府希望为这些技术的开发和应用搭建框架，并在公共管理中进行测试。联邦经济事务和能源部（BMWI）、联邦财政部（BMF）共同负责制定该战略。

作为战略拟定的第一步，2019 年 2 月 18 日，联邦经济事务和能源部、联邦财政部向行业人士进行了广泛的在线咨询，咨询涉及的应用领域包括金融部门、供应链领域、能源工业、医疗保健、运输和生产技术等。据联邦财政部 6 月月度报告所述，目前咨询过程已经结束，已从协会、公司、组织、研究机构和民间社会收到 150 多条意见，这些意见将考虑作为“区块链战略”的一部分。

72 拒绝 Libra 会对美国带来什么影响?

2019 年 10 月 17 日,共和党的参议迈克·朗兹(Mike Rounds)寄出一封信给目前还留在 Libra 协会中的创始成员——加密货币托管公司 Anchorage。在信中,他表达了对 Libra 的支持,肯定了 Libra 的正面效用并表示,如果美国拒绝 Libra,将会对美国的普惠金融和本来就落后的数字支付系统带来负面影响。

Mike Rounds 表示美国已经在数字货币和电子支付方面落后于其他的国家,他以钱包举例,表示美国零售支付的数字钱包的使用率低于 10%,而在中国这一数字是 80%。Mike Rounds 在信中写道:“美国的支付行业相对于其他国家还是一个婴儿,因此,当 Libra 诞生时我的同事们对他充满敌意,这让我困惑。”

Libra 还有可能帮助无银行账户的用户,根据联邦储备银行统计,6.5% 的家庭没有银行账户,18.7% 的家庭银行卡资金不足。基于手机和互联网的基础设施,数字货币和数字钱包能够帮助降低这两个数据。如果拒绝这类能够帮助建立脆弱的美国人和金融服务系统之间的链接将会是不幸的。美联储距离创建自己的实时支付平台 FedNow 还需要好几年的时间,而数字货币可以弥补这样的差距。

Mike Rounds 也表示目前美国没有明确的相关法律来确定加密货币是否安全。“我们为这些类型的问题提供的法律基础扎根于 1933 年的《证券法》,该法律的制定是在计算机和网络创建半个多世纪之前。”他提到目前的监管规范过于老旧僵化,有许多活跃于数字货币领域的公司都向他表示因为美国古板又缺乏弹性的法律,在海外经营事业反而比较容易。“如果美国想要继续保持走在数字领域的先锋,国会和我们这些监管者应该要好好反思在其他国家超越美国时我们还要等多久才愿意改变。”

最后他也鼓励 Anchorage，认为他们和 Libra 协会其他成员的企业精神很激励人心，认可协会谨慎、缓慢地推行计划，并和国会有持续的讨论。他说道：“尽管 Libra 协会仍在建立自己的管理规范和经营规则的过程中，但如果就这样放弃你们在 Libra 中已经设计出来的方案是一个很大的耻辱。”

73 美国财政部对 Libra 的态度是什么？

2019 年 10 月 22 日，在收到众议员埃马纽埃尔·克利夫尔（Emanuel Cleaver）来信后，美国财政部表示有必要对 Facebook 即将推出的 Libra 稳定币进行调查。

早在 8 月，Emanuel Cleaver 便向 Facebook、Calibra、美国金融稳定监督委员会（FSOC）和美国财政部金融研究办公室发信，呼吁审查 Libra 及其钱包 Calibra 的潜在系统性风险。Emanuel Cleaver 表示，“由于像 Facebook 这类大公司拥有巨大影响力，发起加密货币的任何尝试都必须经过最严格的审查，这对于确保这些尝试不会对全球经济造成系统性风险至关重要。”他还补充道，“我欣赏 Facebook 在尝试推出 Libra 的过程中与联邦监管机构合作的意愿，Libra 有可能更新甚至颠覆现有的金融系统。随着 Facebook 面临监管审查，必须确保的是恐怖融资和洗钱活动不会通过 Libra 进行，但据 FSOC 称，对这方面监管仍然存在严重担忧。”

财政部对 Emanuel Cleaver 的呼吁作出了肯定的答复，“有关 Libra 工作的基本问题仍未得到解答。Libra 可能涉及多方面法律法规，包括证券、消费者金融保护、隐私、AML/CFT 以及税收。金融稳定监督委员会（FSOC）数字资产和分布式账本技术工作组正在监控与 Libra 项目有关的发展，并正在努力确定和评估可能需要进一步关注的潜在风险和主管部门的不足”。财政部补充说，将监控 Libra 和加密货币市场，以便与众议院办公室一道解决可能存在的监管漏洞。

此外,财政部还在答复中指出,Calibra、Libra 协会以及所有参与 Libra 网络的虚拟资产服务提供商必须实施与传统金融机构相同的 AML/CFT 要求。这包括遵守《银行保密法》(BSA)要求、金融犯罪执法网络(FinCEN)注册、海外资产控制办公室(OFAC)批准、以及遵循安全、稳健和审慎实践的行业标准。目前尚不清楚美国和外国监管机构是否有能力监控 Libra 市场并在必要时采取纠正措施。如果要推出 Libra,则必须解决此问题。

美国财政部最后强调,随着近年来虚拟货币和其他数字资产的出现和增长,美国金融监管机构采取了谨慎的态度,力求确保遵守现有法律法规,同时又不扼杀潜在有益的技术发展。财政部欢迎金融部门的创新,包括能够提高效率、增强竞争力和扩大准入的新技术。但是,这种创新绝不能以金融体系或国家安全的完整性为代价。

74 Libra 成为支付方式之前,需要解决什么法律和监管挑战?

2019 年 10 月 16 日,美联储理事尔 Brainard 发表了题为"数字时代的货币未来"的演讲。Brainard 就数字货币、稳定币和不断发展的支付格局发表了看法。

Brainard 表示,稳定币可能类似于私人非银行负债,具体的取决于其设计和债权结构。稳定币渴望实现传统货币的功能,而不依赖于对发行人(例如中央银行)的信心来支持货币。实际上,仔细评估表明,对于某些潜在的稳定币,用户可能对基础资产或整个系统没有任何权利。

Libra 以及所有具有全球规模和范围的稳定币项目,必须先解决一系列核心法律和监管挑战,才能成为支付方式。

首先，必须遵守KYC的规章制度，以确保稳定币不会用于非法活动和非法融资。Libra的业务模式本质上是跨境的，因此，系统中被视为金融机构的每个参与者都需要确保遵守每个国家/地区的反洗钱法律。预计Libra的全球影响力可能需要一个一致的全球反洗钱框架，以减少非法交易的风险。

其次，旨在促进消费者付款的稳定币发行人必须清楚地说明如何确保消费者的保护。消费者将需要接受教育，以了解与银行账户相比，他们在数字钱包方面的权利有何不同。在美国，这方面的监管与其他地方一样，已经对银行账户实施了法定和法规保护，以便消费者可以合理地预期自己的存款将受到最高限额的保险；欺诈性交易应由银行承担；在指定期间内可以进行转账；以及关于账户费用和利息支付的清晰、标准化的披露。我们不仅不清楚Libra是否会提供类似的保护措施，或者消费者将拥有什么追索权，再加上消费者似乎对稳定币的基础资产没有权利，因此不清楚消费者将面临多少价格风险。需要提醒消费者，稳定币在法律上可能与主权发行货币有明显不同。重要的是要弄清楚哪些法律实体可以对个人身份信息和交易数据的安全性负责，以及如何存储、访问和使用个人数据。过去几年中发生的大量网络违规事件凸显了这些问题的重要性。

最后，有必要定义Libra生态系统中各个参与者进行的财务活动，以使司法管辖区评估现有的监管和执行机制是否足够有效。作为Libra协会的注册地，瑞士特别受关注。瑞士当局已建立了针对数字代币的三个新类别，以便按其功能进行监管的方式："支付代币"是用于支付或价值转移的数字代币；"实用程序代币"是基于区块链的应用程序；"资产代币"是类似于股票、债券和衍生产品的数字资产。在某些创新不能适用于一个类别的情况下，这些分类可能不会相互排斥。

75 稳定币对银行业务带来什么挑战?

Brainard表示,稳定币和更广泛的数字货币对以往长期存在的共识提出了挑战,即必须将付款记录在单个实体管理的中央分类账中。实际上,已经有银行来执行此中央分类账功能。分布式分类账技术允许对等资产直接转移,从而潜在地消除了通过中介进行交易的需要。尽管分布式分类账技术可以通过增强操作弹性、增加透明度和简化记录保存来提供优势,但是交易分类账的公共性和不变性也带来了风险,例如数据隐私问题和法律复杂性。

全球稳定币网络也可能给银行业务模式带来挑战。在极端情况下,向一个或多个全球稳定币网络的广泛迁移可能会削弱银行在支付中的作用。如果消费者和企业减少其在商业银行的存款,转而使用数字钱包中的稳定币,这可能会减少银行的稳定资金来源以及对交易数据的可见性,从而阻碍银行向企业、家庭和机构提供信贷的能力。话虽如此,许多银行可能会通过提供替代的点对点结算方法以及将稳定币纳入其业务模型来适应,无论是通过与发行稳定币的金融科技公司合作还是自己发行(如已经在发行的一些项目)来实现。

此外,稳定币的广泛采用可能会对中央银行的作用和货币政策产生影响。支付是经济的循环系统。出于支付目的而大规模迁移到新的稳定币网络可能被证明是更前沿的广泛迁移。如果大量的家庭住户和企业不仅依赖全球稳定币作为支付手段,而且还依赖于价值存储,这可能会减少对实物现金的需求,并影响中央银行资产负债表的规模。在影响银行参与短期融资市场的程度方面,中央银行实施货币政策的方法可能会很复杂。

对于小型、开放的经济体或货币机构薄弱的国家而言,这些影响可能会更严重,因为从主权货币向全球稳定币的迁移可能会通过类似于美元化的过程削弱独立货币政策作用的范围。大规模稳定币的使用还可能影响到与全球金融体系有广泛联系的大型发达经济体,通过包括增加市场波动性以及跨境传递冲击来实现。

最后,具有全球影响力的稳定币网络可能存在财务稳定风险。如果管理不力,流动性、信贷、市场或运营风险(单独或组合)可能会导致信心丧失和挤兑行为。全球稳定币网络引发了许多与法律上独立但相互依存的运营相关的复杂问题,并且还缺乏对储备金管理以及网络中各个市场参与者的权利和责任的清晰认识。围绕官方机构提供监督和支持流动资金以及跨界合作能力的潜在歧义,可能会放大潜在的风险并造成溢出效应。

76 国际证券委员会组织如何看待 Libra 等稳定币的作用与监管?

当前,各国的监管机构与政策制定者都在考虑是否需要制定的新的法规来监管 Libra 等加密货币。全球证券监管机构“国际证券委员会组织”(IOSCO)表示,现有的证券法规可能同样适用于 Libra 等稳定币项目。

IOSCO 由多国证券监管机构组成,包括美国、欧洲和日本等国的证券监管机构。2019 年 10 月 30 日,IOSCO 在马德里举行会议,研究具有潜在全球影响力的稳定币的风险和收益,以及证券监管如何适用于稳定币。

IOSCO 认为,稳定币可能会为市场参与者,消费者和投资者带来好处。但是,稳定币同时存在“消费者保护、市场诚信、透明度、利益冲突和金融犯罪以及潜在系统性风险”等潜在问题。

IOSCO 董事会主席阿什利 · 奥尔德(Ashley Alder)表示,“我们的分析表明,所谓的‘稳定币’可能包含受监管证券的典型特征。这意味着 IOSCO 原则和标准可能取决于稳定币的结构而适用于它们,包括与披露、注册、报告以及对发起人和发行人的责任有关的规则等。全球性稳定币计划应受到国际和公众的严格审查。”

Ashley Alder 表示，他们同意 G20 的观点，即全球性稳定币可能造成系统性风险。此外，Ashley Alder 还提出，他们鼓励国际合作，以便可以识别和减轻与稳定币有关的风险，并实现潜在的益处。“最近的 G7 报告提出了许多问题，IOSCO 将充分参与到金融稳定委员会（FSB）的后续工作中，并与其他标准制定机构密切合作，以确保一致的回应。那些希望推出稳定币的计划，特别是潜在性的具有全球规模的项目，必须要与相关监管主体进行公开而具有建设性的接触。”

除了支持 FSB 的工作外，Ashley Alder 还解释说，IOSCO 将继续评估全球性稳定币计划。

77 澳大利亚监管机构对 Libra 是什么态度？

2019 年 11 月 6 日，据澳大利亚《金融时报》报道，澳大利亚金融监管机构可能迫使 Facebook 披露其名为 Libra 的全球加密货币计划的细节，因为该公司未能缓解监管机构的担忧。2019 年 10 月，在与 Facebook 的不令人满意的会议之后，澳大利亚监管机构已同意使用其正式职权就 Facebook 计划推出的所谓的“稳定币”数字货币，向 Facebook 施加压力。

澳大利亚和国际监管机构对这种新货币表示担忧，认为其可能会破坏金融体系，伤害 Facebook 应用程序用户以及帮助洗钱。

澳大利亚信息专员办公室（OAIC）副专员伊丽莎白·汉普顿（Elizabeth Hampton）在写给其他监管机构的电子邮件中说：“如果我们没有从该美国团队得到这些问题的答案，那么我们将需要考虑是否行使正式职权（如有）。”OAIC 是澳大利亚保护隐私和信息自由的国家监管机构。

另外，澳大利亚证券投资委员会（ASIC）下属一个专门调查新威胁的专门委员会在 2019 年 7 月警告称，如果 Libra 无法得到有效监管，“所有受监管实体”以及消费者和投资者都将受到影响。ASIC 表示，“拟推出的 Libra 生态系统带来了许多风险和威胁，包括通过基于 Libra 的移动应用程序传播的骗局。我们希望获得更多信息，可能会发现更多的风险和威胁。”

Facebook 拒绝回应有关其与澳大利亚监管机构会晤的详细问题清单。

78 面对 Libra 的出现，欧盟在考虑哪些应对方案？

自 Facebook 于 2019 年 6 月发布了 Libra 白皮书以来，一直争议不断，引发了多个国家监管层面的忧虑。欧盟轮值主席国芬兰起草了一份有关稳定币监管的草案，声明欧盟应特别监管稳定币。芬兰政府在该文件中强调，金融监管机构应该采用在欧盟范围内的加密货币框架，以便确保所有国家步调一致。该文件还称，“欧洲央行和其他欧盟国家央行可以探索发行央行数字货币的机会和挑战，包括考虑为此采取具体措施。”

该文件中提出了禁止使用会产生“过度风险”的全球性稳定币的这一议题。欧盟金融监管机构表示，希望“所有的选择都得以考虑”，包括防止推出可能具有过大风险的数字加密货币项目。在 Libra 和类似的项目在解决了所有挑战和风险之前，都不应该在欧盟内开始运作。

此外，鉴于 Libra 带来的挑战，欧盟的金融监管机构希望能够“迅速”采取行动。但是欧盟同时也认识到，对 Libra 的仓促监管可能会对其他加密资产项目和金融科技项目造成意料之外的后果。因此，各成员国表示，应该基于适用于所有稳定币的“可靠证据”和“一般规则”来制定新的立法规则。

79 全球稳定币计划为欧盟带来什么潜在风险？

2019 年 11 月 26 日，欧洲央行执行委员会成员贝诺瓦·库雷（Benoît Cœuré）在的欧洲央行与比利时国家银行联席会议上发表讲话，题为“克服未来零售支付的鸿沟”。在演讲中，他提到了欧盟在零售支付方面缺乏统一的支付生态系统，全球稳定币这种非欧盟的支付体系将为欧盟带来潜在风险。

以下是演讲节选：

近年来，欧洲在建立真正的银行业联盟方面取得了重要进展。现在，我们有一个针对重要机构监管的单一监管银行，一个处理失败机构的单一框架，一个为这些处理事项提供资金的基金，并且我们很快将为该基金提供一个单一的支持。人们还重新希望欧洲存款保险计划的政治谈判很快开始。

欧盟委员会还启动了一个雄心勃勃的议程，建立一个资本市场联盟。尽管共同立法者，特别是会员国在委员会的个别倡议上所取得的进展很缓慢，但最近成立的高级别专家组可有助于克服剩余的障碍，并加强努力，深化欧洲资本市场结构，提供更佳的流动性。

我们将逐步改善金融结构，以支持一个拥有十亿消费者的单一市场，巩固我们单一货币的稳定性，并通过储蓄来为可持续增长融资。

但是，近年来，决策者很少关注的一个领域是欧洲零售支付市场，尤其是 POS 和在线支付。在欧洲零售支付系统的后端确实已经取得了很多成就，尤其是在单一欧元支付区（SEPA）的保护下。SEPA 允许跨国付款和国家付款具有相同的成本、相同的效率和安全性。

最近，欧元体系还引入了 TARGET、TIPS 服务。这项服务于一年前推出，使支付服务提供商可以在一年中的每一天，每天 24 小时实时向其客户进行资金划转，以中央银行的货币结算付款。

但是后端的进展并没有转化为类似的前端的进展。前端仍然是零散的,没有出现针对POS和在线支付的欧洲解决方案。

特别是,多国提供商没有能力或不愿意以泛欧洲的方式行事。单一货币推出20年后,我们仍然没有欧洲卡计划。目前,10个欧洲国家/地区设立的国家银行卡框架仍然不接受来自其他欧盟国家/地区的银行卡。

这导致对于非现金支付,使用非欧洲卡的情况显著增加。截至2016年年底,使用国际卡计划的交易份额超过2/3。不幸的是,过去的统一的倡议未能探索到单一市场提供的重要规模经济。

此外,当前的情况吸引到了新的创新,其旨在通过建立新的单独支付生态系统,来克服跨境零售支付的缺陷。

这些举措凸显了消费者对跨境支付服务的需求迅速增长。这些服务也更快、更便宜且更易于使用。特别是在年轻人中间,因为他们有意愿和好奇心使用新技术,并能够接受新的提供商。

但是,仅依靠非欧洲和新的生态系统会带来两个风险。

第一个风险涉及某些计划的未经测试的性质。

例如,全球稳定币的计划在广泛的政策领域中增加了潜在风险,例如法律确定性、投资者保护、财务稳定性以及对反洗钱要求的遵守等方面。政府当局已经明确表示,要让这些稳定币计划得以实施,将设定很高的门槛。

第二个风险与欧洲支付系统的自治性和弹性有关。

对非欧洲全球参与者的依赖带来了这样的风险,即欧洲支付市场将不适合支持我们的单一市场和单一货币,从而使其更容易受到外部威胁(如网络威胁)的影响,而具有全球市场力量的服务提供商将不一定要符合欧洲利益相关者的最大利益。

支付方面的战略自主权是维护欧元国际地位的欧洲议程的重要组成部分。我们全球治理体系日益严峻的挑战促使人们相信,欧盟可能更可能面临这样一种风险——他人的货币能力没有被用于为欧盟创造最大利益,甚至被用于反对它。

80 美国国会新立法提案对 Libra 而言意味着什么?

2019 年 11 月 21 日,美国国会议员西尔维亚·加西亚(Sylvia Garcia)和议员兰斯·古登(Lance Gooden)共同发起了一项新立法提案,名为《受控制的稳定币是证券 2019 年法案》(Managed Stablecoins are Securities Act of 2019)。该法案仍处于初步阶段,还需经过议会表决、总统审议和签署才能成为法律。但是自从 Facebook 发布 Libra 以来,该法案无疑成为众多有关稳定币的公开声明中的焦点,该法案将给 Libra 以及所有其他稳定币项目带来更大的监管负担。

新立法提案主张修订 1933 年《证券法》中第 2 章(a)条中关于证券的定义,修订 1934 年《证券交易法》第 3 章(a)条关于证券的定义,修订 1940 年《投资公司法》第 2 章(a)条关于证券的定义,修订 1940 年《投资顾问法》第 202 章(a)条关于证券的定义。新立法提案建议在 1933 年《证券法》中将“受控制的稳定币”定义为一种数字资产,首先,它不属于 1940 年《投资公司法》中注册的证券,其次,需要满足以下一个或多个条件:

此类数字资产的市场价值是确定的,无论是全部还是部分,是直接还是间接通过参照指定的一池或一篮子资产(包括由一人或多人持有的、指定的、控制的数字资产)的价值来确定;

此类数字资产的一个或多个持有人直接或间接的有权获得对价或其他资产,包括其他数字资产和任何美国或外国的主权货币。在数字资产交易中,支付的数额是确定的,无论是全部还是部分,是直接地还是间接地基于一池或一篮子资产(包括由一人或多人持有的、指定的或控制的数字资产)的价值。

若该新法案通过,Libra 等受控制的稳定币将被归类为证券,则 Libra 协会需要遵循美国监管机构对于证券及其公司的法律法规,增加 Libra 在美国运营的限制和合规成本。

81 法国央行如何应对 Libra 的挑战?

2019 年 12 月,法国中央银行行长、欧洲央行政策制定者弗朗索瓦·维罗伊·德·加豪(Francois Villeroy de Galhau,以下简称加豪)在采访中强调,法国央行和欧洲央行对创新持开放态度,并且承认数字货币可以为消费者和经济带来许多机会和积极影响,比如在跨境支付领域的积极影响,但是鼓励创新不代表牺牲金融安全和市场诚信。Facebook 必须说服主要经济体的监管机构和金融机构,数字货币是安全的,不会影响金融稳定,Facebook 的加密货币项目 Libra 必须遵守"银行和金融监管的最高标准",例如反洗钱标准。

➢ 中央银行数字货币

加豪表示,对于无论由哪种技术支持的货币(无论是纸币、卡还是数字货币)而言,信任至关重要。央行保证了这种信任,这也是央行的主要责任。目前,一些欧洲国家已经在研究关于欧元或其他货币的中央银行数字货币(CBDC),但有许多问题仍未解答,例如,其应该是批发的数字货币?还是金融机构和公司的交易结算手段?还是应该让家庭也可以使用的零售货币?对金融稳定性有哪些影响?

同时,加豪表示,法国可能将于 2020 年成为开始测试数字欧元(Euro Digital)的第一个国家。原则上,数字欧元只能由银行使用。在其他情况下,数字欧元可能实施对匿名交易数量的限制。实施 CBDC 将给法国和欧盟带来一些好处,例如付款更加灵活,保留中央银行对于 Facebook 的 Libra 等其他竞争对手的自治权和主权,改善公民获取不需要印制的货币的途径等。

82 美国财政部部长对于 Libra 和数字美元的看法如何？

2019 年 12 月 6 日，在众议院金融服务委员会的听证会上，美国财政部部长斯蒂芬·姆努钦（Steven Mnuchin，以下简称姆努钦）就 Facebook 推出 Libra 项目发表了看法，表示："如果 Facebook 想创造一种虚拟货币是没有任何问题的，但是他们必须完全遵守金融保密和反洗钱的相关规定，而且这绝对不能用于资助恐怖主义。"

自 2019 年 6 月 Facebook 宣布推出 Libra 后，全球的监管机构不断对 Libra 项目提出质疑。姆努钦称，对于 Libra 而言，遵守《银行保密法》非常重要。为了确保 Libra 遵循正确的指导方针，他已经与 Facebook 相关人员会面数十次，讨论监管方面的问题。这也减慢了 Libra 项目正式踏入启动阶段的步伐。

在听证会上，不少人围绕中国的人民币数字货币计划为题提出各自的问题。与此同时，欧洲中央银行最近也声明自己正在研究是否要开发和推出自己的数字货币（参见法国央行如何应对 Libra 的挑战）。

姆努钦指出，美国暂时不太可能在短期内开发自己的数字货币，"美联储主席杰罗姆·鲍威尔（Jerome Powell，以下简称鲍威尔）已经和我讨论过这件事情。我们都同意在不久的将来，或许是未来五年，美联储都无需要发行数字货币。"

此前，在鲍威尔写给众议院议员弗兰奇·希尔（French Hill）的一封信中曾表示，美联储正就"数字美元"进行评估，密切监视其他中央银行的活动，以发现可能与美国相关的潜在利益。在开发数字货币之前，美联储需要解决运营风险、用户透明度、货币政策和金融稳定性等问题。

相较于开发数字美元，美国更有兴趣开发可以 24×7 实时运行的支付和结算系统。该系统有望在2023年或2024年开发成功。在听证会上,姆努钦称赞该系统“非常复杂”(参见美联储有必要开发全天候实时支付和结算系统以应对 Libra 吗?)。

83 美联储理事会负责人认为 Libra 及加密货币面临哪些挑战?

2019年12月18日,美联储理事会负责人莱尔·布雷纳德(Lael Brainard,以下简称布雷纳德)在法兰克福的一次会议上讨论 Libra 和加密货币面临的障碍。布雷纳德称,Facebook 的 Libra 项目面临“法律和监管的一系列挑战”,包括澄清 Libra 将如何与一篮子基础资产挂钩。对于加密货币,布雷纳德称,加密货币背后的技术确实具有优势,具有降低成本和加快汇款速度的潜力,但加密货币必须清除障碍,如防止将其用于欺诈和洗钱等活动。

➢ Libra 尚未验证,让消费者面临风险

布雷纳德认为,Libra 所设计的稳定币是一种与法定货币或其他良性资产相关联的数字货币,用于应对类似比特币等纯加密货币的剧烈价值波动。但 Facebook 所定义的 Libra 稳定币是否稳定尚未得到验证。“Facebook 的 Libra 与众不同之处在于,把具有超过1/3以上全球人口的活跃用户网络和以不透明地方式挂钩于一篮子主权货币的私人数字货币相结合。如果没有必要的保护措施,这种全球范围的稳定币网络可能让消费者面临风险”。

➢ 加密货币有好处也有风险,需高标准监管

全球各国中央银行正在讨论如何管理数字金融技术,尤其是分布式账本技术。一些分析师认为,中央银行最终将发行自己的数字货币是不可避免的。布雷纳德认为，分布式账本技术具有降低成本和加快汇款速度的潜力，确实具有优势，但是“目前的实物现金的发行安排也有好处”。

与加密货币相关的盗窃损失和欺诈损失估计已从一年前的17亿美元增加了一倍，2019年已达44亿美元左右。布雷纳德表示，“加密货币仍必须清除障碍，包括防止用于欺诈和将其用于洗钱等活动。考虑到这些风险，任何全球支付网络在启动运营之前都应该达到很高的法律和监管保障标准”。

84 中国人民银行副行长陈雨露如何论述稳定币产生的影响？

2019年12月21日，中国人民银行副行长陈雨露在“2019中国金融学会学术年会暨中国金融论坛年会”上表示，当前稳定币的宏观政策挑战是当前中央银行研究的若干重点问题之一。

陈雨露从对支付体系、金融稳定、货币政策等几个方面的影响论述了全球稳定币的挑战，并表示，一国货币币值越不稳定，支付系统越不便捷，金融市场越不发达，该国居民越有动力将本国的法币转化为稳定币，冲击该国的货币主权。货币主权受到冲击后，对一国最直接的影响是货币政策和财政政策效力降低。

➢ 稳定币可能难以发挥好支付结算功能

陈雨露认为，稳定币的使用可能对支付体系带来两个挑战。一方面，稳定币在降低支付成本方面潜力较大，但其交易和支付的信息独立于现有支付体系之外，也会给央行和货币当局的监管带来挑战；另一方面，稳定币发行机制与央行货币发行机制不同，在现行资产负债表机制下，能否完全承担支付结算的功能还不确定。

陈雨露表示，一般来讲，在清算量非常大的支付体系，央行的准备金难以应对支付所需时，会通过透支来满足。稳定币发行受资产负债表限制，缺乏灵活性，在清算量较大时可能难以发挥好支付结算功能。

➢ 稳定币可能会削弱资本管理效果，影响金融稳定

从对金融稳定的影响来看，陈雨露认为，稳定币可能削弱资本管理的效果，并影响国内金融稳定。以 Libra 为代表的全球稳定币为资本的跨境流动提供了较大便利，但同时亦可能对部分经济体的跨境资本流动形成冲击。资本管理效果的弱化可能影响国内金融稳定。实施资本管理经济体的国内金融市场往往不够发达，难以有效应对跨国资本流动对金融市场的冲击。但全球稳定币为资本的跨境流动开辟了新渠道，使资金可以自由进出受管理经济体的金融市场，加剧国内资产价格波动，影响金融稳定。

陈雨露强调，如果全球稳定币网络设计不当、缺乏监管或未能按预期运作，也会给金融稳定带来新的风险。例如，发行方无法按需要将稳定币兑换成本币或无法按时结算付款，可能会带来信用和流动性问题。此外，稳定币的信用、流动性、市场和操作风险管理不力，可能会使持有者丧失信心，导致挤兑，极端情况下可能造成系统性金融风险。

➢ 全球稳定币会冲击一国的货币主权

在货币政策影响方面，陈雨露表示，稳定币对弱势货币的威胁更大。在通货膨胀率高但是机构控制力弱的经济体，人民可能会放弃使用当地货币，转向使用外币稳定币。这会导致新的“美元化”趋势，损害相关经济体的货币政策、金融发展和长期经济增长。

一方面，稳定币可能削弱银行的信贷创造能力，降低货币政策有效性。稳定币对法定货币的替代可能造成银行存款的大量流失，并降低货币乘数。货币政策的信贷传导机制必然受阻，央行货币政策的效力会大打折扣。另一方面，稳定币也可能降低货币需求的稳定性，加大货币政策的制定难度。稳定币不仅具备货币属性，还在一定程度上具备金融资产属性，可为持有者带来收益。一

旦居民对稳定币的偏好上升，不仅可能出于交易需求将活期存款转换为稳定币；还可能出于投资需求将定期存款、储蓄存款等“准货币”转化为稳定币，进一步加大广义货币量的统计难度。

85 欧洲央行新行长拉加德如何评论Libra等稳定币？

2019年12月12日，欧洲央行行长克里斯蒂娜·拉加德(Christine Lagarde，以下简称拉加德)给欧洲议会成员迪米特里奥斯·帕帕迪莫里斯(Dimitrios Papadimoulis)写了一封信，表达了她对稳定币可能带来的影响和监管的看法。拉加德表示，“稳定币”一词名不副实，“相同的风险、相同的规则”应当是稳定币的监管原则，并处于技术中立监管的核心。欧洲央行打算将其对支付系统的监督框架应用于稳定币。

此前，拉加德首次以欧洲央行行长的身份详细谈论数字货币时警告说，Facebook的Libra等稳定币“可能会因溢出效应而破坏支付格局，从而影响货币政策和金融稳定”。她表示，欧洲央行“并没有停滞不前”，提高了创建自己的数字货币的潜力，这种数字货币“将允许公民在日常交易中直接使用中央银行的货币”。但是，她也指出，这也将给货币政策和金融体系带来风险，“这是我们必须慢慢赶上的地方”。

以下是回信翻译全文：

感谢您的来信，该信是由经济和货币事务委员会(ECON)主席艾琳·蒂纳利(Irene Tinagli)女士转交给我的。

正如我在2019年12月2日在欧洲议会ECON的听证会上强调的那样，欧洲央行正在密切关注创新，在金融和支付部门和评估创新项目的收益和风险，包括Libra的计划。

Libra等稳定币旨在通过建立跨平台支付系统来克服现有跨境支付的缺

点,建立一个新的独立支付生态系统,而不依赖现有的清算和结算安排。这样做的目的是提供更便宜、更有效的支付解决方案,并促进普惠金融。但同时,正如我在 ECON 上的发言所指出的那样,包括稳定币在内的创新将只有通过有效的监管和监督减轻相关风险后,这种创新才是有益的。

这种可能的风险之一是稳定币可能导致市场高度集中。如果控制稳定币的实体控制着大型数字平台,它们可能会推广使用自己的解决方案,阻止其他服务提供商或其他支付方式进入平台,从而影响了公平竞争环境。此外,社交媒体数据和财务数据的潜在结合可能会给稳定币运营商带来强大的竞争优势并破坏市场竞争能力。欧洲中央银行体系一直在更广泛的范围内对此进行监控,即“大型技术公司”进入欧洲零售支付市场。

如果稳定币达到一定规模,并且零售用户将稳定币作为银行存款的替代方案,那么可能有相当数量的零售资金从银行系统转移到非银行实体。尽管稳定币承诺“稳定”,并有可能在任何时间将持有的代币转换为法定货币,但稳定币的价值将在很大程度上取决于其治理和风险管理,以及相关资产或基金投资组合的价值。仅仅承诺销售收益代币将储备金投资于低风险金融工具将不足以确保代币的稳定性。在这方面,“稳定币”一词名不副实。对于稳定币用户来说,他们应该清楚可能存在资金损失的,而传统的金融稳定网络(包括存款)将无法覆盖它们担保计划和中央银行作为最后贷款人的角色。

如果 Libra 发行成功,例如发行代币、管理储备资产和运营支付系统可能会成为一个庞大的自给自足的金融生态系统。至关重要的是,应对所有产生相同风险的行为应用相同的规则监管,无论技术提供方和服务提供者的身份。换句话说,“相同的风险、相同的规则”应该是稳定币的监管原则,并处于技术中立监管的核心。

在全球范围内,广泛的共识是,包括 Libra 在内的稳定币不应在评估和适当解决其公共政策和监管风险之前开始运营。欧洲央行同意欧盟理事会和欧盟委员会发布的联合声明,需要确保稳定币的法律明确性,并使其受到清晰、适当的监管框架管理。欧盟和全球级监管机构都在努力评估其风险。有必要检查现有规则对于 Libra 等稳定币的适用性,并找出当前法规和法规框架中的监管空白。考虑到 Libra 跨境性质,国际协调至关重要,以确保监管一致性并防止监管套利。

按照任务规定,欧洲央行打算将其对支付系统的监督框架应用于稳定币。欧洲央行也正在审查其现有的支付监督框架工具、计划和安排,以阐明稳定币的哪些方面有助于最终用户之间的价值转移,并属于欧元体系的监管范围之内。最后,欧洲央行将与其他国际机构合作,以消除创新解决方案可能造成的任何差距,确保欧元体系的要求仍然适用。我们也支持建立与多个司法管辖区建立支付方面的合作监管框架。

行业声音

86 美国商品期货交易委员会(CFTC)如何定义 Libra 的性质?

美国商品期货交易委员会(CFTC)主席希思·塔伯特(Heath Tarbert)在2019年11月2日的CME全球金融领导力会议上接受采访时表示,目前尚不清楚 Libra 将是哪种产品,包括它是否可能是证券。但之前有报道称 CFTC 前主席加里·根斯勒(Gary Gensler)曾提出过 Libra 应该被作为证券进行监管。

Heath Tarbert 就 Libra 的目前发展阶段,将已被 CFTC 归类为商品的比特币与其进行了对比。他表示,比特币已经存在了10年, CFTC"能够将其分类为不是证券,而是商品"。另外,Libra 是"在本质上是不同的产品",目前仍处于不断变化的状态。"Libra 正在发展,还有很多未解决的问题,包括其构造方式,即直接与一系列国家货币联系在一起,这是一个非常不同的产品。"

CFTC 需要等到 Libra 的稳定币发布后，才能对 Libra 的定义作出决定，即 Libra 协会将 Libra 稳定币与美元、欧元、日元、英镑和新加坡元挂钩之后。如果 Libra 项目能够克服迄今为止所受到的巨大监管压力，则应该在明年年中或下半年发布。

Libra 的联合创造者 Marcus 也强调过，认为对 Libra 数字货币进行分类尚为时过早，因为最终可能分裂成不同的稳定币，每个稳定币都与不同的法定货币挂钩。

Heath Tarbert 认为，就区块链监管而言，美国不被视为全球领导者。但他正在努力确保美国成为领导者，因为如果美国落后于其他国家，付出的代价可能会很高。“我认为最终在这项技术上领先的人最终会拥有制定世界其他地方规则的权力”。

87 欧洲公民运动组织为什么反对 Libra?

2019 年 10 月，欧洲非营利组织“WeMove. EU（公民运动）”，联合两个欧洲非政府组织“Finance Watch（金融观察）”“Bürgerbewegung Finanzwende-Finance Watch Deutschland（公民运动金融—德国金融观察）”，在 WeMove. EU 官网向欧盟官员、欧洲中央银行官员发起标题为《拒绝 Libra：拒绝 Facebook 的货币》的请愿。

可能接收到请愿书的官员有：欧盟候任主席 Ursula von der Leyen、欧洲中央银行行长 Mario Draghi 和欧洲中央银行行长候选人 Christine Lagarde。官网显示请愿目标是 10 万人，目前请愿人数已达到 80, 295 人。

请愿内容是：“要求欧洲中央银行和欧盟众机构在 2020 年 Facebook 和其他私营公司将私人货币 Libra 引入市场之前，阻止其推出。”

为什么要反对 Libra？请愿书中表示对隐私权的担忧：

Facebook 已无数次侵犯公民隐私权,Libra 正在侵犯公民最后的隐私领域——货币。请愿书中认为,Libra 与目前可用的去中心化和开放式数字货币如 Bitcoin 有很大的不同,将深刻改变货币体系,如果允许其发行,则允许 Facebook 掌握敏感支付数据和监控公民日常交易,这比对大型银行的依赖要危险得多。Facebook 这家科技巨头的力量将不受控制。

据请愿书中引用的从媒体 The Verge 泄露音频所述,扎克伯格告诉员工:Facebook 正在幕后努力进行游说,目前已与多个监管机构进行私人闭门会议,以确保 Libra 的部署。

部分请愿者的评论:

我反对资本主义和社交媒体巨头的垄断。——Katie

货币的掌控权不应在企业手中。——Thomas

通过政府和公民运动而不是大公司来赋予民主和人民权力。——Maria Alexandra

我不信任 Facebook,因为它抹杀了我们仅存的隐私。——Zeno

请愿书联合发布机构简介:

WeMove. EU(公民运动)是成立于 2015 年的欧洲非营利组织,致力于欧洲的民主和公正。通过网站组织政治运动,允许公民通过在线平台参与欧盟政策制定,曾组织多起请愿活动,包括将难民公平分配给所有欧洲国家、反对批准草甘膦杀虫剂、反对食品专利、呼吁欧盟放弃土耳其加入欧盟的谈判等。

Finance Watch 是一家欧洲非政府组织,致力于欧盟及其成员国的金融监管方面的研究和倡导。Finance Watch 是由欧洲议会的 22 名成员于 2010 年 6 月发起请愿而成立的,其中包括所有主要政治团体(ALDE,EPP,Greens-EFA,GUE / NGL 和 S&D)。金融观察的案例包括:银行的资本要求(《巴塞尔协议Ⅲ》)、银行结构(《里卡嫩咨询》)、高频交易、食品和资源投机以及对散户投资者的保护等。

Bürgerbewegung Finanzwende——Finance Watch Deutschland 成立于 2018 年 9 月,致力于作为公民利益的独立代表,“使经济盈利与联合国的社会、经济和环境目标(可持续发展目标)保持一致”,重点放在德国的财政政策上,融入欧洲范围内的网络中。包括研究金融市场主题,普及金融知识,通过竞选活动提出金融市场问题,采取法律行动保护公民免受金融业的侵害。

88 欧洲非政府机构 Finance Watch 为什么反对 Libra?

在 2019 年 10 月发布的《拒绝 Libra:拒绝 Facebook 的货币》请愿书(参见欧洲非营利组织 WeMove. EU 为什么反对 Libra?)中,Finance Watch 作为联合发布机构参与其中。在请愿书的附注资料中,Finance Watch 的一份报告给出反对 Libra 的 10 个原因:

1. Libra 不是货币,它是由少数全球公司控制的支付代币

支付代币不满足真实货币的三种功能:(1)充当标准计价单位;(2)充当法定货币,即在某区域的所有企业和个人有义务接受该货币作为支付商品和服务的方式;以及(3)作为价值存储的工具。因此支付代币有很高的投机性,价值剧烈波动。

Libra 与其他支付代币不同之处仅在于,它由全球大型公司财团(所谓的 Libra 协会)控制,Libra 可以使私人寡头取代现有支付服务中的中央银行和商业银行。Libra 仅仅是将全球支付流向其所控制的账户转移的一种方式。

2. Libra 不是真正的"加密货币",封闭且中心化

比特币的原始概念包括:一种基于开源代码的去中心化的点对点虚拟货币,通过共识机制自动、无人为地进行对账。

Libra 与比特币这类加密货币不同,它是通过由许多授权服务商与法定货币交换创建的、由 Libra 协会运营的数字支付代币。这不是对等系统,严格来讲也不是分布式系统,则无法满足更好的性能,包括防篡改、杜绝网络犯罪、便捷性、全球对等网络等。

3. Libra 是私人发行的金融资产，用户可能会损失资产

法定货币受到发行国政府的“充分信誉”的支持，中央银行通常以黄金和外汇的形式持有储备，以所谓的“储备”计价。在中央银行的支持下，官方货币通常也被视为由发行国政府对其资产进行质押，发行国对其发行的货币和金融债务承担无限责任，这并不意味着国家没有违约，但违约国不能简单地摆脱其义务，主权债务违约给该国及其人民带来极大痛苦，各国政府都积极避免债务违约。

相比之下，Libra 是由大型的、大多位于美国的有限责任公司组成的松散协会，他们对 Libra 的财务风险仅限于对储备金的初始出资，到目前为止，他们对维持货币价值和维持固定汇率没有任何正式义务。对于用户而言，具有重要性的问题——他们账户中的资金是否会损失其价值——在危机下将被简化为 Facebook 及其支持者的商业决策。

4. Libra 作为集体投资工具可能将逃脱全球监管

Libra 被称为稳定币，即以固定汇率与一篮子法定货币挂钩的支付代币。代币的价值由货币篮子组成的金融资产储备支撑。这笔储备金将由创始人的初期捐款提供。Libra 储备篮子的设计实际上相当于所谓的“货币市场基金”，这是一种拥有存款和流动性短期政府债务的集体投资工具。在上一次金融危机中，货币市场基金声名狼藉，全世界的立法者已经或多或少成功地提出了新的规定。

但是，到目前为止，监管机构尚未最终决定是否将 Libra 作为基金监管，是否将 Libra Association（Libra 协会）作为基金经理监管。《Libra 白皮书》和《Libra 后备文件》并未具体说明哪些金融机构将充当托管人，以及它们必须遵守哪些监管框架，在全球范围内缺乏对其适当监管的情况下，很难随时监控 Libra 是否拥有足够的和具有足够流动性的储备。

5. Libra 的价值可能根本不稳定

Libra 将作为一种新的金融资产推出，大量散户投资者以及专业市场参与者都可以轻松使用。目前尚不清楚如何进行这些交易，并由谁监督这些交易。像在现有的货币市场中一样，将交易活动集中在少数机构参与者的手中可能会

带来与传统市场相同的问题,包括汇率操纵和内幕交易。

6. Libra 可能会增加金融市场的系统风险

如果 Libra 如其发起人所期望的那样发展成为全球支付系统,它也将成为系统性风险的来源。如前所述,Libra 的发行人、Libra 协会及其“托管人分布式网络”将始终负责将准备金维持在所需水平。对储备金充足性的任何怀疑都可能引发投机性攻击,所以储备金必须被独立和定期审查。储备不足的风险可能会破坏 Libra 的价值,使其投资者蒙受损失。

另外,一旦 Libra 市场规模大且相对于某些参考货币而言具有足够的流动性,Libra 本身就可能成为投资者进行投机的工具。而中央银行必须动用其储备,即其公民资金,以稳定本国货币。

除了储备金的偿付能力风险之外,Libra 还可能增加流动性风险。根据 Libra 的运营模式,储备金的利息收入将由 Libra 协会成员用来支付其运营成本(并且可能还会产生可观的利润)。因此,Libra 协会有动机通过将尽可能多的资产投资于收益较高的资产(这些资产往往具有更长的期限,因此流动性较低),以最大限度地提高储备金的回报。当面对大规模的 Libra 赎回时(例如在危机中),Libra 的“分布式托管人网络”可能会变成被迫卖方,并破坏这些资产的市场稳定。

7. Libra 可能成为私人法定货币

与作为稳定币的目标相反,从长远来看,维持法定货币篮子的固定汇率甚至可能不是 Libra 赞助商的目标。实际上,放弃锚定很可能才是重点。储备和基础货币篮子的固定汇率旨在帮助 Libra 在初期获得信任,当发展成熟时,锚定将被抛弃,以便 Libra 本身成为完全成熟的、私人控制的法定货币,抓住铸币税的所有好处。

欧洲人民花了几个世纪的时间才夺取了对欧元的控制权。远离王室及其银行家的货币,并将其交给民主控制的政府及其机构。尽管存在缺点,但欧洲央行或英格兰银行等中央银行以及国家财政部至少在某种程度上受到公众监督和民主问责制的约束。

8. Libra 并非致力于金融普惠性

出于纯粹的实际原因,Libra 旨在利用数字支付帮助没有银行账户的发展中国家和地区实现普惠金融,这种说法是站不住脚的。为了处理 Libra,用户需要智能手机,除了硬件的最初费用外,还需要移动数据覆盖和一定程度的技术成熟度。仅需电话功能和基本连接功能的现有更简单的替代产品(例如 M-Pesa)比 Libra 更有吸引力。

此外,这些地区的居民根本不需要使用全球(加密)货币,因为其交易的商品和所支付的款项均以本国货币计价,因此 Libra 的金融用户(通过参考篮子)将使他们面临汇率风险。除了取代本国货币外,很难看到采用 Libra 的其他作用。

9. Libra 将权力进一步集中到数字寡头手中

金融观察(Finance Watch)一直批评传统银行系统的缺点,特别是其高度集中的程度使最大的银行拥有如此之多的权力,使其"太大而不能倒闭",以及几乎无限的杠杆作用使银行基于很少的资本可以发行很多的信贷。但是,将经济权力交给另一个甚至更少的私人参与者组成的组织并不是解决方案。

Libra 协会由一些全球最大的非银行支付处理机构组成,大型数字平台公司(Facebook 和其他一些公司)一次又一次地表明,它们也是寡头垄断者。这次大公司联合只是希望使银行摆脱现有的寡头垄断,从而帮助他们抢夺利益。

10. Libra 可能成为"洗钱"的新渠道

诸如比特币之类的加密货币已经越来越多地与非法活动联系在一起。网络犯罪通常涉及以加密货币付款。在现实世界中,加密货币已成为洗钱的渠道。如果 Libra 成功并实现全球覆盖,则存在真正的风险,即它可能很快会吸引金融犯罪和有害行为。这会挫败监管机构为控制犯罪活动资金的全球流动而作出的努力。

89 在 Libra 频频受阻的情况下，Ripple 的态度是什么？

2019 年 10 月 7 日，在接受《财富》采访时，Ripple 的 CEO 布拉德·加林豪斯（Brad Garlinghouse）表示，在三个多月前，Facebook 首次提出 Libra 项目时，他欣喜若狂——一方面是因为 Libra 项目本身，另一方面也是因为 Libra 的出现而引发了人们对 Ripple 的更多关注。

由于现在 Libra 遭到监管机构的强烈反对，Brad Garlinghouse 认为 Facebook 至少三年内都无法启动 Libra。“我敢打赌，到 2022 年年底，Libra 将不会启动。”

当被问及他是否看好 Facebook 能否坚持实现为 Libra 制定的最初愿景时，Brad Garlinghouse 仅简单说“不”，并补充道，“他们面临的监管阻力很大”。他解释说，如果 Facebook 不是监管机构的焦点的话，Libra 会发展得更好。“Facebook 一直处于全球多国政府的瞄准镜中。”尽管 Facebook 表示，在没有处理好监管机构的问题前不会启动 Libra，但 Brad Garlinghouse 对此表示，“我认为这将是一条艰难的道路。”

Ripple 本身也面临一些监管方面的审查，特别是有关于 Ripple 在跨境交易中使用的加密货币 XRP 是否应归类为证券的问题。美国证券交易委员会（SEC）最近对另一家区块链公司 Block. one 处以 2400 万美元的罚款，原因是该公司在出售加密货币 EOS 时未遵守证券法。但是，Brad Garlinghouse 对 Ripple 面临类似的风险持乐观态度，称其与 XRP 的关系不同于 Block. one 与 EOS 的关系。

尽管 Libra 和 XRP 之间有些相似之处，但也存在显著差异。两种加密货币存在的目的都是为了解决原有支付方式的不足，如高昂的中介费、漫长的转账时间等。但两者的差异也很明显。就使命与受众而言，Ripple 的 XRP 旨在为大型金融机构提供服务，以帮助他们快速进行交易。相比之下，Libra 的使命在于为零售客户，尤其是无银行账户人群提供便捷的支付汇款方式。两者使用的区块链协议也不同，例如，Libra 承诺使用权益证明（POS）进行货币创造。Ripple 则具有自己的专利技术——Ripple 协议共识算法（RPCA）。尽管 Ripple 和 Facebook 目前没有竞争业务，但这不表示未来不存在这种可能性。

90 随着监管压力的升级，目前 PayPal 对 Libra 持有怎样的态度？

PayPal 是全球大多数客户最信赖的支付平台之一。近日，PayPal 表示，其并非 100% 确信 Libra 将成为未来的货币，并且对 Libra 项目持谨慎态度。PayPal 的投资者关系副总裁 Gabrielle Rabinovitch 称，他们加入的 Libra 协会成员资格“是一个无约束力的承诺”。此外，她还指出，在 Libra 成为“一个非常令人兴奋的想法”之前，需要完成“大量工作”。

就“无约束力的承诺”这一点而言，Visa CEO Alfred Kelly Jr. 曾同样表示，其公司与 Libra 签订的协议是“无约束力的意向书”，它不是契约，而是一份意向书，也就意味着“没有人正式加入”。

在 Facebook 的设想中，Libra 是一种全球性稳定货币，可以将没有银行账户的人带入金融系统中。这与 PayPal 今天扮演的角色非常相似。Gabrielle Rabinovitch 表示，“Libra 的目标和抱负与 PayPal 在为弱势群体提供服务方面的抱负非常一致”，并且其能够“使得资本的获取民主化”，由于这些原因，PayPal 方面“非常相信 Libra 的潜力”。

虽然有些公司对于 Libra 持谨慎态度，但这并不妨碍有其他公司想要加入其中，特别是加密行业的公司。其中最著名的公司之一是 Gemini，这是由 Zuckerberg 的竞争对手 Winklevoss 兄弟创立的加密货币交易所。一些活跃在亚洲地区市场的加密货币公司也表示对愿意加入 Libra 项目中，包括加密货币交易所 Coincheck 的母公司 Monex Group、中国台湾的加密货币交易所 MaiCoin 等。

91 为什么推特（Twitter）首席执行官 Jack Dorsey 说 Twitter 不会加入 libra 协会？

2019 年 10 月 24 日，Twitter 首席执行官杰克·多西（Jack Dorsey）在 Twitter 纽约办事处举行的一次活动中，就 Hollywood Reporter 编辑提出的 Twitter 是否考虑加入 Libra 项目的问题作出明确回答。Jack Dorsey 称，Twitter 不会加入 Facebook 主导的 Libra 协会，他表示："Libra 项目并非诞生于互联网的开放标准，而是受到企业意图的驱使，这与 Twitter 公司及其个人的信念不一致。而且实际上该项目内的任何技术、体系及功能都不是必须通过创建加密货币才能实现的。"

同时，Jack Dorsey 还就 Facebook 首席执行官 Zuckberg 周三于美国众议院金融服务委员会作出的证词进行回应，他指出："Zuckberg 的很多言论体现的思想都来自美国传统，如言论自由、审查制度和技术平台应在民主中扮演的角色。我担心如果过多地基于这些概念，将导致我们失去试验和扩展的能力。"他进一步解释说："我们不仅为美国用户服务，我们还为全球用户服务，互联网在某种程度上像一个新兴的民族国家。"

Jack Dorsey 是比特币和闪电网络的倡导者，其于 2019 年早些时候推出了在比特币网络上开放式开发的 Square Crypto。在 2019 年 9 月，他曾表示不会效仿 Facebook 发布一种专门基于 Twitter 的加密货币，他更喜欢现有的开放共识标准。

92 当前美国国会支持和反对 Libra 的声音是否强烈?

作为 Libra 听证会的参与人,石木资本董事欧阳默为我们带来了一些独家信息。欧阳默自 2006 年起便担任 Facebook 的法律顾问,参与了 Libra 的两次听证会。他是石木资本和 RockTree LEX 两家公司的董事长,以及真格基金国际合伙人。

以下为欧阳默采访回答:

众议院议员比参议院议员年轻,所以相比于参议院议员,众议院议员更了解 Libra 和加密货币。在国会,了解区块链和加密货币的主要是共和党人和部分民主党人。对于 Libra 来说,很多人反对 Libra,因为 Facebook 参与了这个项目。许多民主党国会议员对 Facebook 的其他行为感到不满,尤其是关于剑桥分析丑闻所涉及的隐私问题。Facebook 因此被美国政府罚款 50 亿美元,虽然这笔罚款对 Facebook 的运营没有造成影响,但这笔罚款也是美国历史上对科技公司的单笔最高罚款。

这次 Facebook 听证会后,国会还召开了一系列闭门会议。国会邀请我返回华盛顿特区,就如何制定促进创新的规则和条例进行讨论,并与国会的 50 名议员交流法律法规的政策走向。虽然在听证会现场直播中大家看到的情况并不尽如人意,但是闭门会还是取得了令人期待的进展。我可以说,美国政府并不是没有在推进区块链和加密货币技术与法律。事实上,美国政府目前提出的监管框架在某些方面远比新加坡和瑞士更完善,更能促进科技创新,所以耗时较长也有这方面的原因。

我同时也与反对 Libra 的国会领导进行了讨论,例如主席 Maxine Waters 女士。他们反对的主要原因在于对 Facebook 的不信任。

反对者提出的很多问题与区块链和加密货币无关,更多的是关于隐私、

Facebook 的少数民族雇佣策略以及经济歧视，经济歧视指那些生活在贫穷地区的低收入用户将会被忽略。另外，Libra 本身及其结构也存在问题。我认为，Libra 需要简化，一篮子货币有些复杂，如果锚定美元，Libra 会获得更多支持。我之所以这样说是因为 2018 年 9 月纽约州政府已经批准了 2 种稳定币 Pax 和 Gemini，他们都是以 1∶1 的比例锚定美元。这些都为政府批准 Libra 创立了先例。同时，结构简化也有助于 Libra 跳出美国证券法的要求，包括证券交易委员会 1933 年发布的证券管理条例。Libra 协会和 Facebook 都在考虑这些问题。

93 Libra 团队内部面对各方论调持怎样的态度？

据亲临听证会的欧阳默先生了解，Libra 团队内部态度非常积极。虽然目前有很多障碍，主要是因为美国政府对 Facebook 不满，但是上周 Libra 协会已经在日内瓦成立，并且选举了董事会，及 21 个初始成员。

以下为欧阳默采访回答：

Libra 协会会采取新的策略。策略之一是会使 Libra 更国际化，会让它所有成员都为其发声，比如安德森·霍洛维茨基金的 Katie Huan 已进入董事会，会在 Libra 承担更多公共职责，还有 Xapo 以及沃达丰。现在还处于发行全球化、合规化稳定币的早期阶段，所以鉴于 Libra 巨大的影响力，实现这点还需要一段时间。

然而，我预测未来，那些可以用区块链技术提高支付与金融效率的团体会发行稳定币。比如，中国石油、埃克森石油可能有他们自己的稳定币，甚至沃达丰也可以发行自己的稳定币，如果它不加入 Libra 的话。

此外，Libra 协会上周刚刚成立。目前有 5 位董事会成员、21 位协会成员定期召开会议，同时还有运营管理会议。下一步是修改加入 Libra 协会的内部要求。什么样的成员可以加入Libra协会有公共标准,也有内部标准,目前正在修改,主要是考虑到Libra的全球策略以及近期有成员退出的情况。

94 如何看待Libra的跨境支付应用?

2019年11月8日,中国金融学会会长、中国人民银行前行长周小川在2019年第十届财新峰会上发布演讲,[1]对央行数字货币、Libra、区块链、人民币国际化等热点问题进行了详细阐述。

周小川表示,数字货币是通过科技手段来提高支付的效率,减少障碍,以解决全球金融基础设施现存的问题,例如跨境支付。

对于Libra,周小川指出,Libra强调的应用方向是跨境汇款,他表示:“我个人觉得这个选择方向也是有道理的。”这是由于,区块链和分布式账本技术的每秒处理交易量还不足以用于零售环节,而跨境支付的笔数相对少一些。此外,跨境支付的效率问题使得这种解决方案具有一定的吸引力。

但Libra协会的管理形式也存在争议。Libra协会管理一篮子货币,引发了私人组织是否能够全心全意地做好公共服务的质疑。这导致了对于Libra协会私人利益的怀疑以及对于Libra的稳定性的担忧。

周小川表示,他比较关心Libra托管的准备金数量如何确定、质量如何,“也就是说托管的钱是不是真正在那儿作为备付使用,另外就是有没有赚取利润的动机。因为在中国我们发现很多第三方支付机构说是要搞支付,通过科技提供更好的支付,但是有的支付机构实际上眼睛就瞄着预付金来了以后可以有利息收入,也可以做其他的投资从中获取收益。所以这个看法也都是

[1] 本部分内容引自《周小川最新演讲重点,谈央行数字货币、Libra、区块链试点》,载https://mp.weixin.qq.com/s/rzlaDJqp4GjZI35HHYF0HA。

接近的”。

对于 Libra 等数字货币带来的监管挑战,周小川认为如果数字货币或电子支付是从事跨境汇款、跨境投资、贸易结算业务,就需要联合机制,而不是靠某一家央行来主导。这本质是全球央行应该如何建立协作机制的问题,和全球基础设施如何建设的问题。

95 为什么 Libra 的普惠金融目标实现还具有一定难度?

在 2019 年 10 月 28 日举行的首届外滩金融峰会上,哈佛大学肯尼迪政府学院高级研究员、美国商品期货交易委员会原主席蒂莫西·马萨德(Timothy Massad)发表了题为《数字资产与货币的未来》的演讲,对比特币、Libra 和央行数字货币等问题进行了阐述。

Timothy Massad 表示,基于三个原因,需要对数字货币进行探讨。首先,发行 Libra 的 Facebook 拥有超过 20 亿的用户,规模巨大,即使很多人不支持,其也会产生巨大影响。其次,Facebook 的目标是普惠金融,为无银行的人士提供服务。虽然这可能是为了收集数据的目的而提出的表面之词,但全球数十亿人都被排除在金融系统之外是事实。因此,Libra 计划让人们更多地关注这类人群的需求。最后,Libra 对未来的导向可能比其本身更为重要,包括如何更快的诞生主权数字货币等。

Libra 由于采取稳定币的结构,即一种具有标的资产抵押的数字资产,相对于比特币,作为一种支付方式而被接受的概率更大。而其区块链采用的是基于许可型(permissioned-based)的系统,尽管 Facebook 声明会在五年内使其成为非许可型(permissionless)的系统,但目前还不清楚如何才能实现这个目标。

Facebook 表示该提案旨在为全球 17 亿无银行账户的人士提供服务。这个目标听起来颇有气度,但是否可行呢?在没有银行账户的情况下,如何才能获取初始的 Libra 呢?其获取 Libra 的费用是否会超出使用者的承受能力呢?

Timothy Massad 表示,目前 Libra 的普惠金融目标实现还具有一定难度,这是因为 Facebook 和 Libra 协会的其他成员还不具备可以让无银行账户的人士通过支付现金来获取 Libra 的商铺网络或者实体店。其获取 Libra 的费用是否超出使用者的能力也未知。即使这两个问题可以解决,如何说服没有银行账户的人接受 Libra 支付也是个问题。此外,发展中国家的政府可能会因为 Libra 威胁其货币主权而采取抵抗态度。最后,Libra 并没有提出可能对无银行账户人士更具吸引力的其他服务方案,比如小额信贷。

对拥有银行账户的人来说,他们换取 Libra 无疑更方便,但他们同时还有其他的支付选择,例如信用卡和第三方支付。

Timothy Massad 总结,Libra 作为支付系统,相对于替代系统的吸引力取决于:获取和使用 Libra 的成本是否足够低,网络和附加效益是否足够大。

对于 Libra 和支付宝以及微信支付的差距,Timothy Massad 认为 Libra 建立在社交媒体上,更类似于微信,但这也许存在更大的障碍。支付宝和微信支付的用户资金进出成本低,此外,这两大平台还提供了很多福利,例如促销、折扣和金融服务,在禁止这些平台提供利息的情况下,采用巧妙的方式提供货币市场基金。

在监管态度上,Timothy Massad 表示监管机构整体对于 Libra 的态度比较负面,这是由于对 Facebook 的不信任。但是,监管机构对 Libra 持负面态度的原因远不止这些。在美国,很多政府官员和立法者很难达成共识。然而,在听到 Libra 提案后,他们却迅速对 Libra 的提案表示反对,或者至少表示担忧。沃特斯主席草拟了《让大型科技公司远离金融法案》,如果该法案通过,Libra 提案将会被直接禁止。当然这部法案涉及的范围太大,很难通过。

监管者还有其他的角度来考虑 Libra,例如 Libra 是否属于基金?对于储备金如何监管?是否需要限制资产的投资方式?还有金融稳定性的问题,例如 Libra 是否受存款保险的保障。

96 Libra 引发了哪些问题的关注？

Timothy Massad 表示，Libra 对未来的导向可能比其本身更为重要，这表现在三个方面：首先，这可能会引发对数字资产法律现代化进程的关注；其次，可能会引发对技术企业和金融服务直接边界模糊的问题的关注，例如输出技术、获取数据的金融科技公司是否需要受到监管，为系统重要性的金融机构提供服务的科技公司是否需要受到金融市场的监管；最后，Libra 提案引发了越来越多对央行数字货币（CBDC）的关注。

探索央行数字货币的原因包括以下几个方面：一是公众越来越不愿意使用现金，二是数字货币的使用将提高付款效率，三是进一步扩大金融普惠的覆盖范围。

央行数字货币大体上可以分为两类：批发型和零售型。批发型面向大型金融机构，不会对个人产生明显的影响。但零售型数字货币面向个人和企业，具体又可分为基于价值的和基于账户的方式。与现金相比，CBDC 的可追溯性更强，但可能存在隐私保护的问题。基于账户的 CBDC 还可以支付利息，并有可能影响央行的货币政策的决策方式。CBDC 的广泛使用可以降低基本交易成本，从而提高金融普惠的程度。

但 CBDC 也可能产生负面影响，例如可能会引发存款转移，在金融危机时引发挤兑风险，带来更大的稳定性隐患。CBDC 也引发隐私方面的担忧，同时也使其在面临网络攻击时显得更加不堪一击。

Timothy Massad 总结，上述问题都非常具有挑战性，未来何去何从，目前尚无定论。不管怎样，他期待不久的将来，我们能够看到某种形式的央行数字货币问世。

97 在美国，持有 Libra 需要缴税吗？

开放市场研究所（Open Markets Institute）成立于 2017 年 9 月，是一个独立组织，致力于研究政策和法律的变化与问题，揭露垄断风险，教育政策制定者、学者和其他有影响力人群，从而营造开放、有竞争力的市场环境。

在开放市场研究所发布的报告《Libra 基础知识：Facebook 的货币项目是什么？》一文中，提出了 Libra 可能产生的税收影响。

以下为文章内容：

维持 Libra 价值稳定的一篮子货币可能会对 Libra 的用户产生税收影响。全球货币的价格波动将改变用户在其 Calibra 钱包中的 Libra 对任何特定货币的价值。这种变化会在用户进行交易时产生资本收益或损失。用户可能需要追踪他们何时获得 Libra，何时花费 Libra 以及当时的汇率。Facebook 发言人表示，用户必须确保他们遵守税法。这可能使 Libra 和税务机关面临重大问题，因为用户可能不愿意处理税务合规问题。Libra 表示，他们期望在 Libra 区块链上建立的钱包和金融服务将为人们提供工具来帮助管理这一过程。

现有货币的缴税经验有很多有用的先例。2017 年 11 月，旧金山的一名法官裁定，Coinbase 需要将至少持有币值 2 万美元以上的用户信息交给美国国税局，并表示其有合理的调查原因，因为自 2013 年至 2015 年，只有 800 ~ 900 名纳税人向其报告了来自比特币的回报。根据 Credit Karma 的税收数据显示，2018 年的前 201,000 个纳税申报表中只有 100 个包括加密货币税收数据。但是 Libra 不是分散的，运营方式也与加密货币不同。Libra 协会将由一个企业协会管理，构成了用户交易数据的中央权威。税务机关可能向其要求提供有关用户交易的信息，例如美国国税局针对 Coinbase 的要求。

98 IBM为什么考虑与脸书(Facebook)合作?

IBM的区块链服务总经理杰森·凯利(Jason Kelly,以下简称凯利)表示,公司在寻求区块链领域的合作,并表示"区块链是一种团队运动","我们的客户已经准备和Facebook合作了,我们也为将他们聚合在一起做好了准备"。

凯利强调了数字货币和资产代币化(tokenization)的区别,后者是将货币、股票等发行在数字账本上。他认为像Facebook这样的公司进去这个领域将会为这个行业带来更多的合法性。

凯利没有表明IBM是否有兴趣加入Libra协会,他表示,"当我们说Libra的时候,人们都说这是另外一种加密货币,但我们关注的不是加密货币,而是资产代币化"。

IBM为什么会对Libra感兴趣? 事实上IBM一直致力于区块链项目的开发。IBM在供应链领域发起了TradeLens,能够追踪全球近一半的海运集装箱货物的数据。目前,TradeLens拥有100多名参与者,跟踪和共享了超过5亿次航运活动和文件。IBM还在食品溯源领域开发了IBM Food Trust,目前已经处理了超过1200万笔交易,涉及8000多种产品,与100多家成员合作。

IBM重点发力的领域也包括跨境支付领域,其开发的World Wire是一个支付清算解决方案,允许机构和个人点对点的完成不同货币的转账,这一交易几乎实时完成清结算。目前平台支持72个国家/地区的47种货币,具有44个银行端点和超过1081个独特的货币交易对。据官网介绍,这是通过两家进行交易的金融机构同意使用稳定币,央行数字货币或其他数字资产作为任何两种法定货币之间的桥梁资产完成的。因此,Libra作为稳定币,可以作为IBM跨境支付系统中间的清结算资产,从而达到强强联合的效果。

99 金融服务企业 R3 对于 Libra 的态度是什么？

R3 成立于 2014 年，是一家企业级金融服务公司，其发起的 R3 区块链联盟，至今已吸引许多大型金融机构参与，包括富国银行、美国银行、纽约梅隆银行、花旗银行等。R3 主要提供的产品包括分布式账本平台 Corda，其面向银行间或银行与其商业用户之间提供服务，致力于消除不同账本之间进行同步的人力和时间。

2019 年 11 月 18 日，R3 CEO 戴维·卢特（David Rutter，以下简称卢特）表示，他对 Facebook 的 Libra 项目一直持怀疑态度，并称 Facebook 在今年发布 Libra 白皮书这一行为是“荒谬的愚蠢”。他很惊讶 Facebook 的领导者为何不能明白 Libra 尚未被普遍接受——自 Libra 问世起，它便有种咄咄逼人的气势。

卢特表示，Facebook 发行加密货币的计划推动了政策制定者和金融监管机构对区块链和加密货币应用的审查进程，但他也解释说，Facebook 更多是为了在区块链和加密货币的新领域中发声而设计出 Libra 项目。鉴于这家科技巨头多年来一直试图进入主要由金融机构主导的市场，这一举动是幼稚的。“我们看到 Facebook 谈论要对一篮子货币进行加权，实际上，当我们想将其转换回现实世界的货币时，这并不简单。……真的是很幼稚。”

鉴于 Facebook 在全球互联网中的主导地位，Libra 自问世以来一直吸引着多国金融监管机构的注意。尽管全球监管机构就 Libra 项目争论不休，并暂未对此达到一致共识，但 Libra 协会仍然正在继续发展 Libra 网络。到目前为止，在 Libra 网络上，已经有超过 30 个金融科技项目和 51,000 笔交易。在接下来的几个月中，Libra 计划引入一系列新功能，帮助 Libra 协会进行对项目开发的监督工作，包括建立技术指导委员会以及启动完成《贡献者许可协议》等。此外，Facebook 宣布推出法币支付系统“Facebook Pay”，其将在 WhatsApp、Instagram 和 Facebook Messenger 上运行。

100 诺贝尔经济学奖得主如何评价 Libra 等数字货币？

2019 年 11 月 22 日，诺贝尔经济学奖得主克里斯托弗·皮萨里德斯（Sir Christopher Pissarides，以下简称皮萨里德斯）就 Libra 等数字货币发表了自己的看法。

➢ 人们会拥抱数字货币的到来

皮萨里德斯对数字货币持积极态度，认为随着目前数字交易量的增长，人们最终走向“拥抱”数字货币的世界。而与之相对，需要关注的问题包括数字货币的背书、监管体系、以及数字货币的定价与发行量问题。皮萨里德斯表示，“我们要避免出现 19 世纪中期时发行纸质货币所出现的危机，最后导致把黄金当成了流动货币。就数字货币而言，中国应该会成为数字货币的一个引领者，因为中国现在已经在网络交易方面走在了前面，移动支付领域也走在前面，未来应该也会影响引领潮流。”

➢ 区块链技术不存在政治风险

对于区块链技术而言，皮萨里德斯认为，交易与支付是一个很好的区块链应用场景。区块链可以使得交易更透明，记录更永久，有效预防欺诈行为的出现。由于虚拟货币目前存在风险，并且各国央行没有出台明确的监管意见与监管措施，所以区块链的监管还需进一步研究。区块链不是政治系统，而是适用于记录的技术，在各国家的应用都不会存在较大差异，有可能存在的情况是，不同政府对信息和数据的公开程度不同。这不同于 5G 技术带来的国与国之间的竞争。在 5G 技术中,涉及基础设施等安全信息,有可能引发政治风险,这与仅涉及电子交易的区块链技术不同。

➢ **Facebook 会获得过大权力**

关于央行拒绝 Libra 的原因,皮萨里德斯表示,由于 Facebook 公司具有很大影响力,但是不像央行一样可信。作为独立于政治系统的一家企业,美联储和参议院担心 Facebook 会以发行 Libra 为契机,在金融和货币政策上获得过多权力。现在也有小型公司发行自己的数字货币,但是由于公司规模小,受众面小,不太可能造成 Libra 带来的影响。

101 我们是否应该担心全球范围内崛起的稳定币?

比利时的布鲁塞尔研究所于 2019 年 12 月 2 日发布了名为《下一代数字货币:寻求稳定性》的政策文件。该文件是为欧洲议会的经济和货币事务委员会(ECON)准备的,作为 ECON 和欧洲中央银行行长于 2019 年 12 月 2 日进行关于货币对话的资料。文件指出,最近的事态发展重新开启了关于未来货币的辩论。文件主要讨论了两个方面:全球私人稳定币(如 Facebook 的 Libra)崛起的影响,以及中央银行数字货币可以发挥的作用。

文件表示,Facebook 的 Libra 之类的稳定币在 3 个基本方面不同于前几代加密货币,这也引发了相应的担忧。

首先,它们拥有庞大的用户网络和全球可访问性,这是两个关键特征。由于 Facebook 具有庞大的用户基数,Libra 的直接网络规模约为 25 亿,远远超过使用欧元甚至美元等国际货币的人群的数量。因此,有关部门担心 Libra 有足够的规模成为一个全球货币竞争者。潜在的庞大用户群会导致发行人的垄断权,进而导致系统故障造成的财务漏洞(无论是故意的、欺诈、或仅仅是简单错误)的严重后果。

其次,考虑分布式账本技术当前的局限性,包括在能源和效率方面的局限性,新的稳定币将更多依靠中心化系统来验证交易。这样的中心化系统避免了对自然资源的过度使用,并且操作更加方便。但是,中心化系统会带来数量有限的关联成员合谋的风险,损害使用者的相关利益。

最后,稳定币将特别着重于降低新货币价值的波动性。有观点认为,Libra 协会类似于货币发行局。但是,在某些时候 Libra 协会可能会违背其诺言并且不完全支持每个 Libra 代币的价格稳定性,或者会更改资产池的组成,以便增加自己的利润。目前,我们只能假设该协会的动机是利润最大化,这与任何货币政策当局的目标都不相同。Libra 的价值将在很大程度上取决于 Libra 协会对其的稳定承诺。但是,不同于具有公共职能的中央银行履行其稳定任务,Libra 协会不受类似承诺的约束,但具有利润最大化的动机,这可能导致未来 Libra 的价格不再稳定。

文件表示,Facebook 的 Libra 计划已经引起了中央银行和各国政府的警觉。各国害怕失去货币主权,也已经转向中央银行数字货币(CBDC),将其作为一种潜在的解决方案。CBDC 可以降低私人数字货币的吸引力,减缓其推广和使用速度。

102 稳定币面临哪些法律问题?

2019 年 12 月 4 日,在首届外滩金融峰会上,国际货币基金组织(IMF)副法律总顾问刘岩女士就“数字货币的未来:可能性与不确定性”发表了演讲。

在演讲中,刘岩表示,在数字货币发展的过程中,应该关注到还有诸多法律问题需要厘清。“数字经济会引起很多法律方面的问题,尤其是在商法和民法方面……而且央行的数字货币是央行的一种负债还是仅仅用来记账? 还是法定货币？这些都是根本性的法律问题，都有待厘清。”

同时，为数字货币定性也会给监管带来影响。刘岩认为，数字货币可能具备多种特性，比如包括支付系统、银行存款、大宗商品、投资证券或者外汇等的属性。因此，对数字货币的定性会决定对其的监管方式。

以 Libra 为例，她指出，一个很重要的问题是如何给 Libra 归类？将 Libra 置于现有法律框架下，还是专门为它来量身定制一个新的法律框架来监管？各国当局都在考虑或者是审查现有的法律框架。“如果对于上述问题没有明晰、确凿的回答，各国央行将很难满怀信心、快速地应对不确定性。”

会后，刘岩进一步表达了自己对数字货币带来的影响的看法，并提及，2018 年 10 月，IMF 和世界银行一起在巴厘岛年会推出了《巴厘岛金融科技议程》，议程内容共有 12 点，其中有两点非常重要，涉及法律跟监管方面，这也与 IMF 的基本使命——维持国际货币体系的稳定和有效的运作——紧密相关。这两点议程中，第一是要加强国际金融体系的稳健性，第二是要加强法律的机制，以便构建有利而明确的法律基础。这两点的共同之处在于，任何国家都需要找一个非常平衡有效的机制，一方面能够享受这种新科技所带来的成果，另一方面要能够积极地防范它所带来的各种风险。

刘岩认为，从金融稳健的角度来讲，区块链与数字货币之类的金融科技既存在加强合规的优势，自身又具有很多风险，比如洗钱或者是恐怖融资的风险。数字货币的匿名性与点对点特性，也为监管机制带来困扰。《巴厘岛金融科技议程》要求各个国家要积极的研究和防范洗钱或恐怖融资方面的风险，以达到能够让人们真正享用它的成果，而不是对国际经济体系造成很多的损害。从法律角度来讲，IMF 的法律部一直在积极的追踪研究这些新的发展，尤其要研究它带来的法律的这些含义和它的影响。

数字货币与其他金融科技相关的法律问题也值得人们深思与探讨。比如说，持有一个稳定币意味着什么？一个持有者对于发行者有什么样的追索权？持有者对于稳定币背后的资产有什么样的权利？即使一个稳定币在发行的时候可能回答了这些问题，但是一个管辖区，比如它的破产法可能有不同的规定，这样可能会有否决权。再者，比如说央行发行数字货币，什么意义？是央行的一种负债呢,还是央行的一种记账方式,或者是一种法定的货币? 所以这些都是非常重要的一些法律问题。这些法律问题中蕴含的对属性的定义会直接影响到监管,因为这些数字货币可能是一种支付手段,也可能是一种大宗的商品、存款或投资工具。所以法律的属性会直接影响到如何监管这些产品或商品的模式。法律的明确性跟稳定性实际上是非常重要的,是确定一种监管的方式和来决定如何防范风险的一个非常重要的方面。

103 开放市场研究所对监管非主权货币有什么政策建议?

在开放市场研究所发布的报告《Libra 基础知识:Facebook 的货币项目是什么?》一文中,提出了对美国国会监管 Libra 等非主权货币的政策建议。

以下为文章内容:

Libra 支持者认为现有国内和国际支付系统效率低下,这一点是正确的。但是,非主权货币本质上是危险的。除了主权方面之外,同时运营支付系统与非金融技术平台还可能导致反竞争行为。因此,对于国会而言,有 3 项基本的政策建议。

第一,国会和/或美联储应阻止创建任何非主权货币。

第二,国会应在所有支付系统和非金融服务之间建立结构上的隔离。对于具有市场支配力和监控能力的大型技术平台而言,这种隔离尤为重要。施加隔离将涉及 4 个方面:

(1)任何获得联邦或州许可的金融机构都不能使用非主权国家发行的货币进行交易;

(2)任何可转换虚拟货币均无资格用于向政府账户支付税款、费用、罚款或其他款项;

(3)任何可用来替代受监管的支付系统的技术平台,均应遵守适用于受监管系统的参与者的《银行保密法》/《反洗钱》标准;

(4)支付是银行业务的一部分,具有非金融核心业务的技术平台禁止从事银行业务。银行可能不能拥有非金融公司的所有权,并且反之亦然。

第三,国会和美联储应该探索让美联储发行普通民众可使用的数字货币和公共支付系统,从而为公民和企业提供能够进行支付活动的多一种选择。美联储不必是组织这种系统的机构,邮局拥有实际的分支机构基础设施来促进数字美元生态系统的发展。无论管理机构是谁,对货币和支付系统的公共控制都是主权和民主治理的核心方面。

104 开放市场研究所认为 Libra 将如何遵守 KYC/AML 要求?

在开放市场研究所发布的报告《Libra 基础知识:Facebook 的货币项目是什么?》一文中,提出了对 Libra 如何遵守 KYC/AML 要求的看法。

以下为文章内容:

Calibra 已根据《银行保密法》在金融犯罪执行网络(FinCEN)注册为货币服务业务(MSB),并且需要在所有的 50 个州申请 MSB 许可证。为了遵守《银行保密法》的法规和建议,Calibra 必须创建稳健的 AML 合规计划,包括了解你的用户(KYC)和客户尽职调查(CDD)的计划。《银行保密法》要求对个人身份进行验证,包括姓名、出生日期、地址和身份证号码。对于每笔交易,MSB 均应确保知道汇款人的资金来源、交易目的、汇款人的姓名、地址和国籍,并具有汇款人的政府 ID。

美国海外资产控制办公室(OFAC)对个人、组织和国家实施经济和贸易制裁。MSB 必须过滤并清除可能受到制裁的实体,确保符合 OFAC 法规。清除可能对受制裁个人发出的警报,标记高风险司法管辖区,以及验证受益人的身份和信息可能会阻碍 Facebook 快速清除警报并缩短付款处理时间的能力。

Libra 白皮书提到使用 Libra 进行的交易(点对点交易)将收取低廉的交易费用。Calibra 的产品 VP 凯文 · 威尔(Kevin Weil)表示,Libra 区块链每秒将处理 1000 笔交易,数字钱包 Calibra 的引导流程将非常简单。

Libra 尚未说明货币如何存入 Libra 资金。Libra 可以建立本地兑换处或实施 e-KYC 计划。但是,根据金融行动特别工作组的说法,非面对面的互动(如果建立了 e-KYC 的话)暗示着洗钱和恐怖融资风险较高,并且“缺少 CDD 会增加服务提供商识别可疑活动的难度”。

符合针对 MSB 的《银行保密法》/《反洗钱》法规也将意味着对相关人员进行有效的教育或培训计划。根据 FinCEN 的建议,领导层将负责所有相关领域遵守《银行保密法》/《反洗钱》法规,并且必须接受针对其角色制定的培训。

2012 年,FDIC 列举了与移动支付系统相关的可能风险,包括记录保存、筛选和报告、以及满足《反洗钱》/《银行保密法》/美国海外资产控制办公室要求所面临的挑战。使用欺诈账户对第三方服务提供商遵守 KYC 法规构成了潜在的挑战。在 Silk Road(注:Silk Road 是一个线上黑市)的毒品贩运和洗钱圈中,多个 PayPal、比特币和西联汇款账户被用来转移非法资金。

在美国,银行报告称,制裁筛查、客户风险分析、账户引导的 KYC,以及对警报的有效解决方案是其 AML 合规计划的主要挑战。此外,中大型银行在合规方面的年均支出为 1680 万美元。

105 Libra 作为货币发行局:风险太大吗?

布鲁盖尔研究所报告“Libra as a currency board: are the risks too great?”分析了 Libra 作为货币发行局的潜在风险。由于有关部门的批评以及一些创始成员的离职，Facebook 的 Libra 项目开局艰难。Libra 的批评者主要集中在与洗钱、财务稳定性和数据隐私相关的风险上。但是该项目也引发了有关货币管理的问题。

Libra 的推动者将其呈现为支付系统的创新。但是，这也是一种新的货币体系，因为它意味着，至少在项目的初始形式下，要创建新的货币，并且 Libra 协会本身已将其性质定为“类似于货币发行局（例如香港）运营的方式”。

货币发行局是一种货币系统，发行人在该货币系统中以外币形式的资产平衡其负债。例如，香港金融管理局发行自己的港元，并在资产方面持有美元。同样，Libra 将持有一篮子高质量和流动性资产，例如银行存款和政府证券，来作为 Libra 发行的负债。

因此，Libra 类似于货币发行局制度。然而，到目前为止，Libra 的拥护者们都忽视了货币发行委员会提出的货币管理问题

破坏稳定的冲击威胁着所有货币体系，Libra 也不例外。为了确保其稳定，成功的货币发行局（如香港）需要积极管理和酌情干预。但是与传统的货币发行委员会不同，Libra 的发行人将是一个私人协会，而不是一个合法的金融机构。而且，Libra 是一种赚钱的商业模式，没有可以确保其稳定性的工具。这种差异对 Libra 货币具有重大影响，迄今为止，Libra 协会已经对其加以掩盖。

➢ 管理 Libra

在货币发行局（和 Libra）中，发行实体在资产负债表的两侧持有不同的项目，并且必须确保它们之间的一致性（例如，一侧为 Libra 代币，另一侧为一篮子优质资产）。但是，冲击将不可避免地打击 Libra 发行人资产负债表的资产和负债方面，有可能破坏这种一致性。

如果发行人允许这种冲击完全影响其负债的价值（如果它允许其货币自由浮动），对 Libra 的冲击将不会产生这种破坏作用。但是货币浮动会与 Libra 的稳定目标背道而驰，在稳定目标中，“稳定性”被理解为相当于实际商品的购买力。Libra 被设计为“任何用户都将知道今天的 Libra 的价值将在明天和将来接近其价值的一种货币”。

如果影响资产负债表两侧的冲击始终很小,或者如果相互关联非常紧密,那么冲击也不会具有这种破坏作用。但是,金融历史表明,将整个构造基于这种毫无根据假设是非常不明智的。实际上,货币发行局(和金属货币系统)的经验表明,维持这种盯住(储备资产的模式)需要非常积极的保护行为。

特别是在负债方面,不断变化的预期会产生重大的、破坏稳定的冲击。在本国货币发行局中,政府利益冲突可能会导致人们担心,政府将放弃维持钉住汇率的承诺,以追求某些宏观经济目标,就像阿根廷在2002年所做的那样。在私人货币发行局中,获利动机相当于宏观经济利益对国家货币发行局的作用。Libra持有人可能会担心,当出现获利机会时,Libra协会会违反其承诺,例如,它发行的资产超过其资产的负债,中止其兑换甚至使Libra贬值。这种情况有很多历史例子,例如在金属货币体系中。

发行人更改储备金构成的权利可能是一个特定属于Libra的漏洞。根据项目,此类更改将是特殊的,并且必须经过严格的决策。但是,此功能可能会推动投机活动:如果Libra持有人预计资产组成的变化可能暗示资产负债表资产侧的价值显著提高,那么投机活动可能会在相当长的一段时间内推动对Libra的需求。

现在和在可预见的将来,由于持有高流动性和高质量的储备所能获得的极低收益,可能会导致Libra维持钉住汇率的承诺偏离。持有人可能担心Libra会屈从于追求收益的诱惑,例如,通过改变Libra储备的构成以提高其资产的微薄收益,即加大对低流动性和信用度但高回报率的资产的权重。

Libra的两个明显特征会加剧寻求收益的诱惑:

储备金的利息将用于向该货币的第一批投资者支付股息。但是,这些第一批投资者也恰好是Libra董事会成员,其财务利益可能会与系统的稳定性发生冲突。因此,Libra的激励结构具有助长不稳定的趋势。

Libra协会会员将承担有限责任,从而损害了该协会在充分满足Libra持有人追偿要求方面的信誉。

➢ 稳定性策略

如我们所见,不对称的冲击威胁着货币发行局的稳定性,Libra也不例外。

不过，事实证明，某些货币发行系统（如香港的）是具有弹性的。为了确保与储备挂钩的持续维持，成功的货币发行局需要强大的稳定机制。这种机制包括：(1)允许在发生冲击时进行干预的组织机构，以及(2)实施此类决定的运营工具。Libra 的一种解决方案可能是采用自己的稳定机制。为了评估这种机制是否可行，可以将 Libra 与香港货币发行局进行比较。

1983 年成立的香港货币发行局稳定存在了很久。这一成功无疑会推动 Libra 将自己与该地区的货币体系进行明确的比较。但是，香港的成功取决于一个复杂的框架。

首先，香港金融管理局（金管局）维持超过 100% 的储备。这种净资产缓冲能力代表金管局捍卫货币挂钩能力，这也是增强系统信誉的保证。

其次，金管局的透明度很高，并致力于公众宣传。金管局的市场运作会即时宣布，并会每日公布有关数据。在对该系统进行任何重大改革之前，金管局官员会向市场参与者通报这一变化，并发表研究报告以提供背景信息并解释其理由。此外，金管局会发布货币发行委员会的会议记录，每月都会公布货币发行委员会的账户数据和其他统计数据。

最重要的是，香港货币发行局的成功取决于积极的管理，包括机械干预和自由裁量干预：

机械稳定机制涉及金管局在资本流入或流出使得汇率推到狭窄范围之外时自动干预以买卖港元。这些干预措施会导致货币基础扩大或收缩，从而对银行间拆解利率施加向下或向上的压力，这样可以抵消原始资本流动并确保汇率保持稳定。换句话说，利率至少部分抵销了资本流入和流出对汇率的影响。金管局拥有自由裁量干预的权力，自 2005 年进行改革以来，金管局已经使用了两次干预权，以应对在大型股市推出前对港元需求不断增长的问题。

此外，金管局间歇性地干预货币市场，以稳定与美国的利率差异。在必要时，干预措施通过出售外汇基金票据和债券来控制利差，从而吸收多余的现金，反之亦然。

➢ Libra 的教训

香港的情况表明，面对潜在的抵消性资金流动，一个复杂的框架，包括积极管理和具有严格的功能是必须的,以保持负债方货币与资产方外币之间的一致性。Libra 协会可以采用香港使用的工具来保证其货币稳定吗?由利润驱动的“授权经销商”提供的、在 Libra 的价值和准备金之间进行套利的机制,在任何情况下是否能像香港金管局的机制一般稳健?

正如我们已经讨论,预期的可能产生的破坏性尤其具有挑战性。当市场对港元的钉住汇率制存有疑问时,中央银行会采取干预措施以确保市场稳定(间接地调整利率并进行量化干预)。

在 Libra 中,没有任何实体有明确的责任应对冲击(如因预期变化而产生的冲击)。发生危机时,谁愿意保卫 Libra?即使实体被赋予管理 Libra 的责任,它也可能缺少执行此任务所需的工具。Libra 迄今缺少的四个工具是:(1)权益缓冲,(2)利率,(3)透明度和积极的沟通和教育,以及(4)法律授权。

首先,很难看到 Libra 将如何积累必要的权益,以干预和抵消其资产与负债之间的潜在不平衡(积累超过 100% 的准备金)。Libra 应该投资于高流动性和高信用证券。但是,正是这些证券在现在以及未来的远期利率收益率都非常低,甚至为负。例如,由 GDP 加权的美国、德国、法国、日本和英国国债组成的复合证券的收益率为 0.88%,几乎不会提供保护性缓冲的积累。Libra 很可能会在收支平衡方面遇到问题。

其次,Libra 董事会不会将利率作为一个重要的稳定工具。金管局的干预措施是通过利率影响港元的需求(或供给)。但是 Libra 的利率保持在 0 不变,这意味着其董事会将无能力以同样的方式影响其货币的需求(或供应),以应对不稳定的流量。

再次,围绕货币发行局的稳定预期建立在透明度和主动沟通上。我们在多大程度上可以期望一个以利润为导向的企业达到合法的公共机构的标准,在很大程度上是一个悬而未决的问题。

最后,在没有法律授权的情况下,尚不清楚必要的稳定工具在 Libra 协会手中是否有效。工具的可用性可以稳定预期,但是面对诱人的利润机会(或重大损失),持有人是否可能质疑 Libra 协会对使用稳定工具的承诺?

监管可能会克服我们已经讨论过的一些挑战,例如,如果有义务建立权益缓冲。但是,对像 Libra 这样的全球货币进行监管将需要深入的跨境协调和对监管的真正接受。建立一个新的货币系统,如 Libra,似乎是一种实现安全、稳定、廉价、简单和即时的全球支付系统,但这种机制可能是产出不成比例且可能无效的。进一步发展和国际化现有的即时支付系统,例如欧洲中央银行的“目标即时支付结算系统”(Target Instant Payment Settlement),似乎是一个更有效果的选择。

106 Libra 会对货币政策有什么影响?

在开放市场研究所发布的报告《Libra 基础知识:Facebook 的货币项目是什么?》一文中,探讨了 Libra 会对货币政策产生的影响。

以下为文章内容:

Libra 是一种全球性货币,因此根据货币秩序的稳定性、监管环境和使用规模的不同,Libra 会产生不同的影响。

Libra 的影响取决于 Libra 与现有主权货币体系之间的关系。如果可以使用 Libra 轻松地赎回主权货币,并且 Libra 可以相对无摩擦地进入或退出银行系统,则其影响可能会非常深远。

正如 FDIC 前主席希拉·拜尔(Sheila Bair,以下简称拜尔)所指出的,一部分人群将某种货币转换为 Libra 并不特别重要。但是,如果每个人都想要 Libra,他们将从银行系统中提取现金,将其交给 Libra 系统,钱将存入不受监管的瑞士 Libra 储备金中。这意味着银行用作借贷的资金将减少,而 Libra 储备金可用于投资的货币额度也将变大。Libra 储备金可以将这些资产存入银行,尽管其可能远远超过存款保险的门槛,或者其可以购买政府债券。

如拜尔所说:“白皮书承诺将使用‘投资级’金融机构作为托管人,投资于低波动性资产,例如银行存款和短期政府证券。但是,没有监管机构来确保

Libra 会这样做，也没有要求 Libra 的赞助商动用自己的资金或储备来支持这些投资（如果投资失败的话）。”

“本质上，Libra 提出了金融危机之前货币市场基金使用的失败的商业模式。它希望你以保证货币将保持稳定的价格购买 Libra，但 Libra 实际上用你的资金做了什么不会得到监管，也没有通常银行中会要求的资本和流动性要求。这种结构在 2008 年危机期间被证明是灾难性的。当时，Reserve Fund——一种大量投资雷曼兄弟债券的货币市场基金——‘跌破一美元（break the buck）’，并引发了其他货币市场基金的广泛挤兑。”

如果 Libra 储备金确实只投资于政府证券，那将是资源从私人借贷到向政府借贷的转移。此外，这种货币监管和数据的转移的影响尚待探索。谁来控制对 Libra 系统生成的大量财务数据的访问？如果 Libra 储备金或系统的某些重要技术领域发生违规并且 Libra 货币发生挤兑，会发生什么？Libra 协会可以提供紧急流动资金服务吗？如果不能，当这种系统与我们的商业系统性地交织在一起时，谁来支持这种系统？

这些担忧不仅适用于货币体系稳定的富裕发达国家，对发展中国家，影响可能更大。在本国货币动荡或银行体系薄弱的国家，当地货币兑 Libra 的汇率会波动，就像兑美元等主权货币一样。如果这些地区广泛接受了 Libra，那么大规模采用 Libra 可能会导致本国货币相对于 Libra 倾销，从而导致本国货币贬值，通货膨胀加剧或使得当地银行体系不稳定。货币政策可能最终由位于加利福尼亚的西方公司组成的董事会针对世界各地制定，这些公司在潜在的不受监管的瑞士 Libra 储备中拥有以硬通货计价的资产，而并非由主权政府制定货币政策。

第五章　Libra带来的影响

107 为什么 Libra 共同创始人 Christian Catalini 认为央行应该支持 Libra?

Libra 共同创始人兼 Calibra 首席经济学家克里斯蒂安·卡塔里尼(Christian Catalini)在新加坡举行的金融科技大会上指出,“从一开始,我们就清楚地知道,最终中央银行将发行某些类型的中央银行数字货币,因此我们希望该系统能够针对未来进行验证。”

Libra 本可以以这些央行数字货币为基础构建,但是其目前的挑战是几乎没有任何先例可循。Libra 不仅可以与主要中央银行推出的新央行数字货币共存,而且还可以帮助他们在该项目之上建立。

108 欧洲央行认为如何减轻 Libra 带来的风险?

2019 年 9 月 2 日,欧洲央行(ECB)执行委员会成员伊夫·默施(Yves Mersch)在法兰克福举行的 ECB 法律会议上发言谈及 Libra,他在表明对 Libra 高度中心化的担忧后,谈及了 Libra 可能会面临的法律和监管上的挑战。

为了减轻 Libra 带来的风险,他认为监管面临两方面挑战,一是需要确保欧盟及其成员国的相关监管机构对 Libra 及其网络的管辖权,二是需要跨境合作与协调。

他认为,对监管的挑战之一是确保欧盟及其成员国的相关监管机构对 Libra 及其网络的管辖权。在 Libra 背后的实体不受欧盟管辖时,如何确保这一点？一种方法是要求国家保管一定数量的 Libra 储备基金，等价于在该国中流通的 Libra 数量。至于其他可以确保监管机构对 Libra 及其网络的有效公共控制的方法也同样值得探讨。确保支付系统的安全性且可访问和掌控支撑经济的金融市场基础设施是公共利益的目标。确保抵押或结算终结性的条件设立仍是监管机构或立法机构的特权。

另外，Libra 的监管需要跨境合作与协调。因为 Libra 将跨境使用，所以具有全球属性，需要采取全球性监管措施，以避免监管套利，确保监管一致性，保证公共政策执行效率。

有迹象表明，全球在共同努力减轻 Libra 的风险。G7、支付与市场基础设施委员会（CPMI）都对 Libra 进行了评估，其重点是 Libra 在洗钱和恐怖主义融资方面的潜在用途。G20、金融稳定委员会（FSB）和其他论坛预计将进一步开展工作，与全球货币和金融体系的稳定性相关。

109 国际货币基金组织（IMF）认为 Libra 等稳定币的潜在优势有哪些？

2019 年 9 月 19 日，IMF 博客上登载了 Fintech Notes 数字货币系列文章的第一篇《数字货币：稳定币的崛起》，该系列由在国际货币基金组织工作多年的人员编写，探索数字经济中的紧迫议题。

《数字货币：稳定币的崛起》由 IMF 货币与资本市场部的财务顾问兼董事托比亚斯·阿德里安（Tobias Adrian）和 IMF 货币与资本市场部副处长汤玛索·曼奇尼－格里弗利（Tommaso Mancini-Griffoli）撰写。该文认为，现金和银行存款正在与所谓的电子货币作斗争。如同 IMF 之前的报告，该文同意新的数字支付方式可为客户和社会带来巨大的利益，如提高效率、加强竞争、扩大金融包容性和创新，但它可能会引发金融稳定性和诚信、货币政策有效性和竞争标准的风险。

新形式货币能否被接受取决于它们作为价值储存和支付手段的吸引力。例如 Facebook 发行的 Libra、可在 85 个国家交易的 USDC,这样的稳定币商业模式正在变得普及。

文章中还探讨了稳定币会兴起的原因。稳定币的优势是它们作为支付手段的吸引力。低成本、全球影响力和速度都是巨大的潜在优势。此外,稳定币可以允许基于区块链的资产实现无缝支付,并且由于其开放式架构,可以嵌入到数字应用程序中,而不是局限于银行的专有系统中。

Libra 这类稳定币最强大的吸引力来自使交易变得像使用社交媒体一样简单的网络。付款不再仅仅是转账的行为,而是将人们联系起来的基本社交体验。稳定币由热衷于以用户为中心的公司设计,能更好地融入人们的数字生活。拥有庞大全球用户群的大型科技公司提供现成的网络,新的支付服务可以快速传播。

110 Libra 为什么可以解决全球支付系统的失灵?

本文来自 CPMI 主席兼欧洲央行执行委员会成员贝诺瓦 · 库雷(Benoît Cœuré)于 2019 年 9 月 25 日在柏林德国联邦议院举行的关于“关注 Libra 的数字货币”的听证会上的讲话。

以下为全文翻译:

支付系统一直是金融的核心,最近引起了越来越多的关注。创新泛滥,新提出的解决方案证明了新技术进步的速度和范围及其对我们日常生活的影响。传统的基于银行的支付生态系统正被技术初创公司和成熟的大型技术公司颠覆。这些大型技术公司有着大型的数字足迹,但迄今为止,其核心业务模式仅限于非金融活动。

尽管全球支付系统逐步更改和改进,其仍面临两个主要挑战:准入的挑战和跨境零售支付的挑战。在全球范围内,尽管有11亿成年人拥有手机,而且1/4的人也可以使用互联网,但仍有17亿成年人无法使用基本服务。支付账户和电子钱包是诸如信贷和保险之类的其他金融服务的门户,因此,一般而言,无法访问它们会阻碍金融普惠(Curé,2019a)。

另一方面,跨境零售支付对于全球贸易和将汇款汇回国内的移民来说至关重要。然而,与国内支付相比,它们通常更慢、更昂贵且更不透明。令人遗憾的是,跨境汇款的成本给那些承受能力最差的人带来了最大的负担。

在大型技术或金融公司的支持下,以区块链技术为基础的许多所谓的"稳定币"(如Libra)计划旨在解决至少一个上述问题。尽管私有数字货币形式已经存在了数十年,但这些新计划可以访问现有大型网络的用户和客户,这表明它们可能成为第一个真正具有全球影响力的计划。

这些举措为广泛的政策领域提出了巨大的挑战。特别令人关注的是与反洗钱和打击资助恐怖主义有关的风险,以及消费者和数据保护、网络弹性、公平竞争和税收合规。G7财长和中央银行行长已授权一个工作组来部分解决这些问题,更详细地研究全球稳定币。预计该小组将在今年10月的IMF-世界银行年会之前提出政策建议。金融稳定委员会也已开始研究这些举措的监管影响,并将向G20部长和政府报告。

根据不同的司法管辖区,现有的监管机制可以解决迄今已确定的风险,其基本方法是监管的答案应在国际上保持一致,并以"相同风险,相同规则"的原则严格应用。

但是,在某些方面可能需要创新的方法。例如,在欧盟中,欧洲委员会、成员国、欧洲央行和有关当局的角色是共同负责审查当前框架是否适合符合它意图达到的目的。在任何潜在的全球稳定币项目的推进获得相关当局批准之前,我们需要进行大量工作,并与公众和当局进一步合作。

稳定币计划还需要证明良好的法律基础。这些举措的全球性质意味着需要解决跨辖区的潜在法律冲突。稳定币的歧义会使其价值容易受到信心丧失的影响,而这是具有潜在系统重要性的全球支付系统中不可接受的风险。鉴于许多稳定币都是针对零售用户的,因此至关重要的是,币的持有人的权利和发行人的义务必须清楚地传达,并在法律上是精确的。

稳定币还依赖运营市场的新兴技术的新进入者,该技术可以为消费者带来新的利益,但在现实环境中和运行全球支付系统所需的规模上未经大规模的测试。这些技术还使用分布式模型,以采用新的方式管理。因此,需要很好地理解其治理结构。

如果稳定币得到广泛使用,它们也可能引起与货币政策传导和金融稳定相关的问题。如果稳定币替代法定货币,则可能存在国家货币主权被侵犯的风险。此外,如果稳定币发展到可提供以其计价的信用或透支额度,则货币政策的传递可能会受到影响。最后,如果支持稳定币的资产没有以足够安全和谨慎的方式进行管理,以确保其持有人有信心保证可以在任何时候赎回,那么金融稳定性将受到影响。

综合考虑,Libra 无疑是对央行和政策制定者敲响的一次警钟。全球稳定币计划是技术快速进步、全球化和消费者偏好变化的自然结果。未来几年,对快速、可靠和廉价的跨境支付的需求必将进一步增长。决策者和中央银行应该应对这些挑战。

111 Libra 的出现是否加速了央行数字货币的诞生?

Libra 已成为全球中央银行进行改革和反映数字时代到来的动力。2019 年 10 月,瑞典中央银行行长斯特凡·英韦斯(Stefan Ingves)接受采访时表示,Facebook 提议的加密货币 Libra 是一个极其重要的催化剂事件,迫使中央银行重新考虑他们的主要产品:货币。

随着瑞典的现金使用量急剧下降,瑞典央行一直在探索数字货币发行的可能性。该国的许多商店甚至都不接受实物钞票和硬币。这些零售商会贴着标语,表明他们不允许顾客用现金付款。瑞典央行目前正在寻求今年试行所谓的“电子克朗”货币。Libra 的出现,无疑会加速电子克朗的研发。

无独有偶,即使是最初对数字货币没有兴趣的美联储也开始重新考虑数字美元的可能性。美联储高级官员、达拉斯联邦储备银行行长罗伯·卡普兰(Rob Kaplan)表示,由于当前监管机构越来越担心美元可能面临失去其作为世界储备货币地位风险,美联储正在“积极研究并辩论”数字货币发行的可能性。如果外国政府或另一实体开发出一种被广泛采用的替代货币,美国可能会承受更高的利息成本。

美国从美元中收到的好处是显而易见的,由于美元在国际贸易中的重要作用以及 20 世纪美国在全球事务中的主导地位,多国央行、商业银行和投资者持有以美元计价的资产。这降低了美国的融资成本,如果存在有吸引力且可行的替代方案,那么对美国资产(如国债)的需求将会减少,进而推高国债的利率。而目前美国国债的规模已接近空前的 23 万亿美元。

此前,美联储主席杰罗姆·鲍威尔(Jerome Powell)和一些美国议员在今年早些时候警告说,Facebook 开发 Libra 的计划可能会变得如此受欢迎,以至于取代美元并破坏美国金融体系的稳定性。

罗伯·卡普兰表示:“我们仍然认为,在可预见的将来,美元将成为世界储备货币,我们能够以相对较低的利率为债务再融资,但我认为我们不应认为这是理所当然的。”

112 美联储有必要开发全天候实时支付和结算系统以应对 Libra 吗?

美国一位高级联邦官员认为,为应对 Facebook 的 Libra,美联储必须采取紧急行动并启动自己的全天候实时支付和结算系统。

在 2019 年 11 月 7 日致美联储理事会的一封信中,美国联邦贸易委员会专员罗希特・乔普拉(Rohit Chopra)表示支持美联储提出的启动全天候实时支付和结算的建议,该系统称为"FedNow 服务"。

实际上,美联储在 2018 年或更早以前开始开发 FedNow 系统,并于 2019 年 8 月在官网正式宣布,预计服务将于 2023 年或 2024 年提供。在 FedNow 的官网上,美联储这么介绍:"付款的未来是 FedNow!美联储正在开发一种具有集成清算功能的新型银行间 24 ×7 ×365 实时全额支付系统(RTGS)服务。如果可用,FedNow 服务将帮助金融机构为其客户提供端到端的更快的支付服务。借助 FedNow 网络,您的客户可以随时随地随时发送和接收付款,并在几秒钟内完全使用这些资金。"

罗伯特・乔普拉在信中指出,美联储必须迅速采取行动,以防止新的威胁产生,无论这些威胁是在"潜在的大型私人银行垄断"的支持下产生的,还是来自像 Facebook 这样的私营竞争对手的威胁。快速付款系统由银行或者私营机构垄断会抑制创新并扭曲市场的激励机制,因为所有参与者的长期利益很可能会在追求短期利益的过程中失效,因此美联储不应放弃对华尔街未来支付系统的控制。他呼吁美联储加快这一进度,基于以下 3 个原因:第一,引入公众竞争者将阻止华尔街大型银行的垄断;第二,公共竞争者将检查私营部门的滥用情况;第三,美联储将提供证明作为公众竞争对手的好处。

他在信中写道:"美联储必须扮演公共竞争者的角色,以防止大型银行垄断核心金融系统的功能。随着华尔街和硅谷的大型私营公司寻求通过控制关键基础设施来发挥其市场力量,对于董事会而言,迅速实施该提案比以往任何时候都更为重要。"

113 在全球稳定币的风险下,欧元体系的零售支付策略是什么?

欧洲央行执行委员会成员贝诺瓦·库雷(Benoît Cœuré)在2019年11月26日的欧洲央行与比利时国家银行联席会议上发表讲话,题为"克服未来零售支付的鸿沟"。在演讲中,他提到了欧盟在零售支付方面缺乏统一的支付生态系统,全球稳定币这种非欧盟的支付体系将为欧盟带来潜在风险。

以下是演讲节选:

对于这些风险,唯一有效的应对措施是让欧洲利益相关方加强合作,共同行动,提供既能反映消费者需求又能加强单一市场的支付解决方案。

考虑到这一点,欧洲央行理事会本月初决定重新启动其零售支付策略。我们策略的目的是在购买或互动的地点(所谓的互动点或POI)付款中积极促进泛欧洲的零售支付市场计划。

理事会认为,这些市场举措必须实现5个关键目标:

1. 泛欧范围和客户体验

客户应该能够像在其本国一样高效安全地在整个欧盟范围内进行POI付款。为此,需要泛欧范围的覆盖并获得广泛的商家认可,并且要有健全有效的治理机制,以达到网络行业必需的临界规模,并充分利用单一市场的优势。这一规模将推动在消费者中的采用并获得消费者的信任,这在电子商务中至关重要。

2. 方便且具有成本效益

仅当欧洲零售支付解决方案完全满足用户需求时,他们才会接受该解决方案。因此,该解决方案需要为消费者和商家提供轻松、灵活、安全和友好的付款体验。这就要求可以使用不同的工具(如支付卡、移动电话、可穿戴设备和即时支付)以及通过其他渠道和技术(如近场通信)来执行支付。

依靠以前无法使用的即时支付技术可能是设计比现有解决方案更有效的解决方案的关键。商家因此节省的成本最终将降低消费者支付的价格,使每个公民受益。

3. 安全保障

一种新的欧洲支付解决方案必须符合所有相关的法律和法规要求。它应提供最高级别的欺诈预防需求,并通过可靠的投诉和退款程序为消费者提供保护。

4. 欧洲的身份和治理

应采用共同的品牌和徽标来树立欧洲形象。欧洲治理结构可以使欧洲支付利益相关者在战略方向和商业模式方面产生直接影响。应激励这些利益相关者在其治理下设计一种满足欧洲客户需求的支付解决方案。

5. 全球认可

为了完全满足最终用户的需求,欧盟以外的商家也应该可以使用新的欧洲解决方案,这将增强规模经济和国内采用率。因此,全球接受该支付解决方案应该是一个长期目标。

这 5 个主要目标构成了欧元体系零售支付策略的核心。它们提供了应该由私营部门运作的概念性愿景。

因此,欧元体系欢迎许多欧洲大型银行的战略举措,以创建一种真正的泛欧洲零售支付解决方案,该解决方案有可能满足我们的战略愿景。提议的解决方案将基于 SEPA 信用转移即时(SCT Inst)计划,我们认为这是正确的方案,因为它面向未来的方案。从一开始,它就可以利用现有强大而复杂的基础架构,例如欧洲体系的 TIPS。

然而,现在需要的是新倡议的拥护者的坚定承诺,以及实现预期目标的明确路线图,以便让我们可以看到,很快会出现切实的行动。支持者还应与欧盟委员会紧密合作,以确保任何项目都将公开,并符合欧盟竞争规则。这也意味着,如果出现其他倡议,它们将受到同等考虑。

公共倡议可能是有用的,并且时常需要以支持行业主导的解决方案。例如,欧洲委员会可以提议立法,规定如果到2020年年底仍未达到临界数量,支付服务提供商必须在一定时间内采用即时支付。在适当时间,可能需要进行其他监管变更。

就其本身而言,欧元体系随时准备在其有用和被需要时为其他技术提供援助。例如,我们将分析如何支持搜索解决方案,以确保可以完全集成符合SCT Inst的清算机制。当前用于清算即时付款的私人解决方案仍未以令人满意的方式解决互操作性问题。这需要进一步分析和采取行动。

欧洲央行还将继续监视新技术如何改变欧元区的支付行为,例如通过减少现金需求。我们将探讨中央银行如何以及在何种程度上需要调整其政策和工具,以应对此类变化可能给消费者保护和货币政策传递带来的挑战。

例如,即使最终不再使用现金,中央银行的数字货币也可以确保公民仍然能够使用中央银行的货币。这种数字货币可以采取多种形式,欧洲央行和其他中央银行目前正在研究其收益和成本,同时考虑它们对金融中介的广泛影响。

但是,潜在的央行举措不应阻止或排除那些以实现欧元区快速高效的零售支付为目标的私人市场主导的解决方案。

114 哪家机构最适合推动全球性数字货币?

在重庆举行的博鳌亚洲论坛第二届“亚欧合作对话”的“金融全球化的前景与挑战”专题讨论中,博鳌亚洲论坛副理事长、中国人民银行原行长周小川认为,过去几十年,全球化运转的金融机构、区域性开发银行、金融市场联通以及货币当局合作对于金融全球化发挥了积极作用。金融危机后,为了应对和避免危机,讨论涉及国际性宏观调控尤其是货币政策协调制度等问题。针对数字经济税、数字货币和电子支付等新情况,需要全球合作以及金融界的积极响应。

数字货币的最新进展将全球性货币这一议题重新提出,目前全球面临机会推进类似 eSDR 和 SHC 这样的全球性数字货币,但这需要一个类似全球央行的机构来思考全球性的货币政策、宏观经济波动以及金融稳定,而在 G20 平台上,IMF 是最接近这个功能的多边机构。

附　录

	Libra 白皮书“1.0”	Libra 白皮书“2.0”
	概要	
修改	Libra 的使命是建立一套简单的、~~无国界的货币~~和为数十亿人服务的金融基础设施。	Libra 协会的使命是建立一个简单的**全球支付系统**和金融基础设施，旨在使数十亿人受益。
新增		**在 2019 年 6 月，随着该项目的首次公布，Libra 协会朝着建立一个更具包容性和创新性的金融体系迈出了第一步。我们的目标是在旅途中尽早建立合作对话。我们已经与监管机构、中央银行家、民选官员以及以及世界各地的各种利益相关方合作，以确定将区块链技术与公认的监管框架相结合的最佳方式。我们的目标是使 Libra 支付系统与当地货币和宏观审慎政策顺利整合，并通过启用新职能、大幅降低成本以及促进金融包容性来补充现有货币。** **协会对初始方法已进行了更改，其中很多方法与其他区块链项目所采用的方法不同。协会的目标绝不是模仿其他系统，而是通过协会成员和分布式技术，并利用分布式治理的创新方法来创建一个开放和可信的系统。通过进行艰巨的工作来增强传统金融系统，使其变得可编程、可互操作以及可升级，我们希望能够让他人利用我们的努力，构建创新、安全以及合规的金融应用，并为所有人服务。** **我们感谢与世界各地决策者的讨论，他们帮助我们了解了关键问题，以便我们能够将可行的改进，纳入到 Libra 支付系统的设计当中，并分阶段推出计划。** **这份更新版白皮书概述了自 2019 年 6 月以来，我们在 Libra 支付系统设计方面所做的重要工作。为解决值得特别关注的监管问题，我们已进行了四项关键更改，以下将简要介绍每项修改，然后在更新后的白皮书中进行更深入的阐述：**

续表

	Libra 白皮书“1.0”	Libra 白皮书“2.0”
新增		除了锚定多种资产的稳定币外，我们还会提供锚定单一货币的稳定币； 通过稳健的合规性框架提高 **Libra** 支付系统的安全性； 在保持 **Libra** 主要经济特性的同时，放弃未来向无许可系统的过渡； 在 **Libra** 储备的设计中加入强大的保护措施； 除了锚定多种资产的稳定币外，**Libra** 还会提供单一货币稳定币。 尽管我们一直希望 **Libra** 网络能够补充法定货币，而不是与之竞争，但人们共同关心的一个主要问题是，如果 **Libra** 网络达到相当大的规模，并进行大量 **Libra** 币（**LBR**）支付，则多货币背书的 **Libra** 币（**LBR**）可能会干扰货币主权和货币政策。因此，除了多货币背书 **Libra** 币（**LBR**）之外，我们通过增加单货币稳定币来扩展 **Libra** 网络。最初是从提议的一篮子 **LBR** 币中的某些货币开始（例如，**LibraUSD** 或 **USD**，**LibraEUR** 或 **EUR**，**LibraGBP** 或 **GBP**，**LibraSGD** 或 **SGD**）。 每种单一货币稳定币，都将有充分的储备金支持，储备金包括现金、现金等价物以及以该货币计价的非常短期的政府证券。我们希望与世界各地的监管机构、中央银行以及金融机构合作，以随着时间的推移扩展 **Libra** 网络上可用单货币稳定币的数量。而多货币稳定币 **LBR** 将仅仅是 **Libra** 网络上某些单一货币稳定币的数字组合，它将以固定的权重来定义，正如国际货币基金组织（**IMF**）的特别提款权（**SDR**）。**LBR** 可以作为一种高效的跨境结算货币，也可以作为一种中立、低波动性的选择，供尚未在网络上建立单一货币稳定币的国家人民及企

续表

	Libra 白皮书“1.0”	Libra 白皮书“2.0”
新增		业使用。这种方法还有一个额外的好处，即允许网络支持更广泛的国内使用案例，并在中央银行数字货币（CBDC）可用时，为其无缝集成提供一条清晰的路径。有关更多详细信息，请看下文。 **通过稳健的合规性框架提高 Libra 支付系统的安全性** 我们的目标是建立一个系统，以确保遵守适用的法律和法规，同时支持我们的开放及金融包容目标。集成保障措施，使人们和企业可以信任 Libra 支付系统的安全性和完整性。协会吸收了监管机构的反馈意见，并继续为金融合规和全网络风险管理制定一个全面的框架，并为反洗钱、打击资助恐怖主义、遵守制裁以及防止非法活动制定强有力的标准。这包括建立一个金融情报职能部门（FIU 职能部门），以帮助支持和维护网络参与者的运营标准。Libra 网络将参与者分为四类：（i）指定经销商；（ii）在金融行动特别工作组（FATF）成员管辖区中注册成为虚拟资产服务提供商（VASP，包括交易所和托管钱包），或在金融行动特别工作组（FATF）成员管辖区注册，并被允许在该等许可下执行 VASP 活动（受监管的 VASP）；（iii）已完成由协会批准认证程序的 VASP（认证 VASP）；（iv）寻求通过 Libra 网络进行交易或提供服务的所有其他个人和实体（非托管钱包）。 非托管钱包可以实现金融包容、广泛的竞争以及负责任的创新，从而促进为无银行账户人士创建服务。但由于他们的活动可能会带来更大的风险，因此他们将受到余额及交易额方面的限制。最初，该网络将只对指定经销商和受监管的 VASP 开放，而协会则根据从监管机构

续表

	Libra 白皮书“1.0”	Libra 白皮书“2.0”
新增		收到的反馈，继续开发其他 **VASP** 的认证流程以及针对非托管钱包的合规框架。协会打算在相关合规框架最终确定之后，允许经认证的 **VASP** 和非托管钱包使用 **Libra** 网络。有关详细信息，请看下文。 在保持其主要经济特性的同时，放弃未来向无许可系统的过渡 监管机构对 **Libra** 网络的控制范围提出了很多深思熟虑的问题，特别是需要防范未知参与者控制系统以及删除关键合规条款。我们相信，通过一个开放、透明和竞争激烈的网络服务和治理市场，可以复制无许可系统的关键经济属性，同时兼顾许可系统固有的强大尽职调查。有关更多详细信息，请看下文。 在 **Libra** 储备的设计中加入强大的保护措施 我们已经与监管机构就如何处理极端情况进行了建设性的讨论，尤其是储备金将如何在压力较大的情况下发挥作用，以及讨论了 **Libra** 币持有者有哪些索赔和保护措施。我们已在储备金的设计和结构中纳入了其他系统的方法策略。该储备将持有期限非常短、信用风险低、流动性高的资产，此外，它还将维持资本缓冲。有关更多详细信息，请看下文。 这份最新的 **Libra** 白皮书记录了支持 **Libra** 支付系统的任务和机制，同时力求提供有关关键领域的更多详细信息。此外，我们希望这份文件为建立更广泛的公私合作伙伴关系打开大门，其共同目标是提高全球支付效率以及扩大金融包容性。

续表

	Libra 白皮书“1.0”	Libra 白皮书“2.0”
	问题陈述	
不变	互联网和移动宽带的诞生令全球数十亿人得以获得世界各地的知识与信息、享受高保真通信,以及各种各样成本更低、更便捷的服务。如今,只需使用一部 $40 美元的智能手机,即可在世界上几乎每一个角落使用这些服务。	互联网和移动宽带的诞生令全球数十亿人得以获得世界各地的知识与信息、享受高保真通信,以及各种各样成本更低、更便捷的服务。如今,只需使用一部 40 美元的智能手机,人们即可在世界上几乎每一个角落使用这些服务。
修改	这种~~互联便利性让更多人得以进入金融生态系统,从而推动了经济赋权。通过共同努力,科技公司和金融机构还开发出了帮助增强全球经济赋权的解决方案。~~尽管取得了这些进展,但世界上仍有很多人游离在外。全球仍有 17 亿成年人未接触到金融系统,无法享受传统银行提供的金融服务,而在这之中,有 10 亿人拥有手机,近 5 亿人可以上网。 对于很多人而言,金融系统的某些方面与互联网诞生前的电信网络颇为相似。二十年前,在欧洲发送一条短信的平均价格是 16 欧分。~~而现在,只需要一部购买了基本流量套餐的智能手机,任何人都可以在全球范围内免费通信。那时的通信服务很贵,但是价格是统一的;而如今由于受到成本、可靠性和汇款流畅性方面的影响,迫切需要金融服务的人往往获得的金融服务不足或会受到限制。~~ 纵观全球,穷人为金融服务支付的费用更多。他们辛辛苦苦赚来的收入被用来支付各种繁杂的费用,例如汇款手续费、电汇手续费、透支手续费和 ATM 手续费等。~~发薪日贷款的年化利率可能达到 400% 甚至更高,仅借贷 $100 美元的金融服务收费便可高达 $30 美元。当被问及为什么仍然徘徊在现行金融体系的边缘时,那些仍“未开立银行账户”的人往往指出:没有足够的资金,各种不菲且难以预测的费用,银行距离太远,以及缺乏必要的手续材料。~~	尽管有了这种连通性,但世界上仍有很大一部分人口游离在外。全球仍有 17 亿成年人未接触到金融系统,无法享受传统银行提供的金融服务,而在这之中,有 10 亿人拥有手机,近 5 亿人可以上网。对于很多人而言,金融系统的某些方面与互联网诞生前的电信网络颇为相似。二十年前,在欧洲发送一条短信的平均价格是 16 欧分。如今,钱少的人却要为金融服务支付更多的费用,他们辛辛苦苦赚来的收入都被手续费侵蚀了,例如汇款手续费、电汇手续费、透支手续费以及 ATM 手续费等。

续表

	Libra 白皮书"1.0"	Libra 白皮书"2.0"
修改	区块链~~和加密货币~~具有许多独特的属性，因而具备解决金融服务可用性和信誉问题的潜力。这些属性包括：分布式管理，确保网络不受单一实体控制；开放访问，允许任何能连接互联网的人参与其中；以及安全加密技术，保护资金安全无虞。 但是，现有的区块链系统尚未获得广泛采用。现有区块链缺乏可扩展性，加密货币具有波动性，到目前为止，这些因素导致现有的加密货币在保值和交换媒介方面均表现欠佳，因而阻碍了它们在市场上的广泛使用。 ~~另外，一些项目还试图破坏现有体系并绕过监管，~~而不是在合规和监管方面进行创新，以提高反洗钱举措的效力。我们相信，携手金融部门（包括各个行业的监管机构和专家）进行合作和创新，是确保为这一新体系建立可持续、安全和可信的支撑框架的唯一途径。这种方法能够实现巨大的飞跃，让我们朝着更低成本、更易进入、联系更紧密的全球金融系统迈进。	区块链具有许多独特的属性，它可以潜在地解决一些可访问性和可信任性问题。其中包括分布式治理，确保没有一个实体控制网络；开放访问，允许任何能连接互联网的人参与其中；以及安全加密技术，保护资金安全无虞。 但是，现有的区块链系统尚未获得广泛采用，由于缺乏可扩展性，并且加密货币具有波动性，到目前为止，这些因素导致现有的加密货币在保值和交换媒介方面均表现欠佳，因而阻碍了它们在市场上的广泛使用。 **我们相信，将基于区块链技术创新的最佳方面（分布式治理、开放访问以及安全）与强大的合规和监管框架结合起来是可能的。在 Libra 协议层建立某些合规性要求，可以提高诸如预防非法活动或反洗钱（AML）、打击资助恐怖主义（CFT）以及制裁合规性等计划的效力。开发人员、商家和消费者都可以从 Libra 网络中构建的合规性和安全性中获益。与金融部门合作进行的技术创新，包括各行业的监管机构和专家，**是确保为这一新体系建立可持续、安全和可信的支撑框架的唯一途径。而且这种方法可以朝着更低成本、更易进入、联系更紧密的全球金融系统迈进一大步。
	一、机遇	
修改	在我们携手踏上这段征程之际，我们认为有必要向社群分享我们的信念，以便于~~了解我们计划围绕这一倡议建立的生态系统~~： • 我们认为，应该让更多人享有获得金融服务~~和廉价资本的权利~~。 • 我们认为，每个人都享有控制自己合法劳动成果的固有权利。	在我们携手踏上这段征程之际，我们认为有必要向社区分享我们的信念，以使**打算围绕该计划激发的社区和网络保持一致**： 我们认为，应该让更多的人能够获得金融服务。 我们认为，每个人都享有控制自己合法劳动成果的固有权利。

续表

	Libra 白皮书“1.0”	Libra 白皮书“2.0”
修改	• 我们相信,开放、即时和低成本的~~全球性货币流动~~将为世界创造巨大的经济机遇和商业价值。 • 我们坚信,人们将会越来越信任分散化的管理形式。 • 我们认为,~~全球货币和金融基础设施应该作为一种公共产品来设计和管理~~。 • 我们认为,所有人都有责任帮助推进金融普惠,支持遵守网络道德规范的用户,并持续维护这个~~生态系统~~的完整性。	我们相信,开放、即时和低成本的**支付网络**,将为全球创造巨大的经济机遇以及更多的商业机会。 我们坚信,人们将会越来越信任分布式治理形式。 我们认为,**一个开放的、广泛互操作的支付网络应该以高标准的合规性来设计和管理。** 我们认为,所有人都有责任帮助推进金融普惠,支持遵守网络道德规范的用户,并持续维护这个**支付系统**的完整性。
	二、Libra 简介	
修改	**Libra 简介** 我们的世界真正需要一套可靠的~~数字货币和金融基础设施,两者结合起来~~必须能兑现“货币互联网”的承诺。在移动设备上保护金融资产应该既简单又直观。无论您居住在哪里,从事什么工作或收入怎样,在全球范围内转移资金应该像发送短信或分享照片一样轻松、划算,甚至更安全。~~金融生态系统的~~新产品创新和新参与者将有助于降低每个人的获取资本的难度,同时为更多人提供顺畅无缝的支付体验。 现在正是在区块链技术的基础上创造一种~~新型数字货币~~的最佳时机。Libra 的使命是建立一套简单的、~~无国界的货币~~和为数十亿人服务的金融基础设施。Libra 由三个部分组成,它们将共同作用,创造一个更加普惠的金融体系: 1. 它建立在安全、可扩展和可靠的区块链基础上; 2. ~~它以赋予其内在价值的资产储备为后盾;~~ 3. 它由独立的 Libra 协会治理,该协会的任务是~~促进此金融生态系统的发展~~。	二、Libra **支付系统** 我们的世界真正需要一套可靠、**可互操作的支付系统**,其能兑现“货币互联网”的承诺。在移动设备上保护你的金融资产应该是既简单又直观的。无论您居住何处,从事什么工作或收入怎样,在全球范围内转移资金,应该像发送短信或分享照片一样轻松、划算,甚至更安全。新产品创新和新参与者将有助于降低每个人获取资本的难度,同时为更多人提供顺畅无缝的支付体验。现在正是在区块链技术的基础上创造一种**新型数字基础设施**的最佳时机。Libra 的使命是建立一套简单的**全球支付系统**和金融基础设施,旨在使数十亿人受益。Libra 项目将由三个部分组成,它们将共同作用,创建一个更具包容性的金融体系: 1. 它建立在安全、可扩展和可靠的区块链基础上; 2. **Libra 币是由现金、现金等价物和非常短期的政府证券组成的储备金支持;** 3. 它由独立的 Libra 协会及其**附属网络管理,负责开发及运营该支付系统;**

续表

	Libra 白皮书“1.0”	Libra 白皮书“2.0”
修改	Libra 货币建立在“Libra 区块链”的基础上。因为它旨在面向全球人民提供服务，所以实现 Libra 区块链的软件是开源的，以便所有人都可以在此基础上进行开发，且数十亿人都可以依靠它来满足自己的金融需求。设想一下，开发者和组织机构将构建~~一个开放、可彼此协作的金融服务生态系统~~，帮助人们和公司持有和转移 Libra 以供日常使用。随着智能手机和无线数据的激增，越来越多的人将通过这些新服务上网和使用 Libra 为了使 Libra 生态系统能够在一段时间内实现这一愿景，我们从零开始构建了其所需的区块链，同时优先考虑了可扩展性、安全性、存储效率和处理量以及对未来的适应性。请继续阅读有关 Libra 区块链的概述，或阅读技术论文。	Libra 支付系统建立在“Libra 区块链”的基础上。因为它旨在面向全球受众，所以实现 Libra 区块链的软件是开源的，以便所有人都可以在此基础上进行开发，且数十亿人都可以依靠它来满足自己的金融需求。设想**一个开放、可互操作的支付系统**，开发者和组织机构将构建它，来帮助人们和公司持有和转移 Libra 以供日常使用。随着智能手机和无线数据的激增，越来越多的人将通过这些新服务上网和使用 Libra。为了使 Libra 网络能够随着时间的推移实现这一愿景，我们从零开始构建了其所需的区块链，同时优先考虑了可扩展性、安全性、存储效率、吞吐量以及对未来的适应性。请继续阅读有关 Libra 支付系统的概述，或阅读此处有关 Libra 区块链的更多信息。
	这种货币单位被称为“Libra” Libra 需要被很多地方接受，且对于那些想要使用它的人而言应该易于获得。换言之，人们需要相信他们可以使用 Libra，并且相信其价值将随着时间的推移保持相对稳定。与大多数加密货币不同，~~Libra 完全由真实资产储备提供支持。对于每个新创建的 Libra 加密货币，在 Libra 储备中都有相对应价值的一篮子银行存款和短期政府债券，~~以此建立人们对其内在价值的信任。Libra 储备的目的是维持 Libra 加密货币的价值稳定，确保其不会随着时间剧烈波动。	**Libra 支付系统将支持单货币稳定币（如 USD，EUR，GBP 等）以及一种多货币稳定币（LBR），我们将它们统称为 Libra 币**。我们的目标是让 Libra 币在很多地方被接受，并且对于那些想使用它们的人来说要很容易访问。人们需要确信自己可以使用 Libra 币，并且随着时间的推移，它们的价值将保持相对稳定。**为了实现这一目标，每种单货币稳定币都会有 1：1 的储备金支持，储备金包括现金、现金等价物以及以相关货币计价的非常短期的政府证券。而每个多货币稳定币（LBR），则是多种单货币稳定币的一个组合，其继承了这些稳定币的稳定性及背书。Libra 的储备金将得到管理，并随着时间的推移维护 Libra 币的价值。**
	Libra 协会是一个独立的~~非营利性~~成员制组织，总部设在瑞士日内瓦。协会旨在协调和提供网络与资产储备的管理框架，并牵头进行能够产生社会影响力的资助，为普惠金融提供支持。本白皮书	Libra 协会是一个独立的会员组织，其总部设在了瑞士日内瓦。协会的宗旨是为 Libra 网络和储备金协调和提供治理决策框架，**监督 Libra 支付系统的运行和演变，以安全和合规的方式促进 Libra 区**

续表

	Libra 白皮书"1.0"	Libra 白皮书"2.0"
修改	说明了其使命、愿景和权限范围。协会的成员系统由运作 Libra 区块链的验证者节点网络构成。	**块链服务的提供**,并牵头进行能够产生社会影响力的资助,为普惠金融提供支持。这份白皮书反映了我们的使命、愿景和权限。协会的成员包括地理上分布广泛的企业和非营利组织。
删除	Libra 协会的成员将包括分布在不同地理区域的各种企业、非营利组织、多边组织和学术机构。~~共同负责协会章程定稿,并在完成后成为协会"创始人"的首批组织包括(按行业):~~ ~~• 支付业:MasterCard, PayPal, PayU (Naspers' fintech arm),Stripe,Visa~~ ~~• 技术和交易平台:Booking Holdings, eBay, Facebook/Calibra, Farfetch, Lyft, Mercado Pago,Spotify AB,Uber Technologies,Inc.~~ ~~• 电信业:Iliad,Vodafone Group~~ ~~• 区块链业:Anchorage, Bison Trails, Coinbase,Inc. ,Xapo Holdings Limited~~ ~~• 风险投资业:Andreessen Horowitz, Breakthrough Initiatives, Ribbit Capital, Thrive Capital,Union Square Ventures~~ ~~• 非营利组织、多边组织和学术机构:Creative Destruction Lab, Kiva, Mercy Corps,Women's World Banking~~ ~~我们希望到 2020 年上半年针对性发布时,Libra 协会的创始人数量能够达到 100 个左右。~~	
不变	Facebook 团队与其他创始人合作,在 Libra 协会和 Libra 区块链的诞生中扮演了关键角色。Facebook 将保有领导角色至 2019 年结束。当然,在 Libra,协会拥有最终决策权。Facebook 创立了受监管的子公司 Calibra,以确保社交数据与金融数据相互分离,同时代表其在 Libra 网络中构建和运营服务。 一旦 Libra 网络发布,Facebook 及其关联机构将与其他创始人享有相同的权利并承担相同的义务和财务责任。作为众多成员中的一员,Facebook 会在协会管理方面承担与其他成员相同的职责。	虽然 Facebook 团队在 Libra 协会和 Libra 区块链的创建过程中发挥了关键作用,但其在协会内部没有特殊权利。2019 年 10 月 14 日,创始协会会员共同签署了一份协会章程。这标志着协会理事会的正式成立,该理事会由每个会员组织的一名代表组成。这一设置旨在确保每个会员都具有与其他任何成员相同的特权和义务。此外,理事会选举产生了一个由五人组成的董事会,其负责协会的日常管理和代表工作。有关协会组织和治理的更多详细信息,请看下文。

续表

	Libra 白皮书“1.0”	Libra 白皮书“2.0”
删除	~~区块链分为“许可型区块链”和“非许可型区块链”,这根据实体是否能作为验证者节点接入区块链平台来决定。在“许可型区块链”中,实体通过权限授予方式运行验证者节点。在“非许可型区块链”中,符合技术要求的任何实体都可以运行验证者节点。从这个意义上说,Libra将以许可型区块链的形式起步。~~ ~~为了确保 Libra 真正开放,始终以符合用户最佳利益的方式运作,我们的目标是让 Libra 网络成为非许可型网络。但挑战在于,我们认为目前还没有成熟的解决方案可以通过非许可型网络,提供支持全球数十亿人和交易所需的规模、稳定性和安全性。协会的工作之一便是与社群合作,研究和实施从许可型向非许可型的过渡,过渡工作将在 Libra 区块链和生态系统公开发布后五年内开始。~~ ~~无论是在许可型还是非许可型状态下,Libra 区块链都将向所有人开放:任何消费者、开发者或公司都可以使用 Libra 网络、在这个网络上构建产品,并通过他们的服务实现增值作用。这种开放性是 Libra 精神的本质。开放访问权限能够确保较低的进入和创新门槛,并鼓励有利于消费者的良性竞争。这是实现以下目标的基础:为世界建立更普惠的金融服务。~~	
	三、Libra 区块链	
修改	Libra 区块链的目标是成为金融服务的坚实基础,包括打造一种新的~~全球货币~~,满足数十亿人的日常金融需求。通过对现有方案的评估,我们决定基于下列三项要求构建一个新的区块链: 1. 能够扩展到数十亿帐户,这要求区块链具有极高的交易吞吐量和低延迟等特点,并拥有一个高效且高容量的存储系统。	Libra 区块链的目标是成为金融服务的基础,包括打造一种新的**全球支付系统**,满足数十亿人的日常金融需求。通过对现有方案的评估,我们决定基于下列三项要求构建一个新的区块链: 1. 能够扩展到数十亿帐户,这要求区块链具有极高的交易吞吐量和低延迟等特点,并拥有一个高效且高容量的存储系统。

续表

	Libra 白皮书“1.0”	Libra 白皮书“2.0”
修改	2. 高度安全可靠,可保障资金和金融数据的安全。 3. 足够灵活,~~可支持 Libra 生态系统的管~~理以及未来金融服务领域的创新。 Libra 区块链就是为了全面满足这些要求,在现有项目和研究的基础上~~从头开始设计和构建而成的,集合了各种创新方法和已被充分掌握的技术。~~下一节将重点介绍有关 Libra 区块链的三项决策: 1. 设计和使用 Move 编程语言。 2. 使用拜占庭容错(BFT)共识机制。 3. 采用和迭代改善已广泛采用的区块链数据结构。	2. 高度安全可靠,可保障资金和金融数据的安全。 3. 灵活多变,为未来金融服务创新提供动力。 Libra 区块链就是为了全面满足这些要求,并从现有项目和研究中获得的经验教训为基础。下一节将重点介绍有关 Libra 区块链的三项决策: 1. 设计和使用 Move 编程语言。 2. 使用拜占庭容错(BFT)共识机制。 3. 采用和迭代改善已广泛采用的区块链数据结构。
不变	“Move”是一种新的编程语言,用于在 Libra 区块链中实现自定义交易逻辑和“智能合约”。由于 Libra 的目标是每天为数十亿人服务,因此 Move 的设计首先考虑到安全性和可靠性。Move 是从迄今为止发生的与智能合约相关的安全事件中吸取经验而创造的一种编程语言,能从本质上令人更加轻松地编写符合作者意图的代码,从而降低了出现意外漏洞或安全事件的风险。具体而言,Move 从设计上可防止数字资产被复制。它使得将数字资产限制为与真实资产具有相同属性的“资源类型”成为现实:每个资源只有唯一的所有者,资源只能花费一次,并限制创建新资源。	**设计和使用 Move 编程语言** “Move”是一种新的编程语言,用于在 Libra 区块链中实现自定义交易逻辑和“智能合约”。由于天秤座协会的目标是有朝一日为数十亿人服务,因此 Move 语言的设计首先考虑到安全性和可靠性。Move 是从迄今为止发生的与智能合约相关的安全事件中吸取经验而创造的一种编程语言,能从本质上令人更加轻松地编写符合作者意图的代码,从而降低了出现意外漏洞或安全事件的风险。具体而言,Move 从设计上可防止数字资产被复制。它使得将数字资产限制为与真实资产具有相同属性的“资源类型”成为现实:每个资源只有唯一的所有者,资源只能花费一次,并限制创建新资源。

续表

	Libra 白皮书“1.0”	Libra 白皮书“2.0”
修改	Move 语言还便于自动验证交易是否满足特定属性，例如，仅更改付款人和收款人帐户余额的付款交易。通过优先实现这些特性，Move 可帮助保持 Libra 区块链的安全性。~~通过减轻关键交易代码的开发难度，Move 可以可靠地执行 Libra 生态系统的管理政策，例如对 Libra 货币和验证者节点网络的管理。~~	Move 语言还便于自动验证交易是否满足特定属性，例如，仅更改付款人和收款人帐户余额的付款交易。通过优先实现这些特性，Move 可帮助保持 Libra 区块链的安全性。Move 允许轻松和安全地定义 Libra 网络的核心元素，例如支付传输和验证节点的管理。**最后，Move 是将合规机制（例如促进旅行规则合规和协议级制裁筛选的机制）构建到 Libra 网络中的一种方式。**
新增		**协会致力于对智能合约实施适当的审查和风险控制。首先，只有协会批准和发布的智能合约，才能与 Libra 支付系统直接交互。随着时间的推移，协会将探索适当的控制措施，以允许第三方发布智能合约。**
新增	Libra 区块链采用了基于 LibraBFT 共识协议的 BFT 机制来实现所有验证者节点就将要执行的交易及其执行顺序达成一致。这种方法可以在网络中建立信任，因为即使某些验证者节点（最多三分之一的网络）被破坏或发生故障，BFT 共识协议的设计也能够确保网络正常运行。与其他一些区块链中使用的“工作量证明”机制相比，这类共识协议还可实现高交易处理量、低延迟和更高能效的共识方法。	**使用拜占庭容错（BFT）共识机制** Libra 区块链采用了基于 LibraBFT 共识协议的 BFT 机制，来实现所有验证者节点就将要执行的交易及其执行顺序达成一致。**这种机制实现了三个重要目标：**首先，它可以在网络中建立信任，因为即使某些验证者节点（最多三分之一的网络）被破坏或发生故障，BFT 共识协议的设计也能够确保网络正常运行。第二，与其他一些区块链中使用的“工作量证明”机制相比，这类共识协议还可实现高交易处理量、低延迟和更高能效的共识方法。**第三，LibraBFT 协议有助于清楚地描述交易的最终性，因此当参与者看到来自足够数量验证者的交易确认时，他们可以确保交易已经完成。** **BFT 的安全性取决于验证者的质量，因此协会将对潜在验证者进行尽职调查。Libra 网络的设计以安全第一为原则，并考虑到了复杂的网络和关键基础设施攻**

续表

	Libra 白皮书“1.0”	Libra 白皮书“2.0”
新增		**击。该网络的结构是为了加强验者运行软件的保证，包括利用关键代码分离等技术、测试共识算法的创新方法以及对依赖关系的谨慎管理。最后，Libra 网络将定义在出现严重漏洞或需要升级时重新配置 Libra 区块链的策略及过程。除了在这些情况下确保系统的安全恢复之外，这种准备将阻止攻击，因为攻击者将知道他们的行为可以被反击。**
不变	为了保障所存储的交易数据的安全，Libra 区块链中的数据受梅克尔树的保护，它是一种已在其他区块链中广泛使用的数据结构，可以侦测到现有数据的任何变化。不同于以往的区块链都将区块链视为交易区块的集合，Libra 区块链是一种单一的数据结构，可长期记录交易历史和状态。这种实现方式简化了访问区块链的应用程序的工作量，允许它们从任何时间点读取任何数据，并使用统一框架验证该数据的完整性。	**采用和迭代改善已广泛采用的区块链数据结构** 为了保障所存储的交易数据的安全，Libra 区块链中的数据会受到默克尔树(Merkletree)的保护，它是一种已在其他区块链中被广泛使用的数据结构，可以侦测到现有数据的任何变化。与以往将区块链视为交易区块集合的区块链项目不同，Libra 区块链是一种单一的数据结构，其可长期记录交易历史和状态。这种实现方式简化了访问区块链的应用程序的工作量，允许它们从任何时间点读取任何数据，并使用统一框架验证该数据的完整性。
修改	Libra 区块链~~遵循匿名原则，允许用户持有一个或多个与他们真实身份无关的地址。这是许多用户、开发者和监管机构都熟悉的模式~~。Libra 协会将负责监督 Libra 区块链协议和网络的演变，并将继续评估可增强区块链隐私保护的新技术，同时考虑它们的实用性、可扩展性和监管影响。 如需了解详情，请阅读有关 Libra 区块链的技术论文。也可查阅有关 Move 编程语言和 LibraBFT 共识协议的详细信息。我们已经推出了 Libra 测试网的早期版本，并提供了配套文档。测试网仍处于开发阶段，API 可能会发生变化。我们致力于开诚布公地与社群合作，因此希望您可以阅读相关内容、进行开发和提供反馈。	上述设计决策的一个结果是，**Libra 区块链将提供公共可验证性，这意味着任何人[验证者、Libra 网络、虚拟资产服务提供商(VASP)、执法部门或任何第三方]都可以审核所有操作的准确性。交易将以加密方式签名，以便即使所有验证者都被破坏，也不能接受来自具有安全签名密钥的伪造交易。该设计与硬件密钥管理和高价值密钥的离线存储兼容。** **上述设计决策的另一个结果是，Libra 区块链将支持一种隐私方法，该方法将考虑网络上参与者的多样性。**协会会监督 Libra 区块链协议和网络的发展，并在考虑适用的监管要求的同时，不断评估新技术以增强区块链上的隐私合规性。

续表

	Libra 白皮书“1.0”	Libra 白皮书“2.0”
	四、Libra 储备	
删除	**Libra 货币和储备** 我们认为，世界需要一种全球性的数字原生货币，它能够集世界上最佳货币的特征于一体：稳定性、低通货膨胀率、全球普遍接受和可互换性。Libra 货币旨在帮助满足这些全球需求，以期扩展金钱对全球人民的影响。 Libra 的目标是成为一种稳定的数字加密货币，将全部使用真实资产储备（称为“Libra 储备”作为担保，并由买卖 Libra 并存在竞争关系的交易平台网络提供支持。这意味着，任何持有 Libra 的人都可以获得高度保证，他们能够根据汇率将自己持有的这种数字货币兑换为当地货币，就像在旅行时将一种货币换成另一种货币一样。这种方法类似于过去引入其他货币的方式：确保这种货币可以用于换取真实资产，比如黄金。目的是为了帮助培养人们对新货币的信任，并在货币诞生初期实现广泛使用。尽管 Libra 不会使用黄金作为支持，但它将采用一系列低波动性资产（比如，由稳定且信誉良好的中央银行提供的现金和政府证券）进行抵押。 必须要强调的是，这意味着一个 Libra 并不总是能够转换成等额的当地指定货币（即 Libra 并不与单一货币“挂钩”）。相反，随着标的资产的价值波动，以任何当地货币计价的 Libra 价值也可能会随之波动。然而，选择储备资产的目的是最大限度减少波动性，让 Libra 的持有者信任该货币能够长期保值。Libra 储备中的资产将由分布在全球各地且具有投资级信用评价的托管机构持有，以确保资产的安全性和分散性。 Libra 背后的资产是它与许多现有加密货币之间的主要差异，这些加密货币缺乏	**四、经济和 Libra 储备**

续表

	Libra 白皮书“1.0”	Libra 白皮书“2.0”
删除	~~这种内在价值，因此价格会因心理期望而大幅波动。然而，Libra 的确是一种加密货币，因此，它继承了这些新型数字货币的几个引人注目的特性：能够快速转账，通过加密保障安全性以及轻松自由地跨境转移资金。正如当今世界人们可以随时随地使用手机向好友发送消息一样，我们同样可以通过 Libra 即时、安全且经济地管理资金。~~ ~~储备资产的利息将用于支付系统的成本、确保低交易费用、分红给生态系统启动初期的投资者（前往此处阅读“Libra 协会”相关内容），以及为进一步增长和普及提供支持。储备资产的利息分配将提前设定，并将接受 Libra 协会监督 Libra 用户不会收到来自储备资产的回报。~~	
新增		当 **Libra** 协会发布关于 **Libra** 储备运营的想法时，白皮书旨在为作为一种概念证明，而不是项目已确定的路线图。自 **2019** 年 **6** 月以来，我们会见了很多不同的组织、监管机构、政策制定者和学者，以了解关键问题，并将可采取行动的改进纳入 **Libra** 网络的经济设计。来自世界各地的讨论和会议为我们的方向提供了宝贵的信息。特别是，协会非常赞赏七国集团（**G7**）工作组完成的关于稳定币的深入研究报告。报告中提出的关切，有助于突出需要回答的紧迫问题，以及可能出现的长期挑战。 人们共同关注的一个关键问题是，如果天秤座网络达到相当大的规模，并进行大量天秤币（**LBR**）支付，则天秤币（**LBR**）可能会干扰货币主权和货币政策。虽然我们认为这不太可能，因为 **LBR** 在国内交易中为持有者引入了外汇敞口，使用 **LBR** 可能受到外汇管制等限制，但我们认真对待了这一问题。

续表

	Libra 白皮书“1.0”	Libra 白皮书“2.0”
新增		Libra 网络旨在成为一个全球性的、低成本的支付系统，它是对国内货币的一个补充，而不是替代。货币的稳定和保值是完全属于公共部门的职权范围，因此，我们正在扩大 Libra 网络，包括增加单货币稳定币（例如 USD，EUR，GBP 等），并计划随着时间的推移增加单货币稳定币的数量。这将使人们和企业有能力以本国货币计价的稳定币进行交易，从而实现一系列国内使用案例。每一种单货币稳定币，将由以该货币计价，并由该货币的母国发行的现金、现金等价物以及非常短期的政府证券作为准备金支持。单货币稳定币会响应市场对该资产的需求进行铸造和销毁。由于每个币与其支撑是 1∶1 的，因此这种方法不会产生新的净货币。 我们相信，这种方法可以降低成本，实现新功能，同时为各国央行提供最大的灵活性和控制权，使其能够在本国使用 Libra 支付系统。 最初，协会希望基于相关货币中流动性高且安全的政府证券市场的存在，提供少量的单货币稳定币。我们希望与世界各地的监管机构、央行及金融机构合作，随着时间的推移，扩大 Libra 网络上可用的单货币稳定币的数量，并探索与它们直接监管的技术、操作和法律要求。特别是，如果在网络上没有单货币稳定币的地区，采用这些稳定币会引起人们对货币替代的担忧，则协会可与相关中央银行和监管机构合作，在 Libra 网络上提供一种稳定币。协会欢迎有关如何帮助支持当地货币和宏观审慎政策的反馈。 对于在 Libra 网络上没有单货币稳定币的国家，我们认为 LBR 是一种中立和低

续表

	Libra 白皮书"1.0"	Libra 白皮书"2.0"
新增		波动性的替代方案，它可以确保这些地区的用户，能够从接入网络和增加金融包容性中受益。在这种情况下，LBR 可以作为跨境交易的结算币，人们和企业可以将收到的 LBR 兑换成当地货币，通过第三方金融服务提供商，用于商品和服务的消费。例如，假设美国的一个 Libra 用户想给他们在另一个国家的家人寄钱，这位在美国的发送者可能会使用 USD 作为其默认的 Libra 币进行转账。如果接收方居住于一个 Libra 网络上具有不同单货币稳定币的地区，则发送方以转移该单货币稳定币，或者接收方可以通过第三方金融机构将 USD 转换为该单货币稳定币或当地法币，这为收款人提供了一个方便和简单的选择，以使其能够访问和使用这些资金。如果没有可用的单货币稳定币，可以用 LBR 进行转账。收款人可以通过第三方金融服务提供商将 LBR 兑换成当地货币，然后再购买商品和服务。 Libra 网络本身不会提供、记录或结算 Libra 币与法定货币或其他数字资产之间的兑换，相反，如前所述，任何此类兑换功能，都将由第三方金融服务提供商进行。无论在哪个地区，我们都希望要求所有虚拟资产服务提供商（VASP），例如在 Libra 区块链上有地址的货币交易所，持有和转让 Libra 币，充分遵守所有适用的外汇限制和资本控制，以减轻货币替代风险。 此外，我们希望，随着各国央行开发出央行数字货币（CBDC），这些法定数字货币可以直接与 Libra 网络集成，从而消除 Libra 网络管理相关储备金的需要，这可以降低信贷和托管风险。

续表

	Libra 白皮书“1.0”	Libra 白皮书“2.0”
新增		如果一家中央银行开发了美元、欧元或英镑的数字表示，协会可以用这些央行数字货币（CBDC）取代适用的单货币稳定币。 单货币稳定币简化了 LBR 的设计。LBR 可以作为一个智能合约来实施，该合约使用固定的权重（例如 USD0.50，EUR0.18，GBP0.11 等）来聚合单货币稳定币。这种设计方法，与国际货币基金组织（IMF）在特别提款权（SDR）中使用的方法类似。由于 LBR 由网络支持的固定数量的单货币稳定组成，因此 LBR 完全是有储备金支撑的。 为限制对协会单方面更新 LBR 权重的担忧，协会欢迎监管者、中央银行或国际组织（例如，IMF），在瑞士金融市场监管局（FINMA）的指导下，对该一篮子货币（包括子货币和它们各自的权重）进行监督和控制。 但是，单货币稳定币可能会增加钱包、交易所和商家解决方案提供商的复杂性。例如，交易所将需要在多种数字资产而不是仅一种资产上保持足够的流动性。钱包将需要处理跨货币使用案例，例如发送汇款，即使我们预计人们会默认使用本国货币稳定币（如果有的话）、另一种单货币稳定币（例如 USD，EUR，GBP 等）或者是 LBR。 Libra 网络的目的，是通过扩展法定货币的功能来支持全球跨境交易。在这种新方法下，我们力求减少对货币主权的担忧，为世界各地的人民和企业带来一种更容易访问的支付及金融产品。

续表

	Libra 白皮书“1.0”	Libra 白皮书“2.0”
新增		**Libra 的储备和保护** **Libra 网络经济设计的一个关键目标，是建立一种有效支付方式的信任。Libra 网络上的每一个稳定币都将得到一个高质量流动资产储备的充分支持，并由一个有竞争力的经销商和交易所网络提供支持。这意味着 Libra 币的持有人应该有高度的保证，他们可以将 Libra 币兑换成当地货币。** **100%准备金和减轻风险的重要性** **在第一份 Libra 白皮书中，协会致力于全力支持，认识到它对于使用该网络的个人和企业的重要性。2019 年 9 月，协会宣布打算向 FINMA 申请支付系统许可证，预计 FINMA 会将继续全额支持 Libra 币作为许可证的条件。** **100%准备金意味着储备将持有现金、现金等价物以及非常短期的政府证券，它们至少要相当于流通中的 Libra 币的价值。这与银行是不同的，银行只持有部分现金储备和其他流动资产（如 10%）来偿还存款负债，其余资产则由贷款和其他非流动资产组成（也称为部分准备金银行业务）。流动资产的全面支持，对于抑制挤兑和稳定支付体系是非常重要的。再加上对透明度和可审计性的承诺，我们相信，每一枚 Libra 币的 100%准备金，将助于确保人们和企业有信心将他们的 Libra 币兑换成当地货币。** **根据市场需求，储备将决定每一个单货币稳定币（如 USD，EUR，GBP 等）的铸造和销毁。此外，智能合约将根据指定的固定权重，将这些特定的单货币稳定币组合成 LBR，由于 LBR 不是锚定的单货币汇率，随着每种子货币的价值变动，**

续表

	Libra 白皮书"1.0"	Libra 白皮书"2.0"
新增		**LBR** 的价值都可能会出现波动。协会欢迎监管机构、中央银行或国际组织(如 **IMF**)在协会主要监管机构 **FINMA** 的指导下监督和控制 **LBR**,**FINMA** 可以监督、控制权重和组成部分,以尽量减少波动。 储备的结构旨在减轻威胁和尽量减少风险。为了使 **Libra** 网络有偿付能力,并且 **Libra** 支付系统随着时间的推移而平稳运行,准备金将只依赖于高质量的流动资产,或能够迅速转换为高质量流动资产的资产。特别是,我们将要求储备至少包括 **80%** 非常短期(剩余期限不超过 **3** 个月)的政府证券,这些政府证券由信用风险非常低的主权国家发行(例如,标准普尔的 **A+** 评级和穆迪的 **A1** 评级,或者更高),并且其证券交易在高流动性的二级市场。而剩下的 **20%**,将以现金的形式持有,隔夜资金将流入货币市场基金,这些基金投资于风险和流动性状况相同的短期(剩余期限不超过一年)政府证券。为了应对货币风险,构成储备金资产的货币构成,应与未偿还的单货币稳定币(包括构成未偿付 **LBR** 的单货币稳定币)的构成相匹配。这种设置,预计将反映在 **Libra** 的 **FINMA** 支付系统许可证中,其将有助于降低利率、流动性和信贷风险。 然而,即使拥有了这些高质量的流动资产,**Libra** 网络也可能蒙受损失(例如,由于利率的快速变化而产生的损失),或者发现在极端经济条件下清算资产更加困难。为了使消费者继续受到保护,外汇储备将进一步获得资本缓冲。在监管机构的投入下,协会正在制定监管资本框架,以确保保持适当规模、吸收亏损的资本缓冲。例如,这种资本缓冲将保护 **Libra** 支付系统免受信贷、市场和操作风险的潜在损失。而操作风险包括外部或内部欺诈、业务中断、系统和控制故障。

续表

	Libra 白皮书“1.0”	Libra 白皮书“2.0”
新增		储备的管理将对公众透明。储备金将由独立审计员定期审计。这些审计结果将公开，以证明所有流通的 Libra 币都有相应的资产作为保证金。协会将每天在网站上公布当时的储备金构成和资产当时的市场价值。 随着时间的推移，我们希望协会能够在直接保管现金、现金等价物、非常短期的政府证券或 Libra 支付系统与 CBDC 整合等问题上，与各国央行展开合作。这将降低信贷和托管风险，简化准备金的操作，并为 Libra 币持有者提供额外的舒适度。 如果 Libra 网络在保管其任何短期政府证券、现金或现金等价物时面临负收益，它将不得不通过其其他收入流（如交易和其他费用）来支付这些成本。储备资产的正利息（如果有的话）将用于支付系统成本，确保交易的低费用，增加所需的资本缓冲，并支持增长和采用。准备金利息分配规则将事先制定，并由协会监督。另外，Libra 币的持有者不会从储备中得到回报。 托管和指定经销商 构成储备金的资产，将由资本充足的托管银行组成的地理分布网络持有，以提供资产的安全性和分散性。我们希望这些机构已经采取了许多减轻风险的措施。协会建议对这些托管方采取其他措施，以确保储备金资产不能用于借出、质押或重新抵押，或者以其他方式（即使是暂时的）从储备金账户中移出。 Libra 网络不会直接与消费者沟通，而是会与选定数量的指定经销商合作，向面向消费者的产品（如钱包和交易所）提供

续表

	Libra 白皮书“1.0”	Libra 白皮书“2.0”
新增		流动性。这些指定交易商将致力于在利差紧张的情况下做市，并将能够适应高交易量。如果出现极端情况，且指定经销商不再对 **Libra** 币做市，**Libra** 网络将要求与第三方管理员或经销商达成预先存在的协议，以管理身份协助最终用户销毁 **Libra** 币，并清算包括准备金在内的资产。而这些应急行动，将始终在相关监管机构的指导下实施。 紧急行动 协会致力于实施一项降低风险的制度，包括适当的吸收损失的资本缓冲，并促进持续和全面的监管。但是，我们意识到有必要为可能导致挤兑或以其他方式威胁 **Libra** 支付系统生存能力的压力情景，即便这种可能性是很小的。在恢复及解决计划的背景下，协会正考虑是否提供两个关键组成部分，以便在 **Libra** 网络无法将储备中的短期政府证券足够快地转换成现金的情况下，满足销毁所有 **Libra** 币的要求，同时又不会造成买卖损失： 赎回停留时间长，这将延迟 **Libra** 币的赎回，并留出更多的时间清算储备金的资产，而不会造成大量的买卖损失； 提前赎回，这将对立即赎回收取一定的费用，并要求币持有人在运行中内化其负面性； 这两项措施的目标都是减缓对储备金的挤兑速度。 最后，即使协会或 **Libra** 网络完全失败，我们仍计划尽我们所能地保护 **Libra** 币持有者。首先，由于储备将主要由非常短期的政府证券组成，它们会连续不断地自我清算，因此储备金可以非常迅速地产生大量现金，用于销毁 **Libra** 币。其次，如果这些证券的自我清算不能足够快地产生足够的现金来满足销毁 **Libra**

续表

	Libra 白皮书“1.0”	Libra 白皮书“2.0”
新增		币的所有需求，那么 Libra 网络应该能够以与票面价值相比很小的折扣大量出售这些证券。最后，如果出售这些证券会导致损失，Libra 网络可以选择暂时中止赎回，并在被认为足以将市场影响最小化的时间内清算其剩余资产。如果指定的经销商正在运作，他们将有望代表消费者获得资金，在清算部分准备金余额的基础上交换 Libra 币。如果没有指定经销商在运营，则协会将依靠第三方管理员来协助进行这些操作。协会将与监管机构合作，开发一种机制，以在指定经销商、备用第三方管理员或经销商均未运营的情况下，将储备金中的资金退还给最终用户。 总体来说，每个币 100%的保证金是整个 Libra 支付系统的重要组成部分。我们非常重视关于储备金的威胁，我们相信，上述方法将保护我们的用户免受各种各样的风险。
	五、合规及防止非法活动	
新增		信任 Libra 支付系统的安全性和完整性，是鼓励人们和企业参与网络的必要条件。所有支付系统都面临不断演变的安全威胁及其他风险。Libra 协会认识到建立反洗钱（AML）、打击资助恐怖主义（CFT）、制裁遵守机制以及有效应对威胁和风险的防止非法活动机制的重要性。考虑到 Libra 协会的使命，我们面临的挑战是设计一个解决重要政策问题的系统，并且该系统可广泛提供给服务不足的人群。 协会及其子公司致力于创建一种合法合规、安全且对消费者友好的支付系统，并支持监管机构、央行和立法者的努力，确保该协会及其子公司为打击洗钱、恐怖主义融资等活动作出贡献。协会及其子

续表

	Libra 白皮书“1.0”	Libra 白皮书“2.0”
新增		公司将实施以下合规框架，旨在确保其履行监管义务并支持 **Libra** 支付系统参与者的合规。协议级控制将有助于协会及其子公司促进和鼓励高标准的合规。 **Libra** 网络上的参与者类型和支付活动 以下总结了 **Libra** 网络参与者的具体角色： 实体：协会和其子机构 负责 **Libra** 网络的治理和 **Libra** 项目的开发； 对协会会员、指定经销商和验证者进行尽职调查； 控制 **Libra** 币的铸造和销毁过程； 为网络参与者建立合规性标准，并实施协议级和其他合规性控制； 运行金融情报职能（**FIU** 职能）以监控网络并标记可疑活动； 实体：协会会员 参与协会治理； 协会将定期进行尽职调查； 实体：指定经销商 根据与 **Libra** 网络签订的合同，有权从 **Libra** 网络购买 **Libra** 币并将其出售给 **Libra** 网络的实体； 同时向交易所和场外交易（**OTC**）交易商购买和出售 **Libra** 币，以促进 **Libra** 币市场； 将接受协会及其子机构的定期尽职调查，预计将是资本充足、在外汇市场具有专业知识的金融机构； 实体：虚拟资产服务提供商（**VASP**） 定义见 **2019** 年 **6** 月金融行动特别工作组（**FATF**）关于虚拟资产和虚拟资产服务提供商给出的指导；

续表

	Libra 白皮书“1.0”	Libra 白皮书“2.0”
新增		为 **Libra** 网络上的客户提供交换、托管或其他类似金融服务的实体； 某些虚拟资产服务提供商（**VASP**）将能够在 **Libra** 网络上运行，而不受交易和地址余额限制；这些实体将是受监管的实体，将需要接受协会或其子机构之一建立的基于风险的尽职调查流程，包括确认 **VASP** 在金融行动特别工作组成员管辖区注册为 **VASP**，或是在金融行动特别工作组成员管辖区内注册为许可实体，并根据该许可或注册从事 **VASP** 活动（受监管 **VASP**）。此外，协会或第三方服务提供商将采用协会或其子机构（经认证 **VASP**）制定的标准，对某些其他 **VASP** 进行基于风险的合规认证； 协会可能会酌情考虑在与其风险状况相称的某些经监管和认证的 **VASP** 上，建立交易和地址余额限制； 实体：非托管钱包用户 **Libra** 区块链地址与受监管的 **VASP**、认证的 **VASP** 或指定经销商无关； 这些地址将受控制，其中包括交易和地址余额限制，这些限制将与其他控制一起由协议强制执行； **Libra** 网络合规性和安全控制的详细信息 **A.** 协会将制定一个全面的合规计划 协会将实施一项全面的合规计划，旨在满足或超过相关法律和要求。这一合规计划至少应： 指定一名首席合规官； 指定一个负责监督报告的委员会； 根据风险评估并经协会董事会（和其子机构董事会）批准，制定书面的反洗钱/反恐融资/制裁合规政策和程序；

续表

	Libra白皮书"1.0"	Libra白皮书"2.0"
新增		对所有会员、指定经销商以及受监管和认证的**VASP**进行基于风险的尽职调查； 根据定期风险评估和不断变化的监管要求，酌情定期修订反洗钱/反恐融资/制裁计划； 创建一个**FIU**职能部门，以便于监测**Libra**网络上潜在的可疑和受制裁的活动，提高网络的安全性和合规性；指定一个职能部门，如符合独立标准的内部审计部门，对协会的反洗钱/反恐融资/制裁合规计划进行定期独立审查； 进行相关的员工培训； **B.** 协会将为**Libra**支付系统的无限制使用设定强制性标准 协会及其子机构将为会员、指定经销商、受监管**VASP**和认证**VASP**制定进入**Libra**网络的强制性标准。符合这些标准的实体，可以在**Libra**网络上进行交易，而不受交易和地址余额限制的约束，或者在某些情况下，可能会受到比分配给未托管钱包的更高限制。 **C.** 协会将对协会会员和指定经销商进行尽职调查 协会及其子机构将在所有未来会员加入协会之前，对潜在的指定经销商进行尽职调查，然后与他们达成书面协议。 尽职调查将根据协会为会员和指定经销商制定的标准（视情况而定）进行，旨在确保高水平的合规性、信誉及可信度。该尽职调查将包括但不限于对每位会员或指定经销商的以下事项进行审查： 实体状态； 制裁筛选； 负面新闻； 受益所有人和控制人；

续表

	Libra 白皮书“1.0”	Libra 白皮书“2.0”
新增		遵守适用的 AML/CFT/制裁合规监管要求(如有); 许可证和注册; 实体位置及其客户群的地理位置; 在该尽职调查期间,协会和其子机构还将核实所有指定经销商是否满足外汇市场资本化和专业知识方面的要求,以及所有指定经销商是否依次对 Libra 支付系统中的下游交易对手进行尽职调查。 除了对未来会员和指定经销商进行尽职调查审查外,协会和其子机构还将对现有会员和指定经销商进行定期、持续的基于风险的尽职调查。 **D. 协会将通过受监管的指定经销商分发 Libra 币** Libra 网络将仅与指定经销商一起铸造打算向市场发行的 Libra 币,并将仅从那些指定经销商处兑换 Libra 币。这些指定的交易商将是受监管,且资本充足的金融机构,他们会根据和 Libra 网络签订的合同,买卖 Libra 币,为最终用户提供 Libra 币市场的便利。Libra 网络将与指定的经销商一起铸造和销毁 Libra 币,并且不会与任何交易所或最终用户有任何合同关系,除了在紧急行动中可能存在的某些合同权利。 **E. 只有受监管或经认证的 VASP 才允许在网络上进行不受交易和地址余额限制的交易** 协会预计,大多数人将通过 VASP 与 Libra 支付系统交互。VASP 将促进用户的交易,并可能在内部将一些交易记录在自己的账本上,而不是在 Libra 区块链上。如下文所述,受监管的 VASP 和经认证的 VASP 将被允许使用 Libra 支付系统,而不受针对未托管钱包的交易和地址余额限制(如下所述)。

续表

	Libra白皮书"1.0"	Libra白皮书"2.0"
新增		受监管的VASP 所谓受监管的VASP,是指在金融行动特别工作组成员司法管辖区进行注册的VASP,或在金融行动特别工作组成员司法管辖区注册执行VASP活动的任何实体。寻求受监管VASP待遇的实体,必须向协会或其子机构提交批准申请,其中至少包含: 在金融行动特别工作组成员管辖区内的许可证或注册证明,其允许被许可人或注册人执行VASP活动; 表示该实体已获得其所在和经营司法管辖区内所需的所有许可证和注册证明。 根据该实体提供的信息,以及该实体进行的适当的基于风险的尽职调查,协会或其子机构将核实该实体是否在金融行动特别工作组成员管辖区内获得了适当的VASP授权; 展示合理的基于风险的监管合规计划和控制措施; 在协会、协会子机构之一或经审查的第三方服务提供商成功验证并对VASP进行基于风险的尽职调查后,该实体将被允许在Libra网络上创建受监管的VASP地址。这些地址将使受监管的VASP,能够在不受交易或地址余额限制的情况下开展业务。协会还可以考虑为某些受监管的VASP地址分配与其风险状况相称的交易和地址余额限制。 协会或其子机构将记录并公布受监管VASP及其状态的目录。该实体将被要求每年重新认证其受监管的VASP状态,协会、其子机构之一或经审核的第三方服务提供商,也将对受监管VASP的监管状态的任何变化,或与VASP风险状况相关的其他发展进行持续监控。

续表

	Libra 白皮书"1.0"	Libra 白皮书"2.0"
新增		**经认证 VASP** **经认证 VASP 是指不符合受监管 VASP 资格，但已根据协会制定的标准进行了认证。经认证的 VASP 状态，旨在允许 VASP 在无须 VASP 监管的金融行动特别工作组管辖区或非管辖区内运行，并符合适当标准的 VASP 在 Libra 网络上提供服务，而不受对未托管钱包施加的相同交易和地址余额限制（如下所述）。来自 FATF 成员辖区且已实施许可或注册制度的任何 VASP，必须进行适当的注册，并应接受监管 VASP 的尽职调查。经认证的 VASP 的最高级别，将是满足协会制定的要求的 VASP，该要求在原则上应与 FATF 指南所强加的要求相一致。协会可考虑为某些经认证的 VASP 建立较低级别的认证，并处理与其风险状况相称的余额限制。寻求经认证 VASP 的实体将申请认证，并证明其符合协会制定的相关标准，并制定了合理的基于风险的合规计划和控制措施。** **认证可由协会、协会子机构之一或经协会批准的一家或多家经审查的第三方认证机构提供。** **协会或其子机构之一将记录并发布已认证 VASP 及其状态的目录。VASP 将被要求每年重新认证其 VASP 认证状态，并且认证实体也将对 VASP 进行基于风险的尽职调查并对其进行持续监控。** **用户的非托管钱包活动将受到交易和地址余额限制及其他控制** **协会认为，Libra 网络必须允许非 VASP（未托管钱包）直接接入，以此作为实现金融包容、提供广泛金融服务以及促进创新和竞争的手段：**

续表

	Libra 白皮书“1.0”	Libra 白皮书“2.0”
新增		金融包容性： 协会的目标是在当前监管框架内，使 **Libra** 网络尽可能具有包容性。该网络将惠及全球大量银行存款不足和无银行存款的人群，他们可能无法获得受监管或经认证的 **VASP**，其中许多人认为为这些群体提供服务在商业上是不可行的。协会认为，允许使用无托管钱包将使那些无法获得金融服务的人，受益于 **Libra** 网络提供的安全、低成本和快速支付服务。 如今，全球有 **17** 亿成年人仍然置身于金融体系之外，无法访问传统银行，而这些人当中有 **10** 亿人拥有手机，近 **5** 亿人能够访问网络，而无托管钱包是满足他们需求的关键。 促进创新和竞争： 非托管钱包允许 **Libra** 网络为软件开发人员提供一个具有内置安全功能的平台，如协议级制裁筛选、合规基础设施（如 **FIU** 功能）、访问大量用户以及低进入壁垒。这些特性允许增加创新和竞争，从而带来更高质量的消费者钱包。 非托管钱包还能确保获得由智能合约驱动的创新产品。正如支付系统帮助参与者结算支付和管理交易对手风险一样，智能合约允许参与者就更复杂的业务逻辑达成一致，而这些逻辑由 **Libra** 网络直接执行，从而实现创新应用。我们预计，智能合约有可能在核心功能之外为 **Libra** 网络添加有用的功能。此类智能合约模块将在协会或其子机构批准后，随时间提供使用及开发，如果针对监管和其他风险实施了令人满意的控制，则将授予此类模块。非托管钱包确保所有用户都可以访问这些创新服务，即使他们找不到支持该智能合约功能的受监管或认证的 **VASP**。

续表

	Libra 白皮书“1.0”	Libra 白皮书“2.0”
新增		**协会也认识到,非托管钱包可能会增加合规性和金融犯罪风险。为了解决这些风险,所有非托管钱包将受到额外的控制。** **Libra 协议将对每个非托管钱包地址强制执行交易和最大地址余额限制。而希望超出这些限制进行交易的任何用户,都必须使用受监管或认证的 VASP。** **协会认识到,不良行为者可能会尝试通过创建并使用多个非托管钱包来摆脱这种限制。因此,FIU 的职能将专门设法检测和阻止这种活动(如下文 H 节所述)。** **F. 协议级的自动化合规性控制将适用于所有链上活动** **协会将直接在 Libra 协议中包括某些合规性控制。这些控件旨在对 Libra 区块链上的所有交易强制执行某些合规性要求。** **以下是将作为 Libra 协议一部分实施的一些合规控制:** **制裁地址:协议级别的控制将适用于所有网络参与者,包括非托管钱包和 VASP,并自动阻止涉及由权威机构标识为与制裁人士相关联的区块链地址(制裁区块链地址)的交易。此外,这些控制可用于限制存储在制裁区块链地址中的数量。** **受制裁管辖区:协议级别的控制,将自动阻止源自与受制裁管辖区相关联 IP 地址的交易。** **非托管钱包限制:协议级控制将对非托管钱包实施交易和地址余额限制。**

续表

	Libra 白皮书“1.0”	Libra 白皮书“2.0”
新增		**VASP** 认证：协议级控制将对受监管和认证的 **VASP** 强制执行证书更新要求。 旅行规则：**Libra** 协议将要求受监管和认证的 **VASP** 在交易时证明遵守旅行规则。链外协议将有助于受监管和认证的 **VASP** 遵守旅行规则（如下文 **G** 节所述）。 **G.** 协会将制定一个链外旅行规则协议 协会将制定一个链外协议，以促进受监管和认证的 **VASP** 遵守适用的旅行规则和记录保存要求。此协议将促进这些 **Libra** 网络参与者之间的信息交换，以促进他们自己的遵从性，并将包括一个开放文本字段，以允许共享补充信息。非托管钱包地址可以使用此链外协议向受监管和认证的 **VASP** 提交所需或请求的数据。协会将维护受管制和认证 **VASP** 的公共目录，相关 **VASP** 将公开证明其符合适用的旅行规则和记录保存要求（如上文 **F** 节所述）。 **H.** 协会的 **FIU** 职能部门将监控 **Libra** 网络活动并与 **Libra** 网络参与者进行协调 协会和/或其子机构之一将运行 **FIU** 职能，以保持 **Libra** 支付系统的高合规性。**FIU** 职能将监视 **Libra** 网络的活动，并与政府机构和服务提供商合作，以发现和阻止对该平台的不当使用。 与 **Libra** 网络参与者合作 在 **Libra** 网络中运营的受监管和认证的 **VASP** 以及指定经销商，将维持其自己的合规计划，并将得到协会或子机构或经审核第三方服务提供商的定期审查，以作为基于风险的尽职调查的一部分。**FIU** 职能将寻求与这些网络参与者进行

续表

	Libra 白皮书“1.0”	Libra 白皮书“2.0”
新增		协调,以发现并报告潜在的非法或回避活动。根据适用法律,FIU 职能将与指定经销商、受监管和认证的 VASP 和其他网络参与者进行合作和协调,以收集和共享风险信号和合规性见解(例如,识别新类型、与高风险相关的地址和结构)。 检测可疑及协议合规性控制规避活动 FIU 职能部门的一个重要目标将是发现可疑活动,阻止逃避协议遵守控制的企图,包括逃避制裁、地理封锁以及交易以及地址余额限制。FIU 职能将使用网络分析技术来寻求检测整个 Libra 网络中的可疑活动,并与区块链监控领域的服务和技术提供商合作。 如果检测到任何此类活动,则 FIU 职能将根据适用法律允许或要求与网络参与者和相关机构共享风险信号。也可以根据政府机构发布或获得的法院命令或行政命令来限制此类地址。 I. 协会将对已识别出的潜在可疑和制裁活动做出回应,包括通过举报 当协会的 FIU 职能部门识别出潜在可疑或受制裁的活动时,根据适用法律,Libra 区块链地址和支持证据可能会与区块链监控服务提供商和网络参与者共享。我们希望服务提供商也将这些信息集成到他们的整体数据集中,以通知网络参与者和监管机构。为了防止滥用,FIU 职能部门将根据适用法律,酌情通知 VASPLibra 区块链中可能试图规避既定限制的非托管钱包地址。 报告和执法 协会的 FIU 职能部门将积极监测网络,并酌情利用指定经销商、受监管和认证

续表

	Libra 白皮书"1.0"	Libra 白皮书"2.0"
新增		VASP、会员和其他网络参与者共享的风险信号。当发现可能可疑和受制裁的活动时，FIU 职能部门将根据适用法律的允许或要求向主管部门提交适当的报告。 协会的 FIU 职能部门将在适用法律允许或要求的范围内，与执法部门就使用 Libra 网络提出的信息或协助请求进行合作。
	六、一个开放且竞争的网络	
新增		Libra 网络的安全性和完整性是 Libra 协会的努力的重心。我们与拥有共同愿景的企业和非营利组织一起开始了我们的旅程，以促进建立一个更紧密的全球支付系统，并将其作为一种公共物品加以管理。同时，至关重要的是，要建立一条明确的道路，以期随着时间的推移更新成员资格以及扩大参与。 我们相信，竞争是建立一个高度互操作、高效和创新支付系统的先决条件。 在 Libra 的第一份白皮书中，我们通过宣布最终将网络过渡到无许可系统的意图来实现这一目标。然而，在此后的几个月中，包括瑞士金融市场监管局(FINMA)在内的很多司法管辖区的监管者所表示的一个主要担忧是，如果该协会向无许可网络过渡，它将难以保证该网络的合规规定得到维持，比如没法对验证者进行尽职调查。 在这里，我们介绍了协会正在探索的方法，使新进入者有能力竞争提供核心网络服务，并参与 Libra 网络的治理，同时确保协会满足监管期望的能力。我们提议建立的无许可网络的一些最重要的目标，是让新进入者能够参与竞争：

续表

	Libra 白皮书“1.0”	Libra 白皮书“2.0”
新增		向企业和消费者提供支付和金融服务； 运行独立验证者节点的机会，通过它们具有不相关的故障风险，来提高 Libra 共识协议的安全性和可靠性； 积极参与 Libra 项目的治理和发展； Libra 项目从一开始就实现了第一个目标，因为该网络是按照开放的技术标准建模的，而 Libra 协议是为实现高度互操作性而构建的。而第二和第三个目标，需要一个市场驱动的过程，允许新的合格协会成员进入网络，并与现有的协会成员竞争。在下一节中，我们将从更高的层次概述这是如何工作的。 探索一个开放、透明和竞争激烈的网络服务和治理市场，提供一个开放、透明和竞争性的网络服务和治理过程，对于 1）扩大协会的会员基础以及 2）确保其长期更新而言是至关重要的。在这两个阶段，协会将制定公开标准，以确保选择过程是客观和透明的，并确保其融合了网络成长、多样性、安全性以及完整性的关键因素。 1. 扩大成员资格：协会计划依靠公开招募新成员，并定义每轮有多少个成员席位。潜在申请人将提交涵盖以下内容的申请： 证明申请人满足成员资格要求的基本信息，包括合规尽职调查。 显示申请人成功运行验证节点能力的技术信息。 支持申请人过去和未来推动 Libra 网络增长能力的经济绩效信息。 为支持协会的运营成本和激励措施而提供的资金捐助。 申请表中的信息将用于计算透明的会员贡献分数（MCS），该分数将用于对申请进行排名。

续表

	Libra 白皮书"1.0"	Libra 白皮书"2.0"
新增		**2.** 更新成员资格:协会的目标是确保新成员可以进入并竞争提供核心网络服务,并为治理做出贡献,而现有成员则可以基于良好的表现更新其参与。无论是在运行验证节点方面还是在推动采用方面。随着时间的推移,协会可以透明地修改 **MCS** 的计算和选择过程,以满足新的需求,并在变更与连续性之间取得平衡,同时确保其仍基于客观和非歧视性标准。所有这些决定都将在考虑到反垄断和竞争问题以及合规要求的同时,根据《宪章》规定的治理程序作出。 如果成员破坏了网络的完整性或安全性,协会可以采用一种机制将其从验证者名单中删除,并在极为严重的情况下将其驱逐出成员列表。从验证程序集中删除,也可能是由于严重违反成员资格标准、管理问题、刑事诉讼或干扰网络的健康和完整性而触发的。协会还将有一个程序,在网络表现严重欠佳或其他重大治理挑战的情况下,开始为新成员进行非周期公开征集。
	七、Libra 协会	
删除	**Libra 协会** Libra 的使命是建立一套简单的、无国界的货币和为数十亿人服务的金融基础设施。为了实现这一使命,Libra 区块链和 Libra 储备需要一个由多元化的独立成员构成的监管实体。这个监管实体就是 Libra 协会,~~一家独立的非营利性会员制组织,~~总部位于瑞士日内瓦。	**Libra 协会** 我们相信,要实现 Libra 的使命,最好由多元化和独立的合作者来完成。这是独立的会员组织 Libra 协会及其总部位于瑞士日内瓦的全资子机构 Libra 网络扮演的角色。协会努力成为一个受人尊敬的国际机构。
新增	瑞士一直以来都持全球中立立场,并对区块链技术持开放性态度,而 Libra 协会也力求成为一家中立的国际性机构,因此在瑞士注册是理所当然的选择。Libra 协会旨在促进 Libra 区块链的运营;协调	之所以选择瑞士作为协会的总部,是因为瑞士对金融创新持开放态度,其致力于强有力的金融监管,并且历史上曾是国际组织的中心。而 Libra 协会旨在促进 Libra 支付系统的运作,协调利益相关

续表

	Libra 白皮书“1.0”	Libra 白皮书“2.0”
新增	各个利益相关方(网络的验证者节点)在推广、发展和扩张网络的过程中达成一致;以及管理储备资产。	者之间的协议,以促进、发展和扩大网络,监督 Libra 储备的管理,并**以安全和合规的方式协助 Libra 支付系统提供服务。**
新增	Libra 协会由 Libra 协会理事会管理,理事会由各验证者节点各指派一名代表构成。理事会成员共同对网络和储备的治理制定决策。最初,理事会由身为创始人的全球企业、非营利组织、多边组织和学术机构组成。所有决策都将通过理事会做出,重大政策~~或技术性决策~~需要三分之二的成员投票表决同意,即 BFT 共识协议中所要求的绝对多数网络成员。 通过协会,验证者节点得以与网络的技术方案和发展目标保持一致。在这方面,协会类似于其他非营利性实体,通常以基金会的形式出现,管理开源项目。由于 Libra 未来的发展依赖于一个分散的、不断成长的开源贡献者社群,因此协会是一个必要的媒介,就开发和采用什么样的协议或规范给予引导。	Libra 协会由 Libra 协会理事会管理,理事会由各验证者节点各指派一名代表构成,**每名理事会代表有权就提交理事会核准的每一事项投一票。**他们一起就 Libra 网络和储备的治理做出政策决定。目前,理事会由身为创始人的全球企业、非营利组织、多边组织和学术机构组成。**理事会可将其权力下放给理事会和协会的执行人员,并依靠理事会和执行人员执行其决定。**而重大政策决定需要三分之二的理事会代表的同意,这与 Libra 拜占庭容错(LibraBFT)共识协议所要求的网络绝大多数相同。 通过协会,成员将在网络的技术路线图和发展目标上保持一致。在这方面,协会类似于其他非营利性实体,通常以基金会的形式出现,管理开源项目。**2019 年 12 月,理事会任命了一个技术指导委员会(TSC),它由五个成员组织的代表组成,负责监督和协调 Libra 网络的技术设计与开发。** 由于 Libra 网络依赖于不断增长的开源贡献者的分布式社区来进一步发展自己,**协会的 TSC 是建立和监督社区决定开发和采用哪种协议或规范等过程的重要工具。**
修改	~~Libra 协会还是一个负责管理 Libra 储备的实体,因此掌控着 Libra 经济的稳定和成长。只有 Libra 协会能够制造(mint)和销毁(burn)Libra。只有当授权经销商投入法定资产从协会买入 Libra 币以完全支持新币时,Libra 币才会被制造。只有当授权经销商向协会卖出 Libra 币以换~~	**协会是 LibraNetworks 的母机构,而 LibraNetworks 是直接负责运营 Libra 支付系统、铸造和销毁 Libra 币以及管理储备的实体。因此,LibraNetworks 正在向瑞士金融市场监管局(FINMA)申请支付系统运营商执照。如果获得许可后,LibraNetworks 将受到 FINMA 持续**

续表

	Libra 白皮书“1.0”	Libra 白皮书“2.0”
修改	取抵押资产时，Libra 币才会被销毁。由于授权经销商始终能够将 Libra 币以等于篮子价值的价格卖给储备，因此 Libra 储备承担着“最后的买家”的角色。Libra 协会的这些活动受储备管理政策的监管和约束，该政策只能在绝对多数协会成员同意的情况下进行更改。 在该网络发展的最初几年，需要额外依靠一些角色来替协会完成下列工作：招募担当验证者节点的创始人；为快速启动生态系统而进行筹款；设计和实施激励计划，从而推动 Libra 被广泛采用，包括向创始人发放此类激励奖金；以协会名义建立社会影响力资助计划。	的审慎监管。因此，影响其许可证的决定，如对 **Libra** 储备管理规则的修改或增加新的服务项目，可能需要 **FINMA** 的事先批准。除了直接监督许可的 **LibraNetworks** 进行直接监管外，**FINMA** 还将对协会及其其他子机构进行综合监管。 **LibraNetworks** 是唯一能够铸造和销毁 **Libra** 单货币稳定币的组织。只有当指定的经销商从 **LibraNetworks** 购买和出售相应的单货币稳定币时，才会发生铸造和销毁。**LibraNetworks** 的这些活动，受“储备管理政策”的管理和约束，该政策只有在获得监管部门批准的情况下，才能由多数会员更改。除单货币稳定币外，**LibraNetworks** 还将支持多货币稳定币 **LBR**，它将作为一个智能合约实施，使用固定的权重（例如 **USD0.50，EUR 0.18，GBP0.11** 等）聚合单货币稳定币。 **LibraNetworks** 还负责以安全和合规的方式促进 **Libra** 区块链上的服务提供。这项工作将由首席合规官和金融情报职能部门（**FIU** 职能部门）领导和管理。除其他活动外，他们将进行尽职调查和持续监控，以确定在 **Libra** 区块链上有地址的所有成员、指定经销商和虚拟资产服务提供商（**VASP**）的完整性、合法性和合规行为；根据其政策，管理协议级交易的实施，并在需要时解决余额限制；促进和指导遵守 **Libra** 区块链上的旅行规则；监控 **Libra** 区块链上的活动，以检测可疑活动，包括试图规避网络限制；通过举报可疑活动并酌情采取行动，与监管机构和执法部门结成伙伴关系。这里将进一步介绍这些活动及其他活动。 在短期内，协会还需要履行其他职责：招募更多会员；设计和实施激励计划，推动 **Libra** 支付系统的采用，包括分配此类激励措施；以及建立协会的社会影响拨款计划。

续表

	Libra 白皮书"1.0"	Libra 白皮书"2.0"
不变	协会的一个额外目标是开发和推广一种开放性身份标准。我们认为,分散而便携的数字身份是实现金融普惠和竞争的先决条件。	协会的另一个长期目标是发展和促进一个开放的身份标准。我们认为,去中心化和可移植的数字身份是金融包容和竞争的先决条件。
修改	~~Libra 协会的一个重要目标就是逐步提高分散化的程度。这种去中心化有助于~~降低网络构建和使用的进入门槛,~~而且从长远来看,它也有助于提高 Libra 生态系统的弹性。如上文所述,协会将逐步实现 Libra 网络的非许可型管理和共识。协会将力求在五年内启动这一过渡,并以此逐渐减少对创始人的依赖。同样地,作为 Libra 储备的管理者,Libra 协会也会力争最大程度降低对自身的依赖。~~	**此外,协会旨在为网络服务和治理建立一个开放、透明和有竞争力的市场,**使新参与者面临尽可能低的进入壁垒。
	八、如何参与	
新增	协会希望打造一个充满活力的~~生态系~~统,供开发者构建应用和服务,从而鼓励世界各地的人们使用 Libra。协会认为,如果这个系统能让世界上任何个人或公司以公平实惠的方式即时支取自己的资金,它就是成功的。例如,成功将意味着,在国外工作的人可以通过一种方便快捷的方式将钱汇回家,而大学生则可以像买咖啡一样轻松地支付房租。 我们的征途才刚刚开始,需要寻求社群的帮助。如果您相信 Libra 能够为全球数十亿人服务,请分享您的观点并加入我们。为了让金融普惠在世界各地成为现实,您的反馈意见不可或缺。 • 如果您是一名研究人员或协议开发者,您可以提前预览 Libra 测试(根据 Apache2.0 开源许可发布)和配套文档。这个流程才刚刚启动,测试网还是一个开发中的早期原型,但您可以立即读取。	协会设想了一个充满活力的**开发人员社区**,他们正在开发应用程序和服务,以促进 Libra 网络的全球使用。协会将"成功"定义为使全球范围内的任何个人或企业都能公平、负担得起并立即获得资金。例如,"成功"意味着一个在国外工作的人有一个快速而简单的方法把钱寄回家中,一个大学生可以像买咖啡一样轻松地支付房租。 我们的旅程才刚刚开始,我们正请求来自社区的帮助。如果你相信 Libra 网络可以为全球数十亿人做些什么,请分享你的观点并加入进来。您的反馈意见是必要的,以使金融普惠成为世界各地人们的现实。 如果你是研究人员或协议开发人员,可以在 Apache2.0 开源许可证下预览 LibraTestNet 以及随附的文档。测试网仍然是一个正在开发的原型,但你可以立即阅读、构建以及提供反馈。

续表

	Libra 白皮书“1.0”	Libra 白皮书“2.0”
新增	相关内容、进行开发和提供反馈。由于目前的重点是保持原型的稳定性，项目进度最初可能会偏慢，以便我们采纳社群的意见。但是，我们致力于建立一个面向社群的开发流程，并从合并请求开始，尽快向开发者开放此平台。	协会致力于建立一个面向社区的开发流程，并向开发者开放平台。**协会的 TSC 已经任命了一个主要的维护人员，和一个最初的维护人员小组，并建立了公开和透明的流程来接受 Libra 改进建议(LIP)的技术建议。**这些将很快发布。
	九、Libra 的下一步计划	
修改	~~今天，我们将发布此文档来概述有关 Libra 的目标，并推出 libra.org 作为协会和所有 Libra 事务的信息发布主页。该站点将在未来几个月内持续发布更新。我们还开放了 Libra 区块链的源代码并推出 Libra 的初始测试网，供开发者尝试并在此基础上进行开发。~~ ~~预定的针对性发布日期为 2020 年上半年，而在此之前，我们还有大量工作要做。~~	**从我们最初宣布 Libra 计划到现在已经有九个月了。Libra 协会与世界各地的监管机构、央行行长、民选官员和各种利益相关者进行了许多有益的讨论，以确定将区块链技术与公认的监管框架结合起来的最佳方式。此外，Libra 协会还参加了七国集团(G7)关于稳定币报告的对话，并与国际利益攸关方(例如金融稳定委员会、世界银行集团、国际货币基金组织、国际清算银行、美洲开发银行、世界经济论坛，以及世界各地司法管辖区的中央银行和金融系统主管部门)进行了建设性对话。看到成千上万的开发人员参与到开源 Libra 区块链代码的开发，也是很令人兴奋的，他们的工作已经在 Libra 测试网上完成了数百万笔测试交易。协会选举产生了董事会，增加了新的成员，并建立了一个强大、独立的运作节奏。最重要的是，围绕金融创新和包容性的国际讨论已加快了步伐。** **运营一个能够支持负责任的金融服务创新的支付系统，需要与区域、国家和国际各级的主要利益相关者持续接触。为此，LibraNetworks 正在向瑞士金融市场监管局(FINMA)申请支付系统许可证。我们认为，降低进入现代金融体系的壁垒，不应降低强大的监管标准的门槛。** **展望未来，协会将继续进行建设性的国际对话，讨论如何协调监管标准、消费者**

续表

	Libra 白皮书"1.0"	Libra 白皮书"2.0"
修改	 Libra 区块链： • 在未来几个月内，协会将收集社群关于 Libra 区块链原型的反馈，然后进入生产就绪阶段。特别要说明的是，这项工作将侧重于确保协议和实现的安全性、性能和可扩展性。 • Libra 协会将构建有据可查的 API 和库，实现用户与 Libra 区块链之间的互动。 • Libra 协会将使用开源方法为 Libra 区块链背后的协同技术开发创建框架。我~~们将建立适当的程序，用于讨论和审核针对区块链底层协议和软件的更改。~~ • 协会将对区块链执行广泛的测试，从对协议的测试到联合各家实体（如钱包服务和交易平台）对网络进行整体测试，从而确保系统在发布前运转正常。 • 协会将努力促进 Move 语言的发展，并且在 Libra 生态系统发布之后，一旦 Move 语言发展趋于稳定，我们将为第三方创建智能合约确立相应路径。 ~~• 协会将与社群一起，在通往非许可型生态系统的道路上攻克技术难题，力争实现我们在发布后五年内开始过渡的目标。~~ 储备： • ~~协会将为储备设立监管小组~~，成员由分布在各地且受到监管的全球机构托管人组成。 • 协会将为储备建立运营程序，以便与	**保护办法，并扩大支付范围，将边缘化社区包括在内。协会仍致力于公私合作，以推动金融体系创新。事实上，随着中央银行数字货币（CBDC）的前景成为现实，我们希望 Libra 支付系统能够升级以支持这些公共部门创新，这是我们的设计原则。** Libra 区块链： • 在接下来的几个月里，Libra 协会将与社区合作，收集 Libra 区块链测试网的反馈，并使其进入生产就绪状态。特别是，这项工作将侧重于确保协议和实现的安全性、性能和可伸缩性。 • 协会将构建有据可查的 API 和库，以使用户能够与 Libra 区块链进行交互。 • **协会将制定一个 Libra 改进提议（LIP）程序，开放给社区参与和审查，在该程序中，我们将讨论和审查支持 Libra 区块链协议和软件的重大变更。** • 协会将使用开源方法为 Libra 区块链背后的技术协同开发创建一个框架。 • 协会将对 Libra 区块链进行广泛的测试，范围从协议的测试到与钱包服务和交易所等实体合作构建网络的全面测试，以确保系统在启动前能够正常工作。 • 协会将致力于促进 Move 语言的开发和部署，**允许开发人员使用 Move 语言固有的安全措施来开发创新的金融应用程序。这将需要与监管机构合作，为第三方发布智能合约定义适当的保障措施，并探索可从 Move 创新中受益的其他金融编程环境。** Libra 储备： • 协会将与受监管的全球储备金托管机构就保护储备**建立监护协议**。 • 协会将为储备制定与指定经销商互动的操作程序，并确保高透明度和可审计性。

续表

	Libra 白皮书"1.0"	Libra 白皮书"2.0"
修改	授权经销商进行交易,并确保高透明度和可审计性。 ~~• 协会将制定适当的政策和程序,以规范协会更改储备篮子组成的方式。~~	**• 协会将与监管机构合作,确定构成 LBR 的单货币稳定货币权重组成的最佳框架。**
新增	**Libra 协会:** • 我们将扩充 Libra 协会理事会,使其包含大约 100 名分布在各地的多元化成员,~~所有成员均担当 Libra 区块链的初始验证者节点。~~ • 我们将在目前提出的治理结构的基础上,为协会制定一份全面的章程和一系列细则并予以采用。 • 我们将为协会招募一名常务董事,并与此人一起继续组建协会的执行团队。 • 我们将选定与我们肩负共同使命的社会影响力合作伙伴,并与他们合作建立社会影响力咨询委员会和制定社会影响力计划。	**Libra 协会:** • 我们将致力于通过公开、透明和有竞争力的程序来发展协会理事会,以进一步增加协会成员的地域分布和多样性。 • 协会将继续发展其治理机制,并采用协会章程中规定的重要政策。 • 将聘请协会常务董事/首席执行官,并将组建执行团队。 **• 协会将设立一个金融情报职能部门(FIU 职能部门),支持和管理全网络的金融诚信。FIU 职能部门将成为一个卓越中心,推广基于区块链的支付系统安全运行的最佳实践和技术。** • 协会将确定与我们的联合使命相一致的社会影响伙伴,并将与他们合作建立社会影响咨询委员会和社会影响计划。
	十、结论	
修改	Libra 的目标如下:~~在安全稳定的开源区块链基础上创建一种稳定的货币,该货币以真实资产储备为后盾,并由独立协会管理。~~ 我们希望创造更完善、更实惠的开放式金融服务,人们不论身份、不论地域、不论职业、不论贫富,均可享受这种服务。我们深知,要实现这样的愿景将需要长久的艰辛努力,并且绝非一己之力可以完成,这将需要大家同心协力、脚踏实地向前迈进。希望您能加入我们,协助我们将这一梦想变成现实,造福全球数十亿人。	Libra 协会的使命是**建立一个简单的全球支付系统和金融基础设施**,旨在使数十亿人受益。全球有超过 17 亿人无法访问金融服务,因此,促进金融普惠、合规和竞争的大规模创新,可以为最需要帮助的人提供帮助。 自 2019 年 6 月 18 日发布第一份 Libra 白皮书以来,Libra 协会已吸收了决策者、监管机构以及其他利益相关方的反馈,这些反馈已从实质上改善了项目的设计。我们希望这些变化能够确保协会实现其最终目标,即使支付基础设施现代化,并创造一个低成本、可互操作和合规的核心价值传输层。

续表

	Libra 白皮书“1.0”	Libra 白皮书“2.0”
修改		我们感谢如此多的组织和个人在帮助为世界确定这一机会方面表现出的参与和承诺。我们仍然充分致力于这项任务，并渴望开始执行这项任务。 我们不做任何承诺或保证，随着事件和情况的发展，以及 Libra 协会成员为协会制定政策，我们目前对 Libra 协会未来预期的作为或不作为的理解将保持不变。我们保留在必要时补充此处所含信息的权利，以确保此类信息的准确性。

图书在版编目(CIP)数据

数字货币时代：Libra系列问答／清华大学金融科技研究院区块链研究中心编著. -- 北京：法律出版社，2020

ISBN 978 -7 -5197 -4673 -5

Ⅰ. ①数… Ⅱ. ①清… Ⅲ. ①电子商务－电子支付－支付方式－问题解答 Ⅳ. ①F713.361.3 -44

中国版本图书馆CIP数据核字(2020)第107854号

数字货币时代
——Libra系列问答
SHUZI HUOBI SHIDAI
—Libra XILIE WENDA

清华大学金融科技研究院区块链研究中心 编著

策划编辑 似　玉
责任编辑 似　玉
装帧设计 汪奇峰

出版 法律出版社
总发行 中国法律图书有限公司
经销 新华书店
印刷 天津嘉恒印务有限公司
责任校对 马　丽
责任印制 吕亚莉

编辑统筹 法律应用出版分社
开本 710毫米×1000毫米 1/16
印张 17.25
字数 255千
版本 2020年9月第1版
印次 2020年9月第1次印刷

法律出版社／北京市丰台区莲花池西里7号(100073)
网址／www.lawpress.com.cn
投稿邮箱／info@lawpress.com.cn
举报维权邮箱／jbwq@lawpress.com.cn
销售热线／400 -660 -8393
咨询电话／010 -63939796

中国法律图书有限公司／北京市丰台区莲花池西里7号(100073)
全国各地中法图分、子公司销售电话：
统一销售客服／400 -660 -8393/6393
第一法律书店／010 -83938432/8433　西安分公司／029 -85330678　重庆分公司／023 -67453036
上海分公司／021 -62071639/1636　深圳分公司／0755 -83072995

书号:ISBN 978 -7 -5197 -4673 -5　**定价**:76.00元